基本公共教育服务供给侧改革路径优化研究

——基于县域义务教育布局调整的实践反思

孔凡敏　著

中国农业出版社

北　京

本书为 2020 年湖北省社科基金一般项目（后期资助项目）"基本公共教育服务供给侧改革路径优化研究——基于湖北省的调查分析"（项目编号：2020039）；2021 年湖北省教育厅哲学社会科学研究项目（青年项目）"校外培训治理逻辑及实施机制研究"（项目编号：21Q268）；2022 年湖北第二师范学院人才引进科研启动经费项目"合作治理视域下基本公共教育服务'供给侧'改革实施路径研究"的研究成果。

本书的出版得到了 2022 年湖北第二师范学院学术著作出版项目的资助。

前　言

　　基本公共教育服务供给侧改革是教育领域全面深化改革的重要举措，旨在以"供给侧"改革为着力点，主动适应"需求侧"的结构变化，在提升民众获得感的基础上"办好人民满意的教育"。然而，随着经济社会的全面发展，民众的教育需求偏好已经发生深刻变化，多样化、个性化、高端化的教育需求与日俱增。由政府主导提供的基本公共教育服务，不仅要在"数"的层面满足民众"有学上"的基本需求，同时也要在"质"的层面满足民众"上好学"的强烈偏好。但就目前基本公共教育服务的供给效度而言，无论是公平维度，还是质量维度，尚且无法满足民众教育需求偏好的转型升级，以至于供需失衡趋势明显。

　　供需失衡趋势预示着基本公共教育服务供给侧改革依然处在"进行时"而非"完成时"，与此相应，改革的深度和力度都亟待取得实质性突破。如何在新的历史阶段深入推进基本公共教育服务供给侧改革，需要对基本公共教育服务的发展历程、供给侧改革实践及其成效进行审慎地回顾和反思。有鉴于此，本书以基本公共教育服务供给侧改革为研究主题，遵循"提出问题—分析问题—解决问题"的研究思路，运用规范论证与实证分析相结合的研究方法，对基本公共教育服务供给侧改革加以理论阐释和实践反思，为优化供给侧改革路径提出对策建议。

　　义务教育作为基本公共教育服务体系中最基础、最核心、最具代表性的组成部分，历来是教育改革与发展的重点领域。为此，本书聚焦义务教育这一"理想类型"，基于历史制度主义的理论分析思路，回溯中华人民共和国成立 70 多年以来，我国基本公共教育服务供给侧改革的历史进程、动力因素及其内在逻辑。

作为一项重大公共政策，义务教育学校布局调整是以问题为导向的"供给侧"改革实践，旨在通过优化教育资源配置，推动义务教育均衡发展，促进基本公共教育服务均等化供给。但一些地区推行的布局调整甚至衍生出有悖于改革初衷的负面效应。

本书溯源"中国式分权"的制度建构逻辑、"地方发展型政府"的空间生产逻辑、权力本位的基本公共教育服务治理逻辑，系统阐述政府单一向度、自上而下推动的供给侧改革为何在实践中出现集体行动困境。

考虑到转型社会复杂而充满不确定性的治理情境，以及政府单一向度、自上而下推动供给侧改革的内生性困境，本书力图在合作治理的向度内，从价值、主体、制度三个基本面向，重塑基本公共教育服务变革逻辑，并以此提出优化供给侧改革路径的实施策略。

目 录

前言

第一章 绪 论

第一节 研究背景及意义

一、研究背景

中华人民共和国成立以来，教育事业发展取得丰硕成果，惠及全民的基本公共教育服务体系不断完善，基本公共教育服务供给水平显著提升。教育事业发展取得的瞩目成就与各级政府及相关职能部门的努力程度是分不开的，无论是中央政府的顶层设计，还是地方政府的局部探索，一系列旨在促进教育公平、提升教育质量的改革举措不断制定和实施，并最终上升到国家战略层面。

随着教育发展水平的不断提升，民众的教育需求得到了极大程度的满足。但进入新时代，我国社会主要矛盾已经转变为人民日益增长的美好生活需要和不平衡不充分的发展之间的矛盾。在教育领域，这一矛盾则主要表现为民众对优质教育资源的需求更加强烈，而教育发展不平衡、不充分的态势却依然显著，以至于基本公共教育服务无论在公平层面，还是在质量层面，都无法满足民众教育需求偏好的转型升级，进而导致供需矛盾日益显化。

事实上，随着我国经济社会的全面发展，基本公共教育服务所嵌入的外部环境已然发生剧烈变化，民众的教育偏好和利益诉求也发生了深刻变化。当民众的教育需求从"有学上"转向"上好学"时，对于基本公共教育服务满意度的评价标准也从"数"的层面上升到了"质"的层面，教育公平的测度也更加注重优质教育资源的分布态势，但现实层面，基本公共教育服务的供给水平仍滞后于教育需求的转型升级。

就公平而言，教育促进弱势阶层向上流动的正向功能呈现弱化趋势。法国著名社会学家布迪厄曾提出一个著名的论断，即学校教育是生产和再生产社会等级秩序的重要场域，并且将社会不平等以极为隐蔽的方式嵌入到看似合法化的教育制度设置之中。随着中国社会结构的急剧转型以及阶层差异的逐步扩大，不同社会阶层对于教育资源的需求偏好和获取能力不断变化。

就质量而言，由政府单一供给的基本公共教育服务，已经难以满足日益增长且多元化、异质性的教育需求。根据供需关系平衡的理论预设，基本公共教育服务不仅涉及"供给侧"要素，更受制于"需求侧"结构的影响，两者的匹配程度决定着基本公共教育服务的供需关系态势。在社会结构转型的当下，家庭及个体的教育选择策略具有阶层分化的特质，这也是多元化教育需求产生的结构化情境及能动性因素。由此引申出的议题就是，由政府作为核心主体提供的基本公共教育服务，如何通过各项"供给侧"改革措施，满足日益多元化且异质性的教育需求。但就目前的教育资源配置及教育机会分配情况看，我国基本公共教育服务的供给水平及治理效度尚不能充分回应上述需求。

基于对现实问题的思考，本书将围绕"基本公共教育服务供给侧改革"这一研究议题，依照什么是基本公共教育服务供给侧改革，为何推进基本公共教育服务供给侧改革，如何推进基本公共教育服务供给侧改革的逻辑进度提出问题、分析问题和解决问题。面对社会阶层分化所衍生的多元化、异质性的教育需求，基本公共教育服务供给侧改革的深度和力度都亟待取得实质性突破，使"供给侧"改革主动适应"需求侧"的结构变化，力争在公平与质量两个基本维度，以需求为导向办好人民满意的教育。

二、研究意义

(一) 理论意义

(1) 以基本公共教育服务供给侧改革为研究议题，有助于我们在更加具体的研究视域内分析政府的基本公共服务供给能力，从而进一步深化政府职能转型、政府治理能力现代化的理论认知。供给与需求之间的平衡关系，无疑是公共服务理论研究的重点议题，而为民众提供满意的公共服务，也是现代政府职能定位的应然性体现。就此而言，以基本公共教育服务供需矛盾透视政府职能变革趋势，有助于在理论层面进一步深化政府治理现代化的认知逻辑。

(2) 以基本公共教育服务供给侧改革为研究议题，有助于拓展合作治理理论的本土化建构逻辑。近年来，合作治理理论在社会科学领域引起广泛关注，其研究成果不仅涉及宏观的国家治理体制，也在具体的公共事务领域有所建树。教育问题深厚的"公共性"意蕴为合作治理理论提供了适宜的研究范畴，从价值理念、结构功能到制度建构，基本公共教育服务供给侧改革都适于引入合作治理的理论指导。

（二）现实意义

（1）深入推进供给侧改革对促进基本公共教育服务均等化，特别是促进义务教育优质均衡发展具有重要的现实意义。基本公共教育服务供需失衡是转型社会的一面透镜，显现出教育发展不充分、不平衡问题依然存在。优质教育资源的稀缺性决定了供需失衡不可避免，优质教育资源配置的非均衡性加剧了基本公共教育服务的供需矛盾。通过供给侧改革推进基本公共教育服务均等化，促进优质教育资源均衡配置，无疑是解决供需矛盾的重要途径。

（2）教育公平是建构社会公平的重要基础，而教育不平等同样是导致社会不平等的重要因素。聚焦转型中国，尽管弱势群体获得优质教育资源的"可行能力"有所降低，但低收入家庭子女通过教育向上流动的制度空间依然存在。而基本公共教育服务供给侧改革的现实意义就在于开拓更加广阔的制度空间，帮助低收入家庭子女通过教育摆脱不利处境，从而为促进教育公平乃至社会公平提供助力。

第二节　国内外研究述评

一、国外相关研究成果综述

通过梳理相关研究成果发现，"基本公共教育服务""供给侧改革"是颇具中国特色的政策性概念，在国外相关文献中很难找到直接对应的研究术语。但就其内涵及实质来说，与国外公共服务治道变革涉及的相关研究主题是高度契合的。因此，本书从价值理念、主体结构、制度变革三个基本维度，在公共教育服务这一更加广泛的研究范畴内对国外相关研究成果进行汇总和评述。

（一）公共教育服务供给的价值变革逻辑研究

公平、正义、效率、效益等价值理念涉及公共服务变革的目标导向，一直受到国内外学者的广泛关注。尤其在公共教育服务领域，如何在公平与效率两种价值导向之间寻求平衡，始终是公共教育服务供给问题研究的重要内容。

亚当·斯密（Adam Smith）在其著作《国富论》中，就已将公平正义的价值理念引入公共服务领域。在他看来，公平正义不仅是值得赞誉的道德伦理，更是维持政治稳定的社会基石。若想对社会实行有效的控制，国家有必要向民众提供基本的公共教育服务，因为"有教育、有知识的人，常比无知识而愚笨的人更知礼节，更守秩序。"① 与此同时，他还表示国家有义务和责任维护弱势群体的基本权益，以此促进国民财富的持续性增长。

美国著名政治学家、哲学家约翰·罗尔斯（John Rawls）在剖析正义原则时，将正义看作是制度的首要价值，如其所言："正义是社会制度的首要价值……某些法律或制度，不管它们如何有效率和有条理，只要它们不正义，就必须加以改造或废除。"② 他强调："一个社会体系的正义，本质上依赖于如何分配基本的权利义务"③。在他看来，社会正义的实现与政府的再分配职能紧密相连，政府应该"通过补贴私立学校或者建立一种公立学校体系，保证具有天赋和动机的人都有平等的受教育、受培养的机会"④。

尽管公平正义在教育等公共服务供给中的价值定位不容置疑，但针对公平与效率的论争却在西方公共行政学界存续已久。例如以马克斯·韦伯（Max Weber）的"理性官僚制"理论为基石的传统公共行政学说，崇尚"产出—投入"最大化的"效率至上"原则，并将此原则带入公共组织乃至公共服务的运行规则之中。在他的理论构想中，"理性官僚制"是以"形式合理性"为支配原则的，官僚制组织之所以成为现代社会的典范正是源于"形式合理性"提供的稳定绩效，即在"精确、迅速、明确、统一性……减少摩擦、节约物资费用和人力方面"⑤，官僚制组织具有无可比拟的优越性。

以乔治·弗雷德里克森（George Frederickson）为代表的新公共行政学派，则强烈主张将社会公平恢复为公共行政的主流价值观。正如他在《新公共行政》一书中论述的："公共服务分配中所存在的明显不公平是人们所不能容忍的。公共行政不仅要致力于效率和经济，而且要致力于社会的公平。"⑥ 在他看来，行使公共权力的行政组织有责任，也有义务基于社会公平的价值理念向公众提供服务，因为公平正义正是公共行政不可或缺的价值取向。

作为"管理主义"研究范式的经典代表，以"企业家政府理论"为指导思想的新公共管理运动则强调以"顾客"的需求为导向，通过引入市场竞争机制，提高公共服务的供给效率。在教育领域，新公共管理运动的经典范例就是

---

① 亚当·斯密. 国富论（下）[M]. 郭大力、王亚楠，译. 北京：商务印书馆，1997：345.
② 约翰·罗尔斯. 正义论 [M]. 何怀宏，等译. 北京：中国社会科学出版社，1988：1.
③ 约翰·罗尔斯. 正义论 [M]. 何怀宏，等译. 北京：中国社会科学出版社，1988：5.
④ 约翰·罗尔斯. 正义论 [M]. 何怀宏，等译. 北京：中国社会科学出版社，1988：266.
⑤ 马克斯·韦伯. 经济与社会（下）[M]. 林荣远，译. 北京：商务印书馆，1997：296.
⑥ 乔治·弗雷德里克森. 公共行政的精神 [M]. 张成福，等译. 北京：中国人民大学出版社，2012：31.

在公立学校建立以"顾客"为导向的教育选择制度。具体而言，就是"通过让顾客有所选择，学区为争取学生和资金进行竞争，鼓励教师、家长及其他人士共同创办不受繁文缛节约束的新型学校体制"①，而将选择机制引入公共教育服务的根本目的就是通过竞争提高学校的教学质量。

新公共管理运动的"顾客导向"和"效率观"同样遭到了批评。罗伯特·B. 登哈特（Robert B. Denhardt）所建构的新公共服务理论驳斥了"企业家政府理论"以顾客为导向的效率至上观，主张"用一种基于公民权、民主和为公共利益服务的新公共服务模式来替代当前的那些基于经济理论和自我利益的主导模式。"② 在登哈特等人看来，政府与公民的关系不同于企业与"顾客"的关系，公共利益也不是个人利益的聚合体，致力于维护公共利益的政府官员，应该重申公民权理念和公共利益精神，以此重塑公共服务供给的价值导向。

（二）公共教育服务供给主体多元化问题研究

政府在教育等公共服务供给中的作用毋庸置疑，尤其是对"纯公共物品"属性较为显著的义务教育而言，政府显然是最为核心的供给主体。正因为政府在教育等公共服务供给中的关键性作用，西方学界对于公共教育服务供给中的政府责任问题给予了重点论述。但相关研究成果表明，在教育等公共服务供给失灵问题上，单纯依靠政府或市场都不是解决问题的唯一方案，甚至可能出现"双重失灵"的供给困境。通过对实践经验的提炼，学者们的研究旨趣已经开始转向供给主体多元化的理论建构。

1. 公共教育服务供给中的政府责任定位问题

有关政府在公共服务、公共教育服务供给中的权责定位问题，直接关系到公共教育服务供给主体的选择和供给机制的建立。自西方国家建立公共教育制度以来，一个共同的特征就是由政府承担公共教育服务供给的主要责任。但政府究竟应该如何提供包括教育在内的公共服务，其责任边界如何确定，其供给范式如何选择，学界一直对此争论不休。正如英国古典自由主义经济学家约翰·穆勒（John Mill）所言，无论是在政治科学中，还是在政治

---

① 戴维·奥斯本. 再造政府［M］. 谭功荣，等译. 北京：中国人民大学出版社，2010：113.
② 珍妮特·V. 登哈特，罗伯特·B. 登哈特. 新公共服务：服务，而不是掌舵［M］. 丁煌，译. 北京：中国人民大学出版社，2010：124.

实践中，争议最大的一个问题就是，"政府的职能和作用，其适当的界限在哪里"①。

关于公共服务乃至公共教育服务供给中的政府责任界定问题，可以溯源到启蒙思想家关于现代政府的本质及其功能的讨论。回顾启蒙思想家提出的国家理论构想，从霍布斯的《利维坦》到洛克的《政府论》，再到卢梭的《社会契约论》及《论人类不平等的起源》，代表国家行使公共权力的政府，出于维护政权合法性的考虑，需要为民众提供教育等公共服务，以获取政治上的认同及支持。正如安东尼·吉登斯（Anthony Giddens）所言，"国家创设公民权和福利项目的主要目的就是拉拢人民并获得他们的支持"②。即便是自由主义学派的先锋人物米尔顿·弗里德曼（Milton Friedman）也对此表示认同："如果大多数公民没有一个最低限度的文化知识水平，也不广泛地接受一些共同的价值准则，那么，稳定而民主的社会将不可能存在"③。

正是基于维护政权合法性的必要前提，政府供给公共服务的责任定位问题逐渐成为一门显学，多数研究援引了美国经济学家保罗·萨缪尔森（Paul A. Samuelson）关于公共物品理论的经典论述。1954 年，保罗·萨缪尔森在《公共支出的纯理论》一文中提出了"集体消费产品"亦即"公共物品"的概念，即"每个人对此类物品的消费，都不会导致其他人对该产品消费的减少"④。保罗·萨缪尔森及其后续学者继而对公共物品理论进行了拓展，提出公共物品在消费上具有"非竞争性"和"非排他性"两个前提要件，由此引申出政府供给公共物品（服务）的责任主体问题。

但根据"非竞争性"和"非排他性"两个标准判别公共物品供给主体向来存在争议。公共选择理论的代表学者詹姆斯·布坎南（James Buchanan）对此进行了回应。1965 年，他在《俱乐部的经济理论》一文中提出了"准公共物品"理论，在他看来，例如森林、草原、地下水等公共资源或道路、桥梁、公园等公共设施，都无法完全满足"非竞争性"和"非排他性"两个前提要件。他将它们归类为"准公共物品"或"混合性公共物品"。公共选择

---

① 约翰·穆勒. 政治经济学原理（下卷）[M]. 赵荣潜，等译. 北京：商务印书馆，1997：366.

② 安东尼·吉登斯. 第三条道路：社会民主主义的复兴 [M]. 郑戈，译. 北京：北京大学出版社，2000：75.

③ 米尔顿·弗里德曼. 资本主义与自由 [M]. 张瑞玉，译. 北京：商务印书馆，2001：83 - 84.

④ P. A. Samuelson. The Pure Theory of Public Expenditure [J]. The Review of Economics and Statistics，1954，36（4）：387 - 389.

理论的拥趸坚信，对于如此复杂的公共服务品类而言，只有基于对不同制度的比较分析，才能决定在什么条件下，"政府—集体供给比私人或非集体供给更有效率？"①

尽管存在争议，但政府应该在教育等公共服务供给中发挥重要作用，这已经是学界达成一致的研究共识。吉登斯的概括可以说明，"政府应当创造宏观经济的稳定性，促进教育和基础设施投资，遏制不平等和确保个人自我实现的机会"②。与此同时，另外一个广受赞同的研究立论是，代表公共利益的政府，其履行公共服务供给责任的形式和界限正在不断变化。正如新公共服务理论倡导者罗伯特·B. 登哈特（Robert B. Denhardt）所言，政府不再是公共利益的单独主宰者，而是治理体系中的一个关键角色，其责任在于确保公共问题的解决方案本身及产生的过程都符合正义、公正和公平的民主规范③。

2. 公共教育服务供给中的"政府失灵"问题

讨论政府在教育等公共服务供给中的责任定位，不可避免地会涉及政府与市场双向互动关系问题，由此延伸出公共服务供给中的"政府失灵"与"市场失灵"的讨论。"市场失灵"是政府提供公共服务的重要论据，特别是对于义务教育这类正外部性较强的公共服务而言，由政府供给似乎是逻辑使然的优先选择。但以弗里德里奇·哈耶克（Friedrich Hayek）为代表的新自由主义学者对政府垄断公共服务供给提出了严重质疑。在他看来，"当政府被授予提供某些服务的排他性权力的时候，自由就受到极为严重的威胁，因为政府为了实现其设定的目标，必定会运用这种权力对个人施以强制。"④

关于公共服务供给中的"政府失灵"问题，以詹姆斯·布坎南（James Buchanan）为代表的经济学家对此进行了回应，并开创了"公共选择理论"这一重要学术流派。根据公共选择学派代表人物丹尼斯·C. 缪勒（Dennis C. Mueller）的观点，"假若国家的存在是为了提供公共物品和减少外部性的话，那么，它就必须完成公民对于公共物品的偏好显示工作，就如同市场显示

---

① 詹姆斯·布坎南. 公共物品的需求与供给 ［M］. 马珺，译. 上海：上海人民出版社，2009：158.

② 安东尼·吉登斯. 第三条道路：社会民主主义的复兴 ［M］. 郑戈，译. 北京：北京大学出版社，2000：51.

③ 珍妮特·V. 登哈特，罗伯特·B. 登哈特. 新公共服务：服务，而不是掌舵 ［M］. 丁煌，译. 北京：中国人民大学出版社，201：59 - 60.

④ 弗里德里奇·哈耶克. 自由秩序原理 ［M］. 邓正来，译. 北京：生活·读书·新知三联书店，1997：50.

出消费者对私人物品之偏好一样"①。而将个人对公共产品数量和质量的需求偏好，通过相应的机制、程序转化为集体决策的过程，就是政府做出的公共选择。公共选择理论认为，公共服务供给中的"政府失灵"问题同样存在，"即便是在福利社会中，也不能保证政府行为实现最优目标（公共利益最大化）"②。究其原因，由于缺乏外部竞争机制，政府作为唯一的供给主体将缺乏内在动力提高公共资源配置效率，由此导致有限的公共资源难以得到充分利用，公共服务质量难以保证。

美国公共行政学家埃莉诺·奥斯特罗姆（Elinor Ostrom）通过运用公共选择理论与制度分析的相关研究方法，以"公共池塘资源"为核心概念，建构起一套研究公共物品（服务）供给问题的概念工具。同样是依据"竞争性"和"排他性"两个判别标准，他将自然界或人类生产活动产生的物品进行排列组合，得到私益物品、公益物品、使用者付费物品和公共池塘资源四个主要类型③。在他看来，例如地下水、近海渔场、森林等"公共池塘资源"在消费和使用上与私益物品具有类似的"竞争性"，但又像公益物品一样难以具备"排他性"，很难将潜在的受益者排除或限制在公共池塘资源的使用范围之外。鉴于公共池塘资源的自然属性，他认为"在有效提供和生产地方性公益产品和公共池塘资源方面，政府垄断同样存在失灵的问题"④。

事实上，尽管公共服务供给存在显著的正外部性，但这并不代表由政府直接生产公共服务。早在1959年，经济学家理查德·A.马斯特雷夫就已经对公共服务的"供给"和"生产"两个环节进行了区分。而后，文森特·奥斯特罗姆（Vincent A. Ostrom）、查尔斯·蒂伯特（Charles Tiebout）等人进一步提出公共物品或服务的"生产"可以由公共部门或私人部门共同承担。"供给"与"生产"环节的区分，为公共服务市场化、民营化改革提供了立论依据。公共服务民营化的倡导者萨瓦斯（E. S. Savas）认为，"政府服务多以无竞争且

---

① 丹尼斯·C. 缪勒. 公共选择理论 [M]. 杨春学，等译. 北京：中国社会科学出版社，1999：6.

② 蒂莫西·贝斯利. 守规的代理人：良政的政治经济学 [M]. 李明，译. 上海：上海人民出版社，2009：26-27.

③ 埃莉诺·奥斯特罗姆，等. 规则、博弈与公共池塘资源 [M]. 王巧玲，等译. 西安：陕西人民出版社，2010：5-6.

④ 奥斯特罗姆，帕克斯和. 公共服务的制度建构：都市警察服务的制度结构 [M]. 宋全喜，等译. 上海：上海三联书店，2000：3.

不受管制的垄断方式运营，这种情况下的官僚结构具有无能和无效率的内在特性"[①]，公共服务可以通过多种机制提供，关键是将公共服务的"生产"与"提供"相分离。

美国学者约翰·E. 丘伯（John E. Chubb）和泰力·M. 默（Terry M. Moe）在《政治、市场和学校》一书中详述了公共教育服务供给中的"政府失灵"问题，并提出市场化改革的基本主张。通过比较美国公立学校与私立学校的制度环境，他们发现私立学校之所以比公立学校更加的有效，原因就在于私立学校"拥有更多独立于外部科层制控制的自主权"[②]。因此，要提高公共教育服务质量和公共教育资源配置效率，就要"建立在学校的独立性和学生家长选择权的基础上，而不是依靠直接民主控制和科层制"[③] 建构的公共教育服务供给制度。

3. 公共教育服务供给主体多元化的改革实践

作为"新公共管理"运动的倡导者，戴维·奥斯本（David Osborne）和特德·盖布勒（Ted Gaebler）在《改革政府——企业家精神如何改革着公共部门》一书中，提出用"企业家精神"克服"官僚主义"的种种弊政，"通过对公共体制和公共组织进行根本性的变革，以此提高组织效率、效能、适应性以及创新能力，并通过变革组织目标、组织文化、激励和责任机制，以及权力结构等完成这一转型过程"[④]。依据"企业家政府"的构想，政府不再是以垄断、集中的方式直接生产和提供公共服务，而是建立公私伙伴关系，或向社会组织购买公共服务，在公共服务供给中引入市场机制和竞争机制。

奥斯本和盖布勒特别论述了在公共教育服务领域引入竞争机制的成功范例。以明尼苏达州的教育改革范本为例，当地政府鼓励多种办学形式，并允许家庭在不同的学区进行选择，以此激励学校提高教育质量，从而产生教育变革的真正动力。而针对市场竞争机制所产生的教育公平问题，奥斯本不赞成完全的自由放任，而是建议引入"有控制的竞争"。奥斯本甚至认为，竞争及家庭的择校行为并不会损害教育公平，反而在一定限度上增进了穷人的受教育权

---

① E·S. 萨瓦斯. 民营化与公私部门的伙伴关系 [M]. 周志忍，译. 北京：中国人民大学出版社，2002：94.

② 约翰·E. 丘伯，泰力·M. 默. 政治、市场和学校 [M]. 蒋衡，等译. 北京：教育科学出版社，2003：27.

③ 约翰·E. 丘伯，泰力·M. 默. 政治、市场和学校 [M]. 蒋衡，等译. 北京：教育科学出版社，2003：192.

④ 戴维·奥斯本. 再造政府 [M]. 谭功荣，等译. 北京：中国人民大学出版社，2010：10.

益，因为"能够出得了钱的那些人，已经进行了选择"①。

与公共服务市场化改革旨趣相同的民营化改革亦成为学界关注的重点。公共服务民营化的倡导者 Savas 指出，公共服务的"生产"与"提供"存在明显且重要的区别，这一区别是定义公共服务民营化的核心，也是界定政府公共服务供给责任的基础。Savas 指出即使实施民营化，政府依然保留公共服务供给责任（征收税收、决定服务内容、服务水平、开支水平等），并为此支付成本，只不过不再直接从事生产②。针对公共教育服务供给问题，Savas 认为有九种供给方式可以选择，包括政府服务、政府出售、政府间协议、合同承包、政府补助、凭单制、自由市场、志愿服务和自我服务③。这九种供给方式既可以单独使用，也可以自由组合，从而构成了公共教育服务供给的多中心制度安排。

不难发现，在提倡市场化、民营化改革的学者看来，提高公共教育服务供给质量和公共教育资源配置效率，关键在于打破政府垄断。之所以这样做，主要原因在于政府垄断公共服务供给可能会出现与"市场失灵"相类似的"政府失灵"问题。尽管学界对教育市场化、民营化的看法存在争议，但在实践领域，市场及社会力量已然是供给公共教育服务不可或缺的力量。只是鉴于公共教育服务的属性特征，政府依然在教育资源配置、教育机会分配中发挥着主导性作用。即便是改革政府的先锋派新公共管理运动的倡导者也承认，公共部门"在保障公平、防止歧视或剥削、保障服务的连续性和稳定性（例如在公立学校中促进种族和阶层的融合），以保持全社会的凝聚力等方面更胜一筹"④。如果将公共教育服务体系全盘市场化，那么，出身低收入家庭的孩子将可能面临"无学可上"的困境。

（三）公共教育服务供给的制度变革研究

1. 多中心治理视域下的公共教育服务供给制度变革

美国著名经济学家、公共行政学家埃莉诺·奥斯特罗姆（Elinor Ostrom）

---

① 戴维·奥斯本，特德·盖布勒. 改革政府：企业家精神如何改革着公共部门 ［M］. 周敦仁，等译. 上海：上海译文出版社，2013：66.

② E·S. 萨瓦斯. 民营化与公私部门的伙伴关系 ［M］. 周志忍，译. 北京：中国人民大学出版社，2002：68 - 69.

③ E·S. 萨瓦斯. 民营化与公私部门的伙伴关系 ［M］. 周志忍，译. 北京：中国人民大学出版社，2002：88 - 89.

④ 戴维·奥斯本，特德·盖布勒. 改革政府：企业家精神如何改革着公共部门 ［M］. 周敦仁，等译. 上海：上海译文出版社，2013：18.

对公共服务供给制度的变革逻辑进行了深入研究。在埃莉诺看来，多中心治理才是公共服务供给制度演进的真实情境，原因在于极少有制度不是"私有的"就是"公共的"，或者不是"市场的"就是"国家的"。许多成功的公共池塘资源供给制度，冲破了僵化的二元分类标准，成为具备私有特征和公有特征的制度混合体。他进而指出，利维坦（国家）和私有化（市场），都不是解决公共池塘资源（供给困境）的灵丹妙药①。

埃莉诺在 1994 年出版的《规则、博弈与公共池塘资源》一书中提出了"制度分析与发展框架"，并运用该理论框架分析了公共池塘资源的制度安排及变迁问题。在《公共事物的治理之道——集体行动制度的演进》一书中，埃莉诺进一步将博弈论思想引入制度分析框架，如其所言："在最一般的意义上，所有的制度安排都可被认为是广义的博弈。相关物质环境的特定结构，也会对博弈的结构产生重要的影响"②，因此制度分析与博弈思想紧密结合。根据埃莉诺对博弈论的理解，个人效用函数不仅依赖于自己的选择，而且依赖于其他人的选择，在这个意义上，博弈论的实质就是研究人与人之间的关系问题，如竞争与合作等。因此，在他看来，任何一项有效的制度安排，都是在个人理性与集体理性的重复博弈过程中形成的，公共服务供给制度同样如此。

埃莉诺及其合作者通过实证调查发现，公共服务可以通过国家与市场之外的"第三条道路"——自主治理来破解公共服务供给的集体行动困境。他特别强调，"所有服务的生产都包括接受服务的消费者的积极投入"，他以公共教育服务为例，"如果学生不积极参与自己的教育，那么对教育资源投入将很难产生良好的绩效……诸如教育和警察服务等公共服务，都要求公民—消费者的协作生产③。"进一步讲，学生及家庭既是公共教育服务的消费者，同时也是公共教育服务的协作生产者。埃莉诺的"多中心治理"思想在很大限度上影响着教育等公共服务的治道变革逻辑，并深刻影响着后续学者对于公共服务供给制度的研究取向。

---

①　埃莉诺·奥斯特罗姆，等. 公共事物的治理之道：集体行动制度的演进 ［M］. 余逊达，等译. 上海：上海译文出版社，2012：3.

②　埃莉诺·奥斯特罗姆，等. 公共事物的治理之道：集体行动制度的演进 ［M］. 余逊达，等译. 上海：上海译文出版社，2012：28.

③　奥斯特罗姆，帕克斯和. 公共服务的制度建构：都市警察服务的制度结构 ［M］. 宋全喜，等译. 上海：上海三联书店，2000：10 - 12.

2. 政府治理视域下的公共教育服务供给制度变革研究

在政府治理的研究视域下，如何调整中央和地方政府的权责关系，特别是政府间的财政关系，是公共教育服务供给制度变革的重要内容，国外研究学者对此问题做出了有益探索，并对中国相关问题给予了特别关注。

"第一代财政分权理论"（Tiebout，1956；Oates，1972）的创始人认为，实施财政分权制度的重要目的就是提高公共服务供给效率。作为"第一代财政分权理论"的思想核心，"蒂伯特模型"意在说明，中央政府在信息不对称的情况下无法了解居民的选择偏好，相对而言，由地方政府为本地居民提供公共服务则更为高效。与此同时，居民可以通过居住地的迁移来选择满意的公共服务，从而形成一种"用脚投票"机制，这一机制促使地方政府出于财政收益最大化而相互竞争，积极提高包括教育在内的公共服务供给水平[①]。

在蒂伯特模型提出之前，哈耶克（Hayek，1945）已经对分权与公共服务供给效率之间的关系进行了分析。哈耶克认为，实施分权的原因在于地方政府拥有相对信息优势，由于存在信息沟通和传递成本，地方政府比中央政府更能准确把握民众的需求信息，能够更有效率地提供地方性公共物品（服务）。因此，在分权的制度安排下，由地方政府来提供地方性公共物品（服务），公共物品（服务）供给才可能达到最优水平[②]。

引发学者讨论的是，"第一代财政分权理论"的研究假设是建立在"仁慈型政府"之上的。在反思"第一代财政分权理论"的基础上，Montinola（1995），钱颖一、Weingast（1997）等人将政府行为及官员激励引入财政分权理论，建构起"第二代财政分权理论"的研究框架，并进一步阐述了财政分权与公共服务供给之间的关系。

基于"中国式分权"理论的启发，一些学者沿着官员激励的研究思路，继续讨论了中国政府治理的制度结构对于公共服务供给水平的影响（Qian 和 Weingst，1997；Maskin，Qian 和 Xu，2000；Blanchard 和 Shldifer，2001）。Blanchard 和 Shldifer（2001）的研究表明，中国的地方官员之所以热衷于推动经济增长，而疏于教育等公共服务供给，其制度根源在于中央政府将晋升激

---

① Tiebout C. M. A Pure Theory of Local Expenditures [J]. Journal of Political Economy，1956，64（5）：416－424.

② Hayek，F. A. The Use of Knowledge in Society [J]. American Economic Review，1945.

励与经济增长相挂钩，进而影响地方官员利益偏好的行为选择①。与之观点相似的是中国学者提出的"政治锦标赛理论"②，同样是从官员激励的角度讨论政府治理视域下公共服务供给制度问题。

二、国内相关研究成果综述

事实上，国内学者对于公共服务乃至公共教育服务供给问题的关注由来已久，只是未将研究成果置于"供给侧改革"的学术语境之中。但就相关研究成果的关联性而言，同样涉及供给理念变迁、供给主体重塑，供给制度革新三个核心议题。

（一）价值变迁视角下的基本公共教育服务供给侧改革研究

如何在公平与效率之间寻求适度的平衡，一直是困扰我国教育等公共服务供给的重要议题。事实上，学界对于中国公共服务供给中的价值迷失问题从未停止过反思，有个别学者认为在"以经济建设为中心"的发展理念下，教育等社会福利事业长期因"效率优先、兼顾公平"的价值导向而出现"底线公平"缺失的问题（景天魁，2015）③。贺大兴、姚洋（2011）认为，中国经济增长奇迹来源于改革开放初期较为平等的社会结构，以及一个能够考虑国家和民族长远利益的"中性政府"④。所谓的"中性政府"，并不是说政府在政策制定中不掺杂自身的利益诉求，而是倾向于将资源要素分配给生产力最高的社会群体，从而为经济增长注入动力。但也有学者的研究表明，在中国从计划经济向市场经济转型的过程中，由于公共服务非均衡供给导致的社会不平等问题有加剧的趋势，在公共教育服务领域也如此。

陈斌开、张鹏飞、杨汝（2010）考察了政府教育经费投入与城乡教育不平等的关联性，以及城乡教育不平等与城乡收入差距之间的关联机制。其研究结果表明，城市偏向的教育经费投入政策是导致城乡教育不平等的重要因素，进

---

① Blanchard O，Andrei Shldifer. Federalism with and without Political Centralization：China versus Russia［J］. IMF Staff Papers，2001（48）.

② Li Hongbin，Li An Zhou. Political Turnover and Economic Performance：The Incentive Role of Personnel Control in China［J］. Journal of Public Economics，2005（29）：1743－1762.

③ 景天魁. 底线公平：公平与发展相均衡的福利基点［J］. 北京工业大学学报（社会科学版），2015（1）：1－7.

④ 贺大兴，姚洋. 社会平等、中性政府与中国经济增长［J］. 经济研究，2011（1）：4－17.

而导致了城乡收入差距的扩大①。

李春玲（2010）考察了1999年实施大学扩招政策以来，教育规模扩张对教育机会分配平等化程度的影响，重点讨论了阶层之间、城乡之间的高等教育机会不平等问题②。数据分析结果表明，高等教育入学机会的城乡差异十分显著。吴愈晓（2013）考察了1978年改革开放以来中国教育不平等的变化趋势，其结论是来自优势阶层家庭的子女，其获得的教育机会无论是在数量还是质量层面，都比来自弱势阶层的子女更具优势，特别是从质量侧面而言，教育机会分配的不平等程度加剧趋势明显③。王伟宜（2013）的研究发现，家庭条件更好的学生更有机会获得以"985"高校和"211"高校为代表的优质高等教育资源④。

有学者认为，高等教育入学机会的不平等问题与国家供给基本公共教育服务的价值导向密切相关。因为，在不同的历史时期，由于国家制度结构的既定约束，基础教育管理体制变迁的价值向度一直徘徊在公平与效率之间（鲍传友、冯小敏，2009）⑤，教育政策的价值导向也在公平与效率之间反复摇摆（程天君，2017）⑥。

价值理念的变迁决定了基本公共教育服务供给侧改革的目标导向。迟福林（2011）认为应该建立以均衡发展和公平共享为价值理念的公共教育服务体系⑦。从均衡发展的角度看，学界普遍认为义务教育均衡发展是实现教育公平的基石。非均衡发展体现了效率优先的价值取向，义务教育均衡发展的政策逻辑则体现了公平优先的价值取向（阮成武，2013）⑧。也有学者提出，义务教

---

① 陈斌开，张鹏飞，杨汝岱. 政府教育投入、人力资本投资与中国城乡收入差距 [J]. 管理世界，2010（1）：36-43.

② 李春玲. 高等教育扩张与教育机会不平等：高校扩招的平等化效应考查 [J]. 社会学研究，2010（3）：82-113.

③ 吴愈晓. 教育分流体制与中国的教育分层（1978—2008）[J]. 社会学研究，2013（4）：179-202.

④ 王伟宜. 优质高等教育资源获得的阶层差异状况分析（1982—2010）[J]. 教育研究，2013（7）：61-67.

⑤ 鲍传友，冯小敏. 徘徊在公平与效率之间：中国基础教育管理体制变迁及其价值向度 [J]. 教育科学研究，2009（5）：27-33.

⑥ 程天君. 教育改革的转型与教育政策的调整：基于新中国教育60年来的基本经验 [J]. 北京大学教育评论，2012（4）：33-49.

⑦ 迟福林. "十二五"时期教育公共服务体系建设：突出矛盾与主要任务 [J]. 经济社会体制比较，2011（2）：1-9.

⑧ 阮成武. 我国义务教育均衡发展政策的演进逻辑与未来走向 [J]. 教育研究，2013（7）：37-45.

育均衡发展不仅是实现教育公平的重要途径，同时也是推进基本公共服务均等化的内在要求（龙翠红、易承志，2017）①。因此，在推动基本公共服务供给侧改革的过程中，政府将义务教育均衡发展作为一个重要的目标导向予以落实（蒲蕊，2013）②。

（二）主体重构视角下的基本公共教育服务供给侧改革研究

1. 基本公共教育服务供给主体的责任界定问题

包括义务教育在内的基本公共教育服务，究竟由谁提供，这涉及教育的公共物品属性界定问题。对此，已有研究大致可以分为两种思路。第一种研究思路是将义务教育划分为纯公共物品或准公共物品，然后根据其公共物品属性界定供给主体；第二种研究思路是从政府责任的角度出发，论证政府提供基本公共教育服务的责任和限度。

就第一种研究思路而言，王善迈（1997）从教育资源配置的角度将"义务教育"界定为公共产品，与之相对的"非义务教育"则属于准公共物品③。其判别原因是，义务教育是通过立法形式强制实施的免费教育，在消费特征上具有"非排他性"，且具备显著而积极的社会效应，其供需关系无法通过市场的价格机制进行调节。但学者袁连生（2003）对这一论断提出了质疑，认为义务教育应归属于"准公共物品"，强制与免费只是为了保障公民的受教育权利，而非由义务教育的公共产品性质决定④。

邵泽斌（2010）进一步提出，如果用"非竞争性"和"非排他性"这一分类标准对教育的公共物品属性进行界定，包括义务教育在内所有公共教育产品或服务，无论是从供给的角度还是从消费的角度进行考察，都很难像典型公共物品那样具有完全的"非竞争性"和"非排他性"⑤。值得注意的是，厉以宁（1999）认为，鉴于公共教育服务供给责任及制度安排，"教育产品既可以是公

① 龙翠红，易承志. 基本公共服务均等化、义务教育均衡发展与公共政策优化：我国义务教育政策变迁与路径分析［J］. 湘潭大学学报（哲学社会科学版），2017（6）：14-20.
② 蒲蕊. 基于公平价值取向的政府义务教育服务责任［J］. 华中师范大学学报（人文社会科学版），2013（6）：167-175.
③ 王善迈. 社会主义市场经济条件下的教育资源配置方式［J］. 教育与经济，1997（3）：1-6.
④ 袁连生. 论教育的产品属性、学校的市场化运作及教育市场化［J］. 教育与经济，2003（1）：11-15.
⑤ 邵泽斌. 从"义务教育是公共物品"到"公共物品实行义务教育"：对教育公共性的一种教育学辩护［J］. 广西师范大学学报（哲学社会科学版），2010（3）：10-13.

共产品，也可以是准公共产品，还可以是私人产品"[①]。

胡鞍钢和熊义志（2003）将公共教育服务的产品属性扩展到"外部性"的讨论层面。不能否定的是，公共教育服务对于促进人力资本积累、经济发展、社会公平具有很强的正外部效应，因此，政府通过一些特定的制度安排和权责设置，最大限度地凸显公共教育服务的"非竞争性"和"非排他性"，使之成为一种"制度性公共物品"[②]。

就第二种研究思路而言，研究者们认为提供包括义务教育在内的基本公共服务，是现代政府不可推卸的职责所在。特别是国家建立义务教育制度以来，通过行政权力配置教育资源、分配教育机会成为现代政府职能的重要组成部分。

姜晓萍和邓寒竹（2009）认为，自从我国开启了从"管制型政府"向"服务型政府"转型的进程，公共服务的制度安排也伴随这一转型过程而产生深刻变迁[③]。包括义务教育在内的基本公共教育服务，也在建设"服务型政府"的总体框架下，不断改革供给制度以顺应政府职能转变的基本导向。杨宏山（2009）认为政府有责任向全体民众提供均等化的底线公共服务，例如保障每个学生接受九年义务教育，原因在于，底线公共服务是维护人的尊严和促进社会合作的基础性公共物品，提供底线公共服务是政府的基本职责所在[④]。

鲍传友（2011）通过梳理世界各国的教育政策逻辑发现，教育是政府提供的一项重要公共服务，政府在推进教育公平中承担主要责任，但与其他公共服务领域一样，政府推进教育公平的责任是有限度的[⑤]。蒲蕊（2013）认为各级政府履行义务教育供给职能，就必须处理好公平与效率的关系，形成以公平价值为导向的责任观，并实现从"经济建设型政府"向"服务型政府"的转型[⑥]。

① 厉以宁.关于教育产品的性质和对教育的经营［J］.教育发展研究，1999（10）：9-14.
② 胡鞍钢，熊义志.大国兴衰与人力资本变迁［J］.教育研究，2003（4）：11-16.
③ 姜晓萍，邓寒竹.中国公共服务30年的制度变迁与发展趋势［J］.四川大学学报（哲学社会科学版），2009（1）：29-35.
④ 杨宏山.公共服务供给与政府责任定位［J］.中州学刊，2009（4）：5-8.
⑤ 鲍传友.教育公平与政府责任［M］.北京：北京师范大学出版社，2011：327.
⑥ 蒲蕊.基于公平价值取向的政府义务教育服务责任［J］.华中师范大学学报（人文社会科学版），2013（6）：167-175.

2. 基本公共教育服务供给的政府责任缺位问题

有研究文献发现，包括义务教育在内的基本公共教育服务供给之所以存在总量不足、结构失衡、均等化程度不高等突出问题，主要源于政府在基本公共教育服务供给中存在严重的责任"缺位"[①]。在众多研究成果中，最能引发学者共识的结论就是，基本公共教育服务供给水平的低位徘徊与地方政府的财政支出结构密切相关。相关研究表明，自 20 世纪 80 年代中期我国实行财政包干制以来，地方政府将大量的财政资源投到能够在短期内拉动经济增长的基础设施投资领域（周黎安，2004；尹恒、朱虹，2011；汤玉刚，2012），但对教育、医疗、社会保障等民生类公共服务的财政投入严重不足（乔宝云，2005；王永钦、张晏，2007；傅勇，2010；周飞舟，2012）。尤其引发学者热议的是，被归类为基本公共服务的义务教育，反而成为显露政府职责"缺位"的重点领域（李祥云，2010；龚锋、卢洪友；2013）。

傅勇（2007）的研究表明，"中国式分权"的制度结构造就地方政府"为增长而竞争"的行为逻辑，由此带来了"重基础设施建设，轻人力资本投资和公共服务"的财政支出结构偏向。同时，他还发现，地方政府财政支出结构并不会随着经济发展而自动纠正，只要"中国式分权"的激励机制不变，地方政府就缺乏内在的动力提高义务教育等基本公共服务的财政支出水平[②]。吕炜、王伟同（2008）对经济社会发展失衡中的政府责任问题做出了直观解释，即在经济持续增长，政府财政能力不断提升的情况下，公共服务供给水平的提升却相对滞后，由此导致公共服务领域的供需矛盾日趋激化[③]。

3. 供给主体多元化的基本公共教育服务改革实践

从中国的教育改革实践来看，包括义务教育在内的基本公共教育服务，主体多元化已经成为供给侧改革的重要导向。学者们普遍认同根据供给主体多元化、治理权力多中心化、供给方式多样化的原则推动基本公共教育服务供给侧改革[④]。吕普生（2017）基于对中国义务教育供给实践的反思，认为经典公共

---

① 郭小聪，刘述良 . 中国基本公共服务均等化：困境与出路 [J]. 中山大学学报（社会科学版），2010（5）：150 - 158.

② 傅勇，张晏 . 中国式分权与财政支出结构偏向：为增长而竞争的代价 [J]. 管理世界，2007（3）：4 - 12.

③ 吕炜，王伟同 . 发展失衡、公共服务与政府责任：基于政府偏好和政府效率视角的分析 [J]. 中国社会科学，2008（4）：52 - 64.

④ 李子彦 . 协同治理视角下基本公共教育服务供给机制创新 [J]. 现代教育论丛，2017（3）：21 - 27.

物品理论有关义务教育等纯公共物品应该并且只能由政府单一供给的论断存在疏漏，并针对义务教育供给模式提出了"政府主导型供给"的整体构想①。

劳凯声（2005）认为，不能单纯地依靠市场机制平衡基本公共教育服务供求关系，为了保障教育的公益性，需要对市场介入做出必要的限制②。陆铭，蒋仕卿（2007）则认为，中国教育产业化（市场化）的"方向"没有问题，而是市场化的"方式"存在问题，通过引入竞争和价格机制，不仅可以提高教育资源的利用效率，还可以在一定程度上促进教育公平，即通过教育券、奖学金、财政转移支付的形式向低收入群体提供资助③。

王蓉、田志磊（2018）认为就我国基本公共教育服务供给主体多元化的改革实践来看，学界对于校外培训市场、课外补习机构、互联网教育等新兴业态的崛起尚缺乏深入的研究，包括这些新兴崛起的供给主体在公共教育服务体系中应该扮演何种角色，其与公办教育的关系形态是竞争还是合作，其对教育公平与效率的影响程度如何，都存在研究空白④。

（三）制度革新视角下的基本公共教育服务供给侧改革研究

1. 财政分权制度与基本公共教育服务供给问题研究

国内学者也着重考察了财政分权对于基本公共教育服务供给效度的影响。完善的公共财政体制是促进教育资源均衡配置的重要保障，但分税制改革以来，中央政府与地方政府的财权事权划分并不相称。一些学者认为，中国的财政分权对教育支出水平的影响为负，教育支出规模的增长是经济发展和财政收入增长的必然结果，财政分权并没有起到促进作用（乔宝云，2005；傅勇，2010；林江、孙辉、黄亮雄，2011）。

乔宝云（2005）等人发现，尽管财政分权制度增加了地方政府的可支配财力，但财政关系建立于"委任制"的基本框架之内，这在一定限度上降低了地方政府对于民众需求的回应性。与此同时，由于户籍制度对于人口流动的限

---

① 吕普生. 政府主导型复合供给：中国义务教育供给模式整体构想 [J]. 中国行政管理，2017 (1)：102-108.

② 劳凯声. 教育市场的可能性及其限度 [J]. 北京师范大学学报（社会科学版），2005 (1)：15-22.

③ 陆铭，蒋仕卿. 反思教育产业化的反思：有效利用教育资源的理论与政策 [J]. 世界经济，2007 (5)：44-51.

④ 王蓉，田志磊. 迎接教育财政3.0时代 [J]. 教育经济评论，2018 (1)：26-46.

制，"用脚投票"机制也难以发挥效用①。

丁菊红、邓可斌（2008）的研究认为，中央政府与地方政府的利益偏好、行动策略并不总是协调统一的，自利意识强化的地方政府将推动经济增长视为第一要任并紧抓落实，而对于公共服务责任的规避直接降低了基础教育的供给水平②。与之相似的研究包括，林江、孙辉、黄亮雄（2011）等人提出的，财政分权对地方政府的义务教育供给的影响是负向的，在财政资金有限的情况下，政府提高义务教育供给水平和发展经济处于顾此失彼的境地③。

针对财政分权引发的基本公共教育服务供给不足问题，学界普遍认同的思路就是调整中央政府与地方政府间的财政关系以及地方政府的财政支出结构。陆铭、丁维莉（2005）的研究表明，财政分权不失为激励地方政府提高教育供给水平的有效机制，但应引入中央政府的适当干预，以此缓解教育机会不均等和群分现象对低收入群体人力资本积累所产生的负面影响④。傅勇（2010）认为，财政分权显著降低了基础教育的质量，基础教育存在明显的规模经济效应，因而中央财政应发挥更大的作用⑤。

2. 分级办学制度与基本公共教育服务供给问题研究

我国1985年颁布的《中共中央关于教育体制改革的决定》明确提出，基础教育的供给责任主要由地方政府承担，通过"地方负责、分级办学"的制度安排调动地方政府的办学积极性。但张玉林（2003）的研究认为，"分级办学"制度在实际运行中，中央政府将供给责任"下移"给地方政府，而地方政府又通过群众集资办学的方式将供给责任转嫁给农民，在加重农民负担的同时，也造成农村教育发展的迟滞，从而使农村与城市之间的教育不平等趋势持续扩大⑥。

李芝兰、吴理财（2005）则将中央与地方之间的利益博弈形容成"倒逼"

① 乔宝云，范剑勇，冯兴元. 中国的财政分权与小学义务教育 [J]. 中国社会科学，2005（6）：37-46.
② 丁菊红，邓可斌. 政府偏好、公共品供给与转型中的财政分权 [J]. 经济研究，2008（7）：78-89.
③ 林江，孙辉，黄亮雄. 财政分权、晋升激励和地方政府义务教育供给 [J]. 财贸经济，2011（1）：34-40.
④ 丁维莉，陆铭. 教育的公平与效率是鱼和熊掌吗：基础教育财政的一般均衡分析 [J]. 中国社会科学，2005（6）：47-57.
⑤ 傅勇. 财政分权、政府治理与非经济性公共物品供给 [J]. 经济研究，2010（8）：4-15.
⑥ 张玉林. 分级办学制度下的教育资源分配与城乡教育差距：关于教育机会均等问题的政治经济学探讨 [J]. 中国农村观察，2003（1）：10-22.

与"反倒逼"的关系形态。为了化解"三农"问题所引发的治理危机，中央政府试图通过自上而下的农村税费改革，倒逼乡镇政府转变职能，制止基层政府的乱摊派、乱集资、乱收费行为。但处在行政末端的基层政府却以"弱者的手段"疏于义务教育等基本公共服务供给，从而对中央政府造成"反倒逼"的压力，迫使中央和省级政府承担更多的基本公共服务供给责任①。

针对中央政府与地方政府之间权责失衡导致基本公共教育服务非均衡供给问题，一些研究提出通过"集权化"改革来解决义务教育发展不均衡等问题。范先佐、郭清扬、付卫东（2015）提出，推进义务教育均衡发展是我国新时期教育改革的总体方针，关键举措是实行省级统筹，让省级政府成为义务教育均衡发展最主要的财政责任承担者②。但也有学者认为，"集权化"改革对于教育财政投入的正面效应已不再显著，更加合意的改革策略应是在集权与分权之间寻求制度均衡点。陈静漪、宗晓华（2013）的研究表明，随着供给主体和管理权限的上移，农村义务教育已逐渐脱离乡村社会，出现治理机制失衡等问题。在义务教育的供给机制设计上，不宜进一步集权，而是应该强化县级政府的供给责任意识和财政能力，同时对乡村社会进行制度化赋权，重构农村义务教育基层治理结构③。

3. 绩效考核制度与基本公共教育服务供给问题研究

一些学者提出，单一的财政分权视角似乎并不能对中国复杂的权力结构和政治生态做出全景透视，故而基于中国政府官员的绩效考核制度对义务教育等基本公共服务供给不足问题进行了解释。

周黎安（2007）从地方政府官员所面临的晋升激励，以及由此形成的"晋升锦标赛"去深究中国的官员治理模式④。在他看来，置身于"晋升锦标赛"之中的地方官员，兼具"经济参与人"与"政治参与人"双重身份。"晋升锦标赛"的核心就是"把政府官员的激励搞对"，实际上就是在干部人事管理制度中引入一种"相对绩效评估"机制，并将地方政府官员的仕途升迁与经济增长挂钩，从而调动其发展本地经济的积极性。

---

① 李芝兰，吴理财."倒逼"还是"反倒逼"：农村税费改革前后中央与地方之间的互动 [J].社会学研究，2005（4）：44-63.

② 范先佐，付卫东.义务教育均衡发展与省级统筹 [J].教育研究，2015（2）：67-74.

③ 陈静漪，宗晓华.集权趋向与治理失衡：农村义务教育供给机制变革的制度分析 [J].现代教育管理，2013（9）：35-39.

④ 周黎安.中国地方官员的晋升锦标赛模式研究 [J].经济研究，2007（7）：36-50.

"晋升锦标赛"内生出"为增长而竞争"的激励机制，而正是这种激励机制导致地方政府的财政支出结构出现"重建设、轻服务"的偏向（张晏、傅勇，2007）①。地方政府会优先供给以基础设施为代表的经济性公共物品，而相对忽视对教育、医疗、社会保障等非经济公共物品的供给（吕炜，王伟同；2010）②。以经济增长为核心指标的绩效考核制度，促使地方政府一切以经济建设为中心，对投入周期较长、收益显现缓慢的公共服务无暇顾及（杨其静、郑楠，2013）③。与此同时，由于"用手投票"和"用脚投票"两种机制的功能缺失，作为基本公共服务最终消费者的普通民众，在很大程度上缺乏激励和约束地方政府的能力，以至于教育等基本公共服务供给水平无法满足民众的实际需求（张紧跟，2018）④。

但江依妮（2017）等学者的研究表明，晋升激励对县级政府教育支出的负面影响是有限的。教育支出作为地方政府的一项刚性任务，在地方财政支出结构中一直占据着较为稳定的位置。通过构建了一个由晋升激励影响的地方官员教育支出行为模型，他们发现，中央政府可以通过提高地方政府的财政自主权，进而改善地方政府对教育等公共服务的供给行为⑤。

三、对相关研究成果的述评

综合已有研究成果，可以提炼出与基本公共教育服务供给侧改革高度契合的研究内容。与此同时，现有研究成果依然存在待拓展和提升的空间，不同研究成果与基本公共教育服务供给侧改革的关联性，也有待于进一步挖掘和提炼。

首先，需要进一步挖掘政府职能转型与基本公共教育服务供需失衡的联动关系。基本公共教育服务供给侧改革的终极目标是"办好人民满意的教育"，即通过一系列"供给侧"改革举措回应民众的教育需求偏好，从而达到基本公共教育服务供需平衡的理想状态。尽管学界已经形成一个基本共识，即政府在

---

① 傅勇，张晏. 中国式分权与财政支出结构偏向：为增长而竞争的代价 [J]. 管理世界，2007（3）：4-12.

② 吕炜，王伟同. 政府服务性支出缘何不足？基于服务性支出体制性障碍的研究 [J]. 经济社会体制比较，2010（1）：12-23.

③ 杨其静. 分权、增长与不公平 [J]. 世界经济，2010（4）：102-120.

④ 张紧跟. 治理视阈中的基本公共服务供给侧改革 [J]. 探索，2018（2）：27-37.

⑤ 江依妮，易雯，梁梓然. 官员晋升激励与地方教育支出行为：基于浙江省县级面板数据的实证研究 [J]. 教育与经济，2017（6）：38-44.

基本公共教育服务供给中处于核心地位，同时也是推动基本公共教育服务变革的主导力量，但却鲜有研究论及政府职能转型与基本公共教育服务供需失衡的联动关系，特别是在属地化供给的体制下，需要深入阐述地方政府的履职情况和行为逻辑。

其次，已有研究成果的融通性需要进一步加强，以此在不同的学科之间搭建对话的"桥梁"。如教育学专业更加关注义务教育均衡发展问题，经济学专业较为关注教育资源配置问题，政治学比较关注权力合法性及公民受教育权利平等问题，公共管理学则较多关注政府责任及基本公共教育服务非均等化供给问题。虽然不同学科基于自身的专业背景和话语体系积累了丰富的研究成果，但有必要在跨学科的研究视野内，进一步提高已有研究成果的融合性。

最后，本土化问题意识与实践导向有待进一步加强。对于教育等基本公共服务供给问题，国内学者也在努力尝试引荐相关的理论模型或概念工具，从而为总结"中国经验"提供学理性依据。但扎根于西方社会的理论成果，难免在分析"中国经验"时存在"水土不服"现象。特别是在中国社会转型的大背景下，因阶层分化、制度变迁、资源配置不均衡所引发的基本公共服务供需失衡问题在教育领域处于萌发状态，其诱发因素和作用机制也极为复杂。但就目前的研究成果而言，基于本土化问题意识和实践导向的研究尚待进一步补充和强化。

第三节　研究思路及方法

一、研究思路

在经济、民生领域全面推进供给侧改革的背景下，如何提高基本公共教育服务供给侧改革的力度和深度，无论在理论层面，还是现实维度，都有着重要的立论依据和研究意义。有鉴于此，本书遵循"提出问题→分析问题→解决问题"的总体思路，在"理论建构→历史回溯→实践反思→成因解析→优化进路"的逻辑进度内，运用规范论证与实证分析相结合的研究方法，对基本公共教育服务供给侧改革进行探讨。研究思路如下：

第一部分为绪论。阐述选题背景及研究意义；对国内外的相关研究成果进行梳理和评述。

第二部分的研究内容主要是对公共服务、公共教育服务、基本公共教育服务、供给侧改革等核心概念进行解释；结合研究主题，有的放矢地借鉴制度变迁理论、空间生产理论、合作治理理论的思想要义建构分析框架。

第三部分的研究内容是基于历史制度主义的理论分析思路，聚焦义务教育这一"理想类型"，回溯我国基本公共教育服务供给制度变革的历史进程、动力因素及其内在逻辑。

第四部分的研究内容是聚焦义务教育学校布局调整这一政策实践，通过对典型案例的考察，反思政府单一向度、自上而下推动的基本公共教育服务供给侧改革实际成效及困境。

第五部分的研究内容是从"中国式分权"的制度建构逻辑，"地方发展型政府"的空间生产逻辑，政府中心主义、权力本位的治理逻辑三个维度对基本公共教育服务供给侧改革出现的现实困境进行原因追溯。

第六部分的研究内容是在合作治理的向度内，从价值、主体、制度三个基本层面，探索优化基本公共教育服务供给侧改革路径的具体策略。

二、研究方法

第一，文献研究法。本书的规范性及思辨性论证内容，主要是依托文献研究提供的方法论及分析策略，通过收集与基本公共教育服务供给侧改革相关的学术著作、政策性文件、法律规章等文献资料，对核心概念界定、理论分析框架的建构等规范性研究内容进行论述，进而提供论证依据。

第二，历史分析法。基于历史制度主义的理论要义及分析方法，聚焦义务教育这一"理想类型"，通过对关键历史节点及重大改革事件的分析，从历史的维度审视基本公共教育服务供给侧改革的内在逻辑及演进趋势。

第三，空间分析法。近年来，地理信息系统（GIS）作为分析工具被引入人文及社会科学领域，广泛应用于公共教育服务供给、公共教育资源配置等相关议题的实证研究。学校是典型的定点公共服务设施，布局调整必然会涉及教育资源的空间分布及重组问题。本书结合案例研究对象，对义务教育学校布局调整后的学校服务范围，平均就学距离进行测度，以此为考证基本公共教育服务供给侧改革成效提供依据。

第二章 核心概念界定与理论分析工具

第一节 核心概念的界定

以基本公共教育服务供给侧改革为主题开展研究，不可避免会涉及"基本公共教育服务"与"供给侧改革"两个核心概念。进一步推演，在公共管理学的研究视域下，可以将"基本公共教育服务"视为"公共服务""公共教育服务"的从属性概念，从内涵释义上具有层级性的逻辑关联。因此，可以依据"公共服务"的概念建构逻辑，逐层推演出"公共教育服务""基本公共教育服务"的内涵释义，加之对"供给侧改革"的概念界定，共同建构起本书的研究起点。

一、公共服务

根据学者引证，在公共管理学科的研究视域下，"公共服务"的词源解释脉络可以追溯至 1912 年法国著名的法学家莱昂·狄骥对"公共服务"的概念释义，即"任何因其与社会团结的实现和促进不可分割，而必须由政府加以规范和控制的活动，就是一项公共服务。"[①] 此后，这一词源在公共管理学领域被广泛引用。

陈振明在《公共服务导论》一书中对"公共服务"的概念释义维度做出了较为全面的总结，从而归纳出"物品解释法""利益解释法""主体解释法""价值解释法""内容解释法""职能解释法"六个主要维度[②]。不同维度的释义逻辑既存在关联性，但也基于不同侧重点加以展开。正因如此，在何谓"公

---

① 莱昂·狄骥. 公法的变迁：法律与国家 [M]. 郑戈，等译，沈阳：辽海出版社，春风文艺出版社，1999：53.
② 陈振明. 公共服务导论 [M]. 北京：北京大学出版社，2011：9 – 13.

共服务"这一问题上，学界并没有在概念界定上形成统一共识。

尽管存在争议，但对于"公共服务"的概念界定依然存在着一些代表性观点。比如，基于"职能解释法"的维度，马庆钰认为："公共服务主要是指由公法授权的政府或非政府公共组织以及有关工商企业，在纯粹公共物品、混合性公共物品以及私人性物品的生产和供给中所承担的职责"①。

从"价值解释法"的维度出发，李军鹏认为公共服务是指"政府为了满足社会需要而提供的产品或服务的总称"②，具体而言，就是指政府基于权利、正义等公共价值理念，通过配置公共资源，积极回应社会公众的需求，为实现社会福利最大化而提供的产品或服务。这一概念释义的建构逻辑突出了公民权利、公平正义、公共利益最大化等价值理念的重要性，也正是这些价值理念，为公共服务的内涵奠定了立论基础。

综合上述分析，本书认为可以从价值、权利、责任三个基本维度对公共服务的内涵做出解释。就价值维度而言，公共服务旨在最大限度上、满足最多数人的福利水平，满足民众基本的生存、生活和生产需要，从而实现公共利益最大化的价值理念。就权利维度而言，享有公共服务是公民的一项基本权利，并且依据公平正义的原则，公民享有公共服务的权利是平等的，机会是均等的。就责任维度而言，供给公共服务是现代政府的基本职责，政府有责任保证公民享有公共服务的合法权利，但这并不意味着政府是供给公共服务的唯一责任主体。

从上述三个释义维度加以整合，本书将"公共服务"的概念界定为：公共服务是指基于公共利益最大化的价值理念，在保障公民权利平等、机会均等的基础上，由政府或其他责任主体共同提供的服务或产品。

二、公共教育服务

"公共教育服务"无疑是本书的核心概念，从其内涵及外延上看，公共教育服务是关乎公民受教育权利、公共教育资源配置的一类公共服务，可以视为公共服务的一个从属性概念。在概念界定上，公共教育服务尚未形成统一的定义，通常情况下是套用公共服务的解释逻辑，甚至存在"公共教育服务"与

---

① 马庆钰. 关于"公共服务"的解读［J］. 中国行政管理，2005（2）：78-82.
② 李军鹏. 公共服务学：政府公共服务的理论与实践［M］. 北京：国家行政学院出版社，2007：2.

"教育公共服务"的语义表述差异。例如有学者认为，公共教育服务是指"在公共政策的规范指导下，立足于一定的社会共识，为满足公民需求和共同利益，由政府、市场、个人等多个主体共同提供的，面向全社会特别是青少年的一种文化服务"①。还有学者基于"教育公共服务"的表述，将公共教育服务理解为"由政府主导提供的，惠及社会全体公众，并满足公众教育需求和共同利益的公益性服务"②。

学者蒲蕊在《公共教育服务体制探索》一书中认为，"公共教育服务是指由政府主导的，运用公共资源和公共权力，以维护和增进公共利益为目标，通过多种机制和方式的综合运用，提供各种物质形态或非物质形态的公共教育物品的活动的总称。"③ 这一概念释义突出了公共教育服务的两个重要维度，一是在价值理念上，公共教育服务以维护和增进公共利益为目标导向；二是在责任主体的界定上，明确了政府的主导性定位，但政府显然不是供给公共教育服务唯一的责任主体。

依据上述研究对于"公共教育服务"的释义，可以看出"公共教育服务"在特定程度上依然具有"公共物品"的属性特征，而这些属性特征又进一步影响着公共教育服务的概念建构逻辑。厉以宁曾对教育的产品属性做过论述，并从提供者和出资者的角度将教育产品（服务）划分为五种类型：①由政府提供的具有"纯公共物品"性质的教育服务，包括政府提供的义务教育、特殊教育等。②基本具有公共物品属性的教育服务，例如政府出资建立的高等教育和职业教育等；③具备准公共物品属性的教育服务，包括由社会团体、学校、企业针对特定对象提供的教育服务；④具有纯私人物品性质的教育服务，例如私人培训机构提供的个性化教育服务；⑤基本具有私人物品形式的教育服务④。

王善迈则从教育资源配置的角度将"义务教育"界定为公共产品，与之相对的"非义务教育"则属于准公共物品⑤。其判别原因是，义务教育是通过立法形式强制实施的免费教育，在消费特征上具有"非排他性"，且具备显著而

① 李保强，马婷婷. 公共教育服务的概念及其体系架构分析 [J]. 教育理论与实践，2014（7）：35-38.

② 何鹏程，宋懿琛. 教育公共服务的理论探讨 [J]. 教育发展研究，2008（9）：39-43.

③ 蒲蕊. 公共教育服务体制探索 [M]. 武汉：武汉大学出版社，2015：22.

④ 厉以宁. 关于教育产品的性质和对教育的经营 [J]. 教育发展研究，1999（10）：9-14.

⑤ 王善迈. 社会主义市场经济条件下的教育资源配置方式 [J]. 教育与经济，1997（3）：1-6.

积极的社会效应，其供需关系无法通过市场的价格机制进行调节。但有学者对这一论断提出了异议，认为义务教育应归属于"准公共物品"，强制与免费只是为了保障公民的受教育权利，而非由义务教育的公共产品性质决定[①]。

这种以"非竞争性"和"非排他性"为依据的判别标准，很难对公共教育服务的内涵做出逻辑自洽的解释。事实上，即便是在"公共物品"属性最为突出的义务教育阶段，"非竞争性"和"非排他性"也存在解释失灵的问题。在中国特定的制度环境内，城乡二元分割的户籍制度和公共服务的属地化管理体制，无疑建构起更具有"限制性"和"排他性"的教育分流机制。一些流入地政府也对农民工随迁子女的入学需求进行了严格限制。此外，当一所学校的招生规模尚未满额时，那么增加一个学生对另一个学生的消费并不造成影响，即边际成本可能为零；但如果学校招生规模已经到达上限，此时新进的学生就会影响其他学生获得的教育服务水平，资源的稀缺性决定了任何一个学校的招生规模及班级规模都不可能无限扩张。

为了避免"非竞争性"和"非排他性"带来的认知歧义，学界将公共教育服务的内涵释义扩展到"外部性"的讨论上。外部性即指某些产品或服务给生产者、消费者以外的群体带来了正面（正外部性）或负面（负外部性）的影响。不可否定的是，公共教育服务对于促进人力资本积累、经济发展、社会公平具有很强的正外部效应，因此，政府通过一些特定的制度安排和权责设置，最大限度地凸显公共教育服务的"非竞争性"和"非排他性"，使之成为一种"制度性公共物品"[②]。一个典型的例证就是由政府制定并强制推行的义务教育制度。

总结上述分析可以发现，基于"非竞争性"和"非排他性"两个判别标准，似乎无法推演出教育是否归属于公共物品，甚至可能得出"义务教育"是具有公共性与私人性双重特征的认识悖论[③]。应该说，从"公共物品"或"公共服务"的建构逻辑推演"公共教育服务"的内涵释义既是必要的，也是不全面的。因为，公共教育服务显然是公共服务的重要组成部分，这一点毋庸置疑，但教育领域内的公共服务有其自身的特性，教育在促进人类社会形成利益

---

① 袁连生. 论教育的产品属性、学校的市场化运作及教育市场化 [J]. 教育与经济，2003（1）：11－15.

② 胡鞍钢，熊义志. 大国兴衰与人力资本变迁 [J]. 教育研究，2003（4）：11－16.

③ 邵泽斌，张乐天. 存在于公共物品与私人物品连续谱系中的义务教育 [J]. 教育研究与实验，2008（2）：35－39.

共同体、命运共同体中的重要作用，是任何其他公共服务事业无法比拟的。因此，从世界范围看，教育改革与发展正在呈现出"公共性"这一新的时代特性[①]。就世界各国发展教育事业的共识性经验看，公共教育服务体系的建立已然体现出深刻的"公共性"内涵。有鉴于此，因此，本书基于"公共性"的思想建构逻辑，对"公共教育服务"的内涵做出如下释义：

首先，"公共性"是现代国家建立公共教育服务体系的价值前提。从价值理念上讲，"公共性"是指行使公共权力的政府组织，着眼于国家发展的长远利益、共同利益，为公民提供基本的福利保障，以维护国家政权的合法性和稳定性。安东尼·吉登斯（Anthony Giddens）对此有过经典论断，"国家创设公民权和福利项目的主要目的就是拉拢人民并获得他们的支持"[②]。正是以"公共性"为价值前提，现代国家为了满足民主政治建设的需要，普遍为公民提供基本的公共教育服务，并建立惠及全民的公共教育服务体系。如米尔顿·弗里德曼（Milton Friedman）所言，如果大多数公民没有一个最低限度的文化知识水平，也不广泛地接受一些共同的价值准则，那么，稳定而民主的社会将不可能存在[③]。

其次，"公共性"限定了政府在公共教育服务供给中的责任定位。"公共性"不仅是国家建立公共教育服务体系的价值前提，同时也是评判现代政府职能定位的价值基础。衡量政府活动是否达成"公共性"的基本标准就是，政府是否基于维护公民权利和实现公共利益的需要，为公民提供各种类型的公共服务[④]。公共教育服务深刻蕴含的"公共性"也引申出政府在教育事业发展中的责任定位问题。政府作为公共教育服务供给的责任主体是其职能设置的应然体现。特别是政府提供的免费义务教育，可以为不同社会阶层提供平等的受教育机会，最大限度保障了弱势群体的受教育权利，这也是世界各国普遍实行义务教育制度的初衷所在。而随着公民受教育水平的提高，政府提供公共教育服务的数量和质量，能否满足公众的教育需求，也成了推动政府职能转型、责任边界调整的重要动力。

最后，"公共性"影响着公共教育服务及其供给制度的变革逻辑。哈贝马斯在《公共领域的结构转型》这一著作中，对"公共性"的生成及演进逻

① 张茂聪. 教育公共性的理论分析 [J]. 教育研究，2010 (6)：23 - 29.
② 安东尼·吉登斯. 第三条道路 [M]. 郑戈，译. 北京：北京大学出版社，2000：75.
③ 米尔顿·弗里德曼. 资本主义与自由 [M]. 张瑞玉，译. 北京：商务印书馆，2001：83 - 84.
④ 孙柏瑛. 公共性：政府财政活动的价值基础 [J]. 中国行政管理，2001 (1)：23 - 26.

辑进行了历史考证。在哈贝马斯看来，"公共性"及所谓的"公共领域"①，体现着独立于"私人领域"的制度建构逻辑。但随着现代社会"公共领域"与"私人领域"的相互融合，公共服务供给出现了主体多元化的趋势，社会治理变革呈现出合作治理的必然性②。随着"公共性"的扩散，政府责任无所不包、行政权力无所不在的局面被打破，市场乃至社会力量广泛参与到教育等公共服务的生产及供给过程中，并进一步影响着教育等公共服务的制度变革逻辑。

三、基本公共教育服务

"基本公共教育服务"是整个公共教育服务体系中最为基础、最为核心的组成部分，是指"在一定的社会经济发展阶段，为了满足民众的基本生存权利和发展权利，由政府运用公共权力和公共资源提供的基础性公共教育服务"③。严格来说，"基本公共教育服务"是根植于我国教育发展实践而提炼出的政策性术语，但任何概念工具的产生都不能脱离实践，因此，"基本公共教育服务"可以上升为一个学术性概念，其概念建构逻辑同样可以依据"公共服务""公共教育服务"的内涵加以释义。

以民众的需求程度和供给责任为标准，公共服务可以划为分"基本公共服务"和"非基本公共服务"两大类别。根据《国家基本公共服务体系"十二五"规划》中的定义，基本公共服务"指建立在一定社会共识基础上，由政府主导提供的，与经济社会发展水平和阶段相适应，旨在保障全体公民生存和发展基本需求的公共服务。"④ 可以说，基本公共服务事关民众的切实利益和基本权利，目前涵盖公共教育、医疗卫生、公共文化、住房保障、劳动就业、基础设施、环境保护、公共安全等多个领域。

显然，"基本公共教育服务"就是教育领域内由政府主导提供的基本公共服务。根据《"十三五"推进基本公共服务均等化规划》的要求，基本公共教育服务具体包括普惠性学前教育资助；为学龄儿童、少年免费提供的九年义务

① 哈贝马斯.公共领域的结构转型 [M].曹卫东，译.上海：学林出版社，1999.
② 张康之.论公共性的生成及其发展走向 [J].青海社会科学，2018 (3)：1-12.
③ 蒲蕊.公共教育服务体制探索 [M].武汉：武汉大学出版社，2015：49.
④ 中华人民共和国中央人民政府.国务院关于印发国家基本公共服务体系"十二五"规划的通知 [EB/OL].http://www.gov.cn/zwgk/2012 - 07/20/content _ 2187242.htm，2012 - 07 - 20/2019 - 06 - 16.

教育；为农村义务教育学生提供的营养改善、寄宿生生活补助；普通高中国家助学金、免除普通高中建档立卡等家庭经济困难学生学杂费；中等职业教育国家助学金、中等职业教育免除学杂费 8 个具体服务项目。

通过梳理政策文献可以发现，基本公共教育服务的内涵及特征依然体现出深刻的公共性意蕴，甚至可以说，基本公共教育服务是"纯公共物品"最为显著的一类公共服务。首先，就基本公共教育服务的价值导向而言，基本公共教育服务必须秉持权利本位、公平正义的供给理念，保障公民享有权利平等、机会均等的受教育机会。以上述价值导向为前提，基本公共教育服务需要在公平优先、质量为重的基础上，设置基本公共教育服务均等化供给的具体标准①。其次，基本公共教育服务的供给更加强调政府的再分配责任，即必须不断强化政府的供给主体责任，并且，政府的行为理念要以实现公平、正义为价值前提②，促进基本公共教育服务均等化供给，使教育资源配置向农村地区、薄弱学校和低收入群体倾斜。再次，尽管基本公共教育服务极为强调政府的供给责任，但政府依然不是基本公共教育服务的唯一提供者。这也意味着，基本公共教育服务供给制度的建构同样蕴含着协同治理的变革精神③，即在供给主体多元化，治理权力多中心化的体制机制变革中实现基本公共教育服务的合作供给。

虽然目前我国基本公共教育服务体系已经覆盖义务教育、学前教育、高中教育三个阶段，但由政府主导供给的基本公共教育服务，且已经形成规范化、制度化的办学模式及服务体系，主要集中在九年义务教育阶段。1986 年颁布实施的《中华人民共和国义务教育法》规定，国家实行九年义务教育制度。2006 年新修订的《中华人民共和国义务教育法》进一步明确，"义务教育是国家统一实施的所有适龄儿童、少年必须接受的教育，是国家必须予以保障的公益性事业。"按照上述法律依据，"义务教育"可以说是基本公共教育服务体系中的重中之重。而之所以将"义务教育"作为国家必须予以保障的公益性事业，并通过法律形式规定实施九年义务教育制度，主要是因为义务教育可以满足民众最基本的受教育需求。换言之，适龄儿童及少年"有学上"的需求能否

---

① 刘琼莲. 论基本公共教育服务均等化及其判断标准 [J]. 中国行政管理，2014（10）：33 - 36.

② 张立荣，冷向明. 基本公共服务均等化取向下的政府行为变革 [J]. 政治学研究，2007（4）：83 - 91.

③ 李子彦. 协同治理视角下基本公共教育服务供给机制创新 [J]. 现代教育论丛，2017（3）：21 - 27.

得到满足，主要取决于义务教育的供给水平及服务质量。需要指出的是，尽管九年义务教育制度已在全国范围内得到确立和推广，但近年来，一些经济发达地区逐步将义务教育时限拓展到 12 年，即将高中阶段教育全面纳入公共财政保障范畴，并由当地政府承担供给责任。可以预见的是，随着经济社会发展水平的提高，基本公共服务、基本公共教育服务、义务教育的覆盖范围、服务标准、制度设计必然会做出适应性调整。

需要特别说明的是，本书的研究靶心正是聚焦于基本公共教育服务体系中最核心、最具有代表性的组成部分——义务教育。之所以选择义务教育作为研究的"理想类型"，主要出于以下几点思考：①九年义务教育已经明确纳入基本公共服务体系，并形成了一套相对制度化、规范化的供给模式。②义务教育可以称之为教育公平的起点，由于教育机会获得的累积性和延续性，高等教育入学机会的不平等实际上起源于义务教育阶段，因此有必要将研究靶心聚焦在公平、正义等价值导向更为鲜明的义务教育阶段，着重探讨"起跑线"上的教育不平等问题[①]。③义务教育的制度安排一直处于不断演化的动态过程中，其供给制度变迁可以划分出较为清晰的历史节点，并可以在不同历史阶段提炼出国家（政府）推动义务教育变革的基本导向和重要举措；④《国家教育事业发展"十三五"规划》明确指出，要主动适应经济社会发展和人民群众的需求，着力提高基本公共教育服务的覆盖面和质量水平，重点任务就是推动义务教育优质均衡发展。鉴于上述原因，聚焦义务教育探讨基本公共教育服务供给侧改革，有助于透过更加具象化的研究对象，对基本公共教育服务的发展历程、供给侧改革成效及其问题成因进行理论阐释和实践反思，在分析策略上增加了研究的可行性和清晰度。

四、供给侧改革

"供给侧改革"无疑是一个具有"中国特色"及实践意义的研究概念。根据《国民经济和社会发展第十四个五年规划和 2035 年远景目标纲要》的指导思想，要以供给侧结构性改革为主线，以改革创新为根本动力，满足人民日益增长的美好生活需要。根据"指导思想"的引领，在"十四五"期间着力推进供给侧改革，成为统筹推进经济与社会协调发展的重要举措。

---

① 唐俊超. 输在起跑线：再议中国社会的教育不平等（1978 - 2008）［J］. 社会学研究，2015
(3)：123 - 145.

就"供给侧改革"这一概念提出的现实背景而言，最先发端于经济领域的全面深化改革诉求。改革开放 40 多年来，我们缔造了举世瞩目的经济增长"奇迹"，但随着经济下行压力的增加，以往凭借低要素成本高投资驱动的经济增长方式已经难以为继。为此，亟须通过"供给侧结构性改革"提高生产要素的利用效率，培育经济增长的新动力。可以说，"供给侧结构性改革"的提出是顺应我国经济发展进入"新常态"的必要举措，同时也是转变经济增长方式的必然要求①。

"供给侧改革"不仅是经济领域全面深化改革的"重头戏"，同时也是民生领域全面深化改革的"突破口"。长久以来，在"以经济建设为中心"的发展导向下，教育、医疗、就业、社会保障等民生领域积累的社会矛盾日渐凸显。以教育事业为例，随着我国经济社会发展水平的不断提高，民众的教育需求也随之发生深刻变化。当教育需求从"有学上"转向"上好学"时，由政府提供的公共教育服务不仅要在质量维度"做大蛋糕"，还要在公平维度"分好蛋糕"。就此而言，教育等民生领域的供给侧改革势在必行，注重从"需求侧拉动"转向"供给侧推动"②，从而满足人民群众对于美好生活的向往和需要。

目前已有学者对教育领域内的"供给侧结构性改革"进行阐释。如其所述，"教育供给侧结构性改革"就是指围绕教育资源和服务的供给主体和供给方式的变革。具体而言，就是在顶层设计的框架下，通过一系列体制机制改革和政策举措，进一步厘清教育领域内政府和市场的责任边界，进一步理顺由主体关系构成的教育管理体制，进一步优化以办学体制为核心的教育资源与服务的供给方式，提升教育治理体系和治理能力现代化水平，进而更加有效地服务于国民经济发展和民生改善的内在要求③。

事实上，回顾中国教育改革与发展的实践历程，从某种意义上说，正是以"供给侧"改革为着力点，逐步建立惠及全民的基本公共教育服务体系，并通过体制机制的持续变革，不断提升义务教育等基本公共教育服务供给水平。对基本公共教育服务领域"供给侧改革"进行概念释义，既要超越经济领域的概

---

① 胡鞍钢，周绍杰，任皓. 供给侧结构性改革：适应和引领中国经济新常态〔J〕. 清华大学学报（哲学社会科学版），2016（2）：17-22.

② 刘云生. 供给侧结构性改革：教育怎么办？〔J〕. 教育发展研究，2016（3）：1-7.

③ 庞丽娟，杨小敏. 关于教育供给侧结构性改革的思考和建议〔J〕. 国家教育行政学院学报，2016（10）：12-16.

念演绎逻辑，体现教育领域与经济领域的本质差异，同时也要有选择性地借鉴公共服务领域的概念建构逻辑，遵循从"一般"到"特殊"的逻辑关系逐层释义。结合"基本公共教育服务"这一研究对象，本书对"供给侧改革"的内涵做出如下释义：

（1）供给侧改革以民众需求为导向，旨在提高民众的满意度。民众既是基本公共教育服务的消费者，同时也是基本公共教育服务的合作生产者。基本公共教育服务供给侧改革要取得实际成效，就需要将"以人民为中心"的发展理念落到实处，不断提高民众的教育获得感。就此而言，民众的满意度既是基本公共教育服务供给侧改革的出发点，也是供给侧改革的落脚点，决定了基本公共教育服务供给侧改革的价值导向。

（2）基本公共教育服务供给侧改革的重要内容是多元供给主体的功能耦合，以此为基础创新供给方式。供给侧改革的实质仍不外乎是理顺政府、市场、社会乃至公民的主体结构关系。随着国民经济发展水平的提高，民众多元化、个性化、高端化的教育需求与日俱增。面对教育需求的转型升级，政府单一供给基本公共教育服务的负担日益加剧，因此供给侧改革的导向是建构多元化的主体结构，以此丰富基本公共教育服务供给方式。

（3）供给侧改革以制度改革为保障，逐步提升基本公共教育服务供给水平。特别是由政府主导提供的义务教育，如何促成"人民教育政府办"的制度安排在实践过程中"办好人民满意的教育"，需要通过一系列的制度建构、变革和创新举措。在制度变革和创新的过程中，应充分考虑利益不一致、信息不对称、激励不相容等多重因素，着力提高各级政府的供给能力，畅通民众的需求表达机制，以完善的制度体系深入推进供给侧改革。

总之，基本公共教育服务语境下的供给侧改革，意指以提高民众满意度为价值导向，为受教育者提供公平而有质量的教育；以供给主体结构关系调整为基础，不断创新基本公共教育服务供给方式；以优化各项体制机制为保障，为提高供给侧改革成效营造良好的制度环境。

第二节　理论分析工具

本书有针对性地选择制度变迁理论、空间生产理论、合作治理理论的核心要义，以此对基本公共教育服务供给侧改革问题进行理论建构。

一、制度变迁理论

引入制度变迁这一理论分析工具，有助于我们更加深入地把握基本公共教育服务供给侧改革的历史演进逻辑。首先对"新制度主义"的理论谱系及发展脉络进行简略的回顾，然后从中提炼出制度变迁理论的核心要义，并进一步阐述如何运用制度变迁理论分析基本公共教育服务供给侧改革。

（一）"制度"及"制度变迁"的含义

1. 何谓"制度"？

"制度"这一术语意义何为？引用道格拉斯·C. 诺思（Douglass C. North）的经典定义，"制度是一个社会的博弈规则，或者更规范地说，制度是人为设计的，形塑人们相互关系的约束。"[1] 在这一定义中，诺思旨在突出制度实际上是一套规则和约束，旨在规范人与人之间的行为及相互关系。而具体到个体层面，"制度本身是一系列被制定出来的规则、守法程序和行为的道德伦理规范，它旨在约束追求主体福利或效用最大化利益的个人行为。"[2]

青木昌彦也曾对"制度"的含义做出经典论述，在他看来，"制度是一个关于博弈如何进行的共有信念的一个自我维持系统"，"以一种自我实施的方式制约着参与人的策略互动"[3]。柯武刚、史漫飞对于"制度"的定义则是，"制度是人类相互交往的规则。它抑制着可能出现的机会主义和乖僻的个人行为，使人们的行为更可预见，并由此促进着劳动分工和财富的创造。"[4] 从上述两个定义可以看出，制度的作用就是通过一套规则体系，进而约束个体的行为选择机制，这与诺思对于制度的定义并无本质上的差异。

尽管不同学者对于"制度"定义的表述不尽相同，但关于"制度"的精神内核却有着一致的认识。"制度"从本质上而言，就是一套规则体系，用以规范和约束不同利益主体的行为选择。在制度研究学者看来，制度在社会经济发展中的重要性不仅体现在它是约束人们行为规范的一套"游戏规则"，同时，

---

[1] 道格拉斯·C. 诺思. 制度、制度变迁与经济绩效 [M]. 杭行，译. 上海：格致出版社、上海三联书店. 上海人民出版社，2008：6.

[2] 道格拉斯·C. 诺思. 经济史中的结构与变迁 [M]. 陈郁，等译. 上海：上海人民出版社、上海三联书店，1994：225－226.

[3] 青木昌彦. 比较制度分析 [M]. 周黎安，译. 上海：上海远东出版社，2001：28.

[4] 柯武刚，史漫飞. 制度经济学：经济秩序与公共政策 [M]. 韩朝华，译. 北京：商务印书馆，2002：35.

制度的建构、变迁和创新对于整个社会的公共资源配置也起着重要作用，一旦缺乏有效的制度安排，人的行为将无法聚合在共识性目标之下开展集体行动，公共资源也无法得到有效的配置。

2. 何谓"制度变迁"?

"制度变迁"如同"制度"一样，广泛存在于现代社会的发展过程中。所谓"制度变迁"，就是指制度由创立到更替的动态演化过程，在此过程中，旧的制度安排被替代或废止，新的制度安排由此产生。诺思对制度变迁的起源进行了细致的论述，在诺思看来，制度变迁的前提条件是行为主体在现有的制度安排中无法获取潜在利益，需要建立新的制度安排以获取收益，当"预期的净收益即潜在利润超过预期的成本，一项制度安排就会被创新"[①]。

从某种意义上来说，制度变迁实质上就是制度从"非均衡"状态走向"均衡"状态的过程。1990年出版的《制度、制度变迁与经济绩效》一书是诺思阐述其制度变迁思想的重要著作。沿袭了新古典经济学对"需求—供给"问题的研究思路，诺思在"均衡"的语境下探讨了制度变迁的动力来源。在他看来，制度安排并非一成不变，只有当制度的需求和供给相互均衡时，制度才会保持在一个相对稳定的状态。制度变迁的过程则可以表述为，"相对价格的变化使交换的一方或双方感知到改变协定或契约，能够使一方或双方的处境得到改善"[②]，此时，就会产生重新签订契约的动力，原有的制度均衡状态被打破，并产生新的制度需求和制度供给。

（二）"新制度主义"制度变迁理论的研究议题

1. "新制度主义"的理论谱系及发展脉络

20世纪70年代，西方国家普遍产生的经济"滞涨"危机和由此衍生的政治波动、社会失序问题，使凯恩斯学派主张的国家干预主义陷入前所未有的困境。在此背景下，制度分析的学术生命力在经济学、政治学、社会学等领域重新复燃，不同理论流派在相互争议中发展，在发展中交融，从而绘就出"新制度主义"的理论谱系。

---

① 戴维斯、诺思. 制度变迁的理论：概念与原因 [A]. 科斯，阿尔钦，诺思等. 财产权利与制度变迁：产权学派与新制度学派译文集（北京）[C] //刘守英，等译. 上海：上海三联书店. 上海人民出版社，1994：274.

② 道格拉斯·C. 诺思. 制度、制度变迁与经济绩效 [M]. 杭行，译. 上海：格致出版社、上海三联书店. 上海人民出版社，2008：119.

在"新制度主义"理论谱系中,以罗纳德·科斯(Ronald H. Coase)、道格拉斯·C. 诺思(Douglass·C. North)为代表的"新制度经济学"对制度安排的有效性、制度的演进规律以及制度变迁中的"路径依赖"和"锁入"效应等问题进行了深入探究。同时,新制度经济学派在其分析范式中,更加突出人类(个体或集体)选择的合理性以及制度变迁的渐进性①。通过描述制度变迁的"路径依赖"特征,新制度主义经济学派认为理解"历史"是至关重要的,而制度变迁则决定了人类社会的演化方式,是理解历史的关键。

在政治学研究领域,制度研究的重要性一度被行为主义学派和理性选择理论所遮蔽,直到 20 世纪 80 年代,政治学研究的一场"反向革命"再次复兴了制度分析的典范地位,从而开辟了"新制度主义"政治学的研究版图。在新制度主义政治学谱系中,有代表性的著述是詹姆斯·G. 马奇(James G. March)和约翰·P. 奥尔森(Johan P. Olsen)1984 年发表的《新制度主义政治学:政治生活中的组织因素》一文。马奇和奥尔森在批评和修正行为主义和理性选择理论的基础上,认为"个体的行为不是取决于谋求个体利益最大化的计算,而是取决于界定行为适当性的一系列规则和程序"②。

新制度主义政治学主张将宏观层面的"集体行为"置于政治学的研究中心,探讨集体行为与制度环境的双向关系,从而超越个体主义方法论的局限性。在援引马奇和奥尔森的研究思想基础上,美国学者盖伊·B. 彼得斯(B. Guy Peters)在《政治科学中的制度理论:"新制度主义"》一书中对新旧制度主义进行了比较分析。如其所言,"新制度主义"包含着"解构主义"的成分,其与"旧制度主义"的政治分析方法存在着重要区别。与"旧制度主义"偏重法律主义、结构主义、整体主义、规范分析的研究特点相比③,新制度主义政治学更加关注制度与行为的双向互动关系,制度既可以视作解释个体偏好和行为策略的"因变量",同样也是由行为所影响和解释的"自变量"。

此后,新制度主义经济学与政治学相互交融,将分散在不同学科的研究成果,整合到"新制度主义"的理论谱系中,并为此做出了类型学的划分。根据彼得·豪尔(Peter Hall)和罗斯玛丽·泰勒(Rosemary Taylor)的经典三分

---

① 卢现祥、朱巧玲. 新制度经济学 [M]. 北京:北京大学出版社,2007:10.

② 河连燮. 制度分析:理论与争议 [M]. 李秀峰,等译. 北京:中国人民大学出版社,2014:12.

③ B. 盖伊·彼得斯. 政治科学中的制度理论:"新制度主义"[M]. 王向民,等译. 上海:上海世纪出版集团,2011:6-8.

法，"新制度主义"研究阵营可以划分为历史制度主义、理性选择制度主义和社会学制度主义三大流派。

2. 制度变迁理论的研究议题

在"新制度主义"学者看来，一种制度安排在特定的时间内保持相对稳定的均衡状态，但随着时间的推移和制度环境的变化，原有的制度均衡状态被打破，相关行为主体会根据"成本—收益"的权衡建立新的制度安排。在制度变迁的发生过程中，一些关键性变量决定着制度变迁的基本走向。

（1）制度变迁中的行为主体。参与制度变迁的行为主体可以划分为"初级行为团体"和"次级行为团体"两大类型[①]。"初级行为团体"也被称为"第一行动集团"，是指在制度变迁中发挥决定性作用的行为主体，例如代表国家行使公共权力的政府。"次级行为团体"也可称之为"第二行动集团"，包括企业、社会组织、公众等影响制度变迁的相关利益主体。值得注意的是，制度变迁主体并不是一成不变的，甚至在特定的阶段和制度情境下可以进行角色转换[②]。在分析制度变迁的具体过程时，无论是"第一行动集团"担当的制度变迁"主角"，还是"第二行动集团"扮演的"配角"，任何行为主体只要参与到制度变迁之中，就会发挥主体能动性作用，进而成为影响制度变迁的重要力量。

（2）制度变迁的方式及其动力来源。林毅夫根据"需求—供给"这一经典理论分析框架，将制度变迁划分为强制性制度变迁和诱致性制度变迁两种形式。所谓的强制性制度变迁，是指"由政府法令引起的制度变迁形式"；所谓的诱致性制度变迁，则是指"当个人或一群人在响应由制度不均衡所产生的获利机会时，自发倡导、组织和实行的制度变迁"[③]。两种制度变迁方式实际上蕴含着不同的动力来源。就强制性制度变迁而言，显然是国家及政府自上而下推动的制度变迁形式，动力机制来源于国家及政府的利益需求和选择偏好。就诱致性制度变迁而言，国家及政府以外的行为主体可能捕捉到制度非均衡所产

① 戴维斯、诺思. 制度变迁的理论：概念与原因［A］. 科斯，阿尔钦，诺思等. 财产权利与制度变迁：产权学派与新制度学派译文集（北京）［C］//刘守英，等译. 上海：上海三联书店. 上海人民出版社，1994：271－272.

② 黄少安. 制度变迁主体角色转换假说及其对中国制度变革的解释［J］. 经济研究，1999（1）：68－74.

③ 林毅夫. 关于制度变迁的经济学理论：诱致性变迁与强制性变迁［A］. 科斯，阿尔钦，诺思等. 财产权利与制度变迁：产权学派与新制度学派译文集（北京）［C］//刘守英，等译. 上海：上海三联书店. 上海人民出版社，1994：384.

生的获利机会，成为推动制度变迁的能动性主体，并由此形成了推动制度变迁自下而上的动力来源。

（3）制度变迁的"路径依赖"问题。制度变迁理论另外一个研究议题就是对"路径依赖"的关注。所谓的"路径依赖"，是指"一种制度一旦形成，不管是否有效，都会在一定时期内持续存在，并影响其后的制度选择"[①]。诺思将技术变迁中的路径依赖思想引入制度变迁理论，指出"人们过去做出的选择，决定了他们现在可能的选择"[②]。诺思极为重视"政治市场"对制度变迁的影响，如其所言："制度，是那些具有谈判能力的人创造的，进而维护他们的利益"[③]。因此，在诺思的理论构想中，制度变迁沿着既定的路径选择，既可能进入良性循环的发展轨道，但也可能因为统治者的利益偏好、有限理性、意识形态的影响、利益集团的冲突导致制度变迁陷入路径依赖之中，而出现无效率的制度"锁定"状态。

（三）制度变迁理论分析基本公共教育服务供给侧改革的适用性

1. 在不同的历史时期，基本公共教育服务供给嵌入在特定的制度环境之内，并随着制度环境的变化而随之调整

更为重要的是，在我国特定的制度环境内，任何制度的设置和变迁或多或少地夹杂着行政权力的运用，基本公共教育服务的制度安排也体现着自上而下的权力运行逻辑，其制度变迁的动力机制主要来自政府推动。因此，基于制度变迁理论的思想要义，我们一方面可以考察基本公共教育服务所嵌入的制度环境，同时也可以进一步分析基本公共教育服务供给制度的变革历程，以及其中内含的供给侧改革逻辑。

2. 基于制度变迁理论提供的分析策略，阐述基本公共教育服务的相关制度安排及变革逻辑如何影响利益主体的行为策略

根据"经济人"假设和"理性选择理论"的基本假定，个人的行为选择是基于自身的利益偏好而计算"成本—收益"后的效用函数。而制度的功能就在于通过一系列的规则限定人们的选择空间，约束人与人之间的相互关系，从而为广泛存在的利益博弈、竞争与合作提供一个基本的行动框架。基本公共教育

---

① 卢现祥、朱巧玲. 新制度经济学［M］. 北京：北京大学出版社，2007：474.

② 道格拉斯·C. 诺思. 经济史中的结构与变迁［M］. 陈郁，等译. 上海：上海人民出版社、上海三联书店，1994.

③ 刘和旺. 诺思制度变迁的路径依赖理论新发展［J］. 经济评论，2006（2）：64 - 68.

服务供给侧改革必然涉及相关制度安排，这些制度如何影响相关主体的利益诉求和行为策略，相关利益主体的行动策略又如何影响供给侧改革成效，这些问题显然可以诉诸制度变迁理论提供的分析工具。

二、空间生产理论

（一）社会科学研究的“空间转向”及理论发展脉络

与时间被赋予的批判性、辩证性研究意向不同，空间一度被界定为一种先验的客观存在，是以土地、场所、建筑、景观等物理形式呈现的，承托各类社会活动、社会关系的介质或容器。20 世纪 70 年代以来，社会科学开始拓展历史决定论、时间本位之外的研究范畴，并深度挖掘空间的政治、社会、经济、文化属性，由此推动了社会科学研究的“空间转向”[1]。

法国都市社会学家亨利·列斐伏尔（Henri Lefebvre）以社会空间作为概念工具，探寻资本主义社会存续和发展的内在机制。在列斐伏尔看来，空间早已超出了物理的、客观的、中立的研究范畴，不仅隐喻着深刻的社会意涵，而且充斥着政治性的建构逻辑。他说：“今天，统治阶级把空间当成一种工具来使用……让空间服从权力，控制空间，通过技术来管理整个社会，使其容纳资本主义生产关系[2]。”而空间生产所引发的利益博弈，使得“内嵌于空间之中的阶级斗争将比以往任何时候都更加剧烈”[3]，空间随即成为国家与社会（民众）、控制与反抗、权力与权利相互角逐的重要场域。

正如尼尔·史密斯（Neil Smith）的评介，列斐伏尔的研究旨趣并不局限于空间自身的生产过程，而是更为关注社会关系的生产问题[4]。在列斐伏尔的影响下，美国洛杉矶学派的爱德华·W. 索亚（Edward W. Soja）在其著名的“空间三部曲”中对空间与社会的逻辑关系进行了深度挖掘，并对“社会—空间辩证法”进行了提炼和确认。

索亚认为，批判社会理论需要“空间化”的思想谱系以拓展其研究视域。

---

① 文军，黄锐. “空间”的思想谱系与理想图景：一种开放性实践空间的建构 [J]. 社会学研究，2012（2）：35 - 59.

② 亨利·勒菲弗. 空间与政治 [M]. 李春，译. 上海：上海人民出版社，2008：139.

③ Henri Lefebvre. The Production of Space [M]. Oxford：Blackwell，1974.

④ Neil Smith. Uneven Development：Nature，Capital and the Production of Space [M]. New York：Blackwell，1984.

如其所言，"空间组织是一种社会产物，产生于有目的的社会实践"①，"各种社会关系与各种空间关系具有辩证的交互作用，并且相互依存；社会的各种生产关系既能形成空间，又受制于空间"②。空间作为一种社会产物，"既是社会行为和社会关系的预先假定，又是社会行为和社会关系的具体化"③，而社会关系只有将自身投射于空间这一现实机体中，才能从纯粹的抽象形态转化为具体的实践形式。

空间理论的另一位学者大卫·哈维（David Harvey）将"空间生产看作是资本积累和阶级斗争动态中的一个基本环节"④，并由此揭露出资本主导的空间生产与社会公平正义的相互抵牾。通过考察资本循环和积累的内在机制，哈维指出，资本通过投资基础设施建设等"时空修复"策略推迟资本过度积累的潜在危机⑤。但资本的原初动机始终是追逐空间的增值收益，其结果就是弱势群体的生活空间在资本的盘剥下愈加边缘化，资源环境也遭到了难以修复的创伤性破坏。

新马克思主义代表学者曼纽尔·卡斯特（Manuel Castells）则试图在空间的研究视域内引入"集体消费品""城市社会运动"等概念，以此对城市的本质、功能进行深刻剖析。对于空间与社会的关系，卡斯特认为"空间不是社会的拷贝，空间就是社会"⑥。在卡斯特看来，城市的本质就是一个生产、交换和消费教育、医疗、住房等"集体消费品"的空间单位，而国家的作用就是供给上述"集体消费品"，以此满足劳动力再生产所需要的必备条件。

经过上述学者的积极推动，空间结构与社会结构，空间关系与社会关系之间的辩证统一关系，不仅通过了经验层面的现实考证，还通过学理层面的抽象概化，被纳入"社会—空间辩证法"的研究范畴，从而助推了社会科学研究的"空间转向"。作为一种社会化的关系建构，空间也是不同利益群体

---

① 爱德华·W. 苏贾. 后现代地理学：重申批判社会理论中的空间 [M]. 王文斌，译. 北京：商务印书馆，2004：122.

② 爱德华·W. 苏贾. 后现代地理学：重申批判社会理论中的空间 [M]. 王文斌，译. 北京：商务印书馆，2004：124.

③ 爱德华·W. 苏贾. 后现代地理学：重申批判社会理论中的空间 [M]. 王文斌，译. 北京：商务印书馆，2004：197.

④ 大卫·哈维. 希望的空间 [M]. 胡大平，译. 南京：南京大学出版社，2006：58.

⑤ 大卫·哈维. 新帝国主义 [M]. 初立忠、沈晓雷，译. 北京：中国社会科学出版社，2009：73.

⑥ 曼纽尔·卡斯特. 网络社会的崛起 [M]. 夏铸九，等译. 北京：社会科学文献出版社，2001：504.

相互博弈的重要场域，其演变的脉络隐含着制度化的作用逻辑和形塑力量。因此，空间生产问题不应囿于实证主义的一维限域，而应融合规范研究的意义范畴，即"需要在经济、政治与文化问题方面提供一个解释性的看法，以期能同时掌握空间与社会，认识空间形式如何表现了物质化了文化、经济、政治过程。"

（二）中国社会空间结构转型的实践反思及研究议题

社会科学研究的"空间转向"不仅确立了"社会—空间辩证法"的立论基础，更为探究中国社会空间结构转型中的实践问题提供了一个更具拓展性、融合性的分析框架。

1. 社会空间结构转型中的居住空间分异问题

改革开放以来，住房市场化改革取代了"单位制"下的住房分配机制，而住房市场化形成的价格机制也对不同社会阶层的居住空间格局进行了选择性排序。在房地产投资的利益驱动下，城市优质空间被进一步打造成高端化、隔离化的高档社区，并作为迎合优势阶层的"俱乐部产品"加以营销，从而形成了居住空间中产阶层化现象[1]。与之相反，处于社会底层的弱势群体只能在房地产的"筛选机制"下栖息于城市边缘空间[2]。如此一来，社会阶层分化直接体现为居住空间分异，空间的等级秩序成为表征不同阶层社会经济地位的重要符号。

2. 社会空间结构转型中的公平正义缺失问题

值得反思的是，"穷人搬出去，富人搬进来"的居住空间生产策略，在价值导向上存在空间正义缺失问题，甚至与空间正义原则相违背[3]。究其原因，以级差地租重置不同社会阶层的居住空间秩序，追求土地、空间经济利益最大化的城市开发，不可避免地会遭遇公平正义的价值批判[4]。富裕阶层以及新兴的中产阶层不断聚居在高端化、封闭型社区，并再生产出特定的社会关系网络及群体文化图式，显然不利于促进社会融合。同时，居住空间分异与公共服务

① 宋伟轩，刘春卉，汪毅，等. 基于"租差"理论的城市居住空间中产阶层化研究：以南京内城为例 [J]. 地理学报，2017（12）：2115-2130.
② 杨上广，王春兰. 大城市社会空间演变态势剖析与治理反思：基于上海的调查与思考 [J]. 公共管理学报，2010（1）：35-46.
③ 李强. 社会分层与社会空间领域的公平、公正 [J]. 中国人民大学学报，2012（1）：2-9.
④ 陈映芳. 城市开发的正当性危机与合理性空间 [J]. 社会学研究，2008（3）：29-55.

非均衡供给的同构效应，可能会进一步侵占了弱势群体的空间权利，从而加重对低收入群体的空间剥夺[①]。低收入群体被剥夺的不仅仅是空间权利，还有获得优质教育资源等公共服务的权利，在低收入群体—城市边缘空间—难以获得优质教育资源的重叠效应中，低收入群体将可能固化在城市边缘空间和社会底层。

（三）如何运用空间生产理论分析基本公共教育服务供给侧改革

1. 运用空间生产理论及其分析工具，可以更加直观地描述基本公共教育服务的非均衡供给问题

"空间"无疑是分析教育问题的重要维度。学校是典型的定点公共服务设施，其资源配置具有显著的空间属性。从优质教育资源的空间布局看，城市优先发展战略、"重点学校"等制度安排下的学校空间布局具有显著的等级化特征。时至今日，我国城乡、区域、学校之间的教育资源配置依然具有显著的差距。借助空间生产理论及其分析工具，可以深入阐述优质教育资源非均衡布局的形成机理，更加直观地描述出基本公共教育服务的非均衡供给态势，从而瞄准基本公共教育服务供给侧改革的问题靶心。

2. 透过"空间"这一研究视角，可以更加深入地探究基本公共教育服务供需失衡问题的演化趋势及形成机制

在义务教育"就近入学"政策所建构的制度空间内，家庭相对稳妥的教育选择策略就是"买房择校"，家庭对于优质教育资源的选择进而转化为对"居住空间"的选择。因此，基于居住空间分异与教育机会获得的关联性，我们不仅可以掌握家庭条件影响子女教育获得的内在机制，还可以考察微观层面的家庭教育选择策略，进而分析如何采取有效措施，使基本公共教育服务"供给侧"改革更加适应"需求侧"的变化。

三、合作治理理论

（一）"治理"与"合作治理"的概念释义

在中国的政治语境中，"治理"一词本身蕴含着统治、控制、管理等含

---

① 田莉，王博祎，欧阳伟，等.外来与本地社区公共服务设施供应的比较研究：基于空间剥夺的视角 [J].城市规划，2017（3）：77-83.

义，而英文语境中的"治理"一词，同样源于古希腊语和拉丁文对于控制、操纵的释义。正因如此，在"治理"的概念逻辑建构中，公共权力的运作及配置方式居于核心地位，治理就是公共权力与社会的互动过程①。1989 年世界银行在评估发展中国家社会经济发展状况时，出版了报告《撒哈拉以南的非洲：从危机到增长》，并首次使用了"治理危机"一词。此后，"治理"便成了一个"流行术语"，在社会科学领域得到广泛应用，其内涵也远远超出了统治的意义范畴。

美国学者詹姆斯·N. 罗西瑙（James N. Rosenau）在《没有政府的治理——世界政治中的秩序与变革》一书中对"治理"做出如此描述，与传统意义上的政府统治相比，治理的内涵更加丰富，它"既包括政府机制，同时也包括非正式、非政府的机制，随着治理范围的扩大，各色人等、各类组织得以借助这些机制满足各自的需要，并实现各自的愿望"②。从这一表述可以看出，詹姆斯·N. 罗西瑙所定义的"治理"是由共同目标所支持的非强制性活动，不同行为主体不是基于服从，而是为了共同利益而相互合作，以此就共同关心的问题制定集体选择的行动机制。

俞可平在《治理与善治》一书中对"治理"的诸多释义进行了梳理和总结。在他看来，1995 年全球治理委员会在《我们的全球伙伴关系》这一研究报告中，对"治理"做出了较为权威性和代表性的定义，具体而言，治理是各种公共部门、私人部门以及个人，管理共同事务的诸多方式的总和，治理是一个采取联合行动的持续过程，在这一过程中，相互冲突的利益得以调和，并最大限度地增进公共利益③。在权力的运作向度上，治理不是单一的、自上而下的，而是多元的、自下而上的，通过建立合作伙伴关系，使国家、市场、社会乃至公民就公共事务开展集体行动。

顾名思义，"合作治理"包含"合作"和"治理"两个关键词。在敬乂嘉看来，"合作治理"即"为实现公共目标，在公共、非营利以及私人部门内部或跨部门之间所进行的权力与自由裁量权的共享。"④ 从这一定义可以看出，"合作治理"包含了三个核心特征。从价值层面讲，合作治理的目标导向是为

---

① 徐勇. GOVERNANCE：治理的阐释［J］. 政治学研究，1997（1）：63 - 67.
② 詹姆斯·N. 罗西瑙. 没有政府的治理：世界政治中的秩序与变革［M］. 张胜军，等译. 南昌：江西人民出版社，2001：5.
③ 俞可平. 治理与善治［M］. 北京：社会科学文献出版社，2000：4 - 5.
④ 敬乂嘉. 合作治理：历史与现实的路径［J］. 南京社会科学，2015（5）：1 - 9.

了公共利益最大化，并以此为共识开展相互合作的集体行动。从主体层面的关系结构讲，合作治理强调多元主体共同参与公共服务的供给，抑或在公共事务治理中协同共治。就制度建构层面讲，合作治理致力于在政府、市场、社会以及公民个体之间构建合作机制，进而将个体利益、集体利益聚合成公共利益。

（二）合作治理的理论渊源及建构逻辑

严格来说，合作治理并不是一个全新的理论范式，它只是不断汇聚不同理论流派的进步思想，在吸纳和扬弃的基础上，推动了公共管理学的研究范式转换。

任何一种理论典范都不可能凭空建构而来，而是在继承和反思前人研究的基础上逐步演化而成，合作治理理论亦是如此。溯源于马克斯·韦伯（Max Weber）的"理性官僚制"理论，奠定了传统公共行政理论的研究基石。在韦伯看来，"官僚制"是现代社会理性化进程的重要因素，"较之于其他进程，它涉及了支配社会组织的那些原则与日俱增的准确性与清晰性"[1]。正如韦伯所言："在所有的领域里，'现代的'团体形式的发展一般是与官僚体制的行政管理的发展和不断增强相一致的"[2]。

20世纪60年代，以詹姆斯·布坎南（James Buchanan）为代表的经济学者围绕"政府失灵"这一核心议题，将经济学原理引入政治决策及政府行为研究之中，从而建构起"公共选择理论"这一重要学术流派。根据"方法论个体主义"的分析逻辑，公共选择理论将"集体行动"视为"个体行动"的组合，由此着力展现公共选择过程中的个体行为特征[3]。所谓"公共选择"，其实就是资源配置的非市场机制。根据丹尼斯·C. 缪勒（Dennis C. Mueller）的观点，"假若国家的存在是为了提供公共物品和减少外部性的话，那么，它就必须完成公民对于公共物品的偏好显示工作，就同如市场显示出消费者对私人物品之偏好一样。"[4] 而将个人对公共产品数量和质量的需求偏好，通过相应的机制、程序转化为集体决策的过程，就是政府做出的公共选择。对于公共服务

---

① 马丁·阿尔布罗. 官僚制 [M]. 阎步克, 译. 北京：知识出版社, 1990：31.
② 马克斯·韦伯. 经济与社会（上）[M]. 林荣远, 译. 北京：商务印书馆, 1997：248.
③ 陈振明. 政治与经济的整合研究：公共选择理论的方法论及其启示 [J]. 厦门大学学报（哲学社会科学版）, 2003（2）：30-39.
④ 丹尼斯·C. 缪勒. 公共选择理论 [M]. 杨春学, 等译. 北京：中国社会科学出版社, 1999：6.

供给问题，公共选择学派认为，只有基于对不同制度的比较分析，才能决定在什么条件下，"政府—集体供给比私人或非集体供给更有效率？"①

到了 20 世纪 80 年代，以公共选择学派为理论支柱的新自由主义思潮，以及"管理主义"对于官僚制行政的持续争论在公共领域汇聚成一股强劲的改革动力，从而引领西方国家开展了声势浩大的政府改革运动，"新公共管理"就是其中最具标志性的改革实践。1992 年，作为"新公共管理"运动的首席倡导者，戴维·奥斯本（David Osborne）和特德·盖布勒（Ted Gaebler）在《改革政府——企业家精神如何改革着公共部门》一书中，提出用"企业家精神"克服"官僚主义"的种种弊政，并描绘了"政府再造"的十项基本原则。所谓的"政府再造"就是指"通过对公共体制和公共组织进行根本性的变革，以此提高组织效率、效能、适应性以及创新能力，并通过变革组织目标、组织文化、组织激励和责任机制，以及权力结构等完成这一转型过程"②。

依据企业家政府的构想，政府再造的一项核心战略就是将"划桨"和"掌舵"职能予以分离，"掌舵的人应该看到问题的全貌和一切可能性，并且能够对资源的竞争性需求加以平衡；划桨的人只需要专注于完成一项使命"③。以公共服务职能为例，政府的职能不再是以垄断、集中的方式直接生产和提供公共服务，而是可以通过建立公私合作伙伴关系，或向社会组织购买公共服务，推进公共服务的市场化、民营化改革。

以"政府再造"为核心的"新公共管理"运动，为推动西方发达国家的行政体制改革提供了诸多经典范例。更重要的是，汲取了公共选择学派学术滋养的企业家政府理论，已然触动了官僚制理论奠定的传统公共行政基础。更具进步意义的是，公共服务市场化、民营化改革所蕴含的"合作治理"精神已经在政府再造的基本原则中有所体现。

但是，也有不少学者质疑新公共管理理论过度引用私营管理技术等问题。以美国行政学家罗伯特·B. 登哈特（Robert B. Denhardt）为代表的新公共服务理论通过对公民权理念和公共利益的重申，驳斥了企业家政府理论以顾客为

① 詹姆斯·布坎南. 公共物品的需求与供给 [M]. 马珺，译. 上海：上海人民出版社，2009：158.

② 戴维·奥斯本. 再造政府 [M]. 谭功荣，等译. 北京：中国人民大学出版社，2010：10.

③ 戴维·奥斯本，特德·盖布勒. 改革政府：企业家精神如何改革着公共部门 [M]. 周敦仁，等译. 上海：上海译文出版社，2006：10.

导向的效率至上观，主张"用一种基于公民权、民主和为公共利益服务的新公共服务模式来替代当前的那些基于经济理论和自我利益的主导模式。"① 同时，新公共服务理论极力倡导，政府不再是公共利益的单独主宰者，而是治理体系中的一个关键角色，其责任在于确保公共问题的解决方案本身及产生的过程都符合正义、公正和公平的民主规范②。

需要说明的是，上述理论虽然奠定了合作治理理论的研究基石，但并不能充分展现合作治理理论的全部建构逻辑。并且，就政府治理模式及公共服务的改革实践而言，中西方面临着时空迥异的发展阶段和任务情境。这提示我们在引荐西方理论的同时，要坚持问题导向，结合中国的本土经验有针对性地吸取和借鉴西方理论。正如 B. 盖伊·彼得斯（B. Guy Peters）在《政府未来的治理模式中》一书中所言，尽管欧洲及北美国家正在通过企业化手段变革官僚体制，但对于发展中国家而言，首要的任务是建立韦伯式、规则式的官僚体制③。

（三）合作治理理论阐述基本公共教育服务供给侧改革的契合性

1. 引荐合作治理理论阐述基本公共教育服务问题，更加契合推进教育治理现代化的总体目标和改革理念

党的十八届三中全会正式提出了"国家治理体系和治理能力现代化"这一划时代的改革命题，并将其确立为全面深化改革的总目标。教育治理无疑是国家治理的重要组成部分，根据国家治理现代化的顶层设计，推进教育治理现代化的实践探索已经展开。在教育领域全面深化改革的背景下，引荐合作治理理论阐述基本公共教育服务供给侧改革议题，显然更加契合教育治理现代化的精神要义。

2. 合作治理理论更加契合复杂的社会转型环境，进而为基本公共教育服务供给侧改革提供更具解释力的分析工具

当前，教育发展与改革所嵌入的外部环境正在发生剧烈变化，各种利益关

---

① 珍妮特·V. 登哈特，罗伯特·B. 登哈特 . 新公共服务：服务，而不是掌舵 [M]. 丁煌，译. 北京：中国人民大学出版社，2010：124.

② 珍妮特·V. 登哈特，罗伯特·B. 登哈特 . 新公共服务：服务，而不是掌舵 [M]. 丁煌，译. 北京：中国人民大学出版社，2010：59 - 60.

③ B. 盖伊·彼得斯 . 政府未来的治理模式 [M]. 吴爱明，等译 . 北京：中国人民大学出版社，2012：6 - 7.

系相互交织，衍生出错综复杂的社会矛盾。社会转型环境的复杂性、不确定性和风险性正在"倒逼"基本公共教育服务的治道变革。面对阶层分化所衍生的多元化、差异性的教育需求，政府应与市场、社会、学校以及家庭建立广泛的合作伙伴关系，探索基本公共教育服务的有效供给之路。

第三章 基本公共教育服务供给制度变迁历程、动力及内在逻辑

作为基本公共教育服务体系中最基础、最核心、最具代表性的组成部分，义务教育可以作为考察基本公共教育服务供给侧改革的"理想类型"。透过义务教育的历时性考察，有助于我们更加清晰地展现出基本公共教育服务供给制度变迁的历史进程、动力因素及其内在逻辑。

第一节 基本公共教育服务供给制度变迁的历史进程

对于义务教育这一基本公共教育服务而言，从中华人民共和国成立至今，70 多年的发展历程与制度变迁相伴而行，并在特定历史阶段呈现出某一主导性的制度生成逻辑。

一、"人民教育国家办"的制度安排（1949—1977 年）

1949 年中华人民共和国成立之初，面对内忧外患、百废待兴的发展环境，中国共产党的施政纲领就是集中力量，在最短的时间内实现国家统一、民族复兴的宏伟蓝图。在一元化政治体制建构的制度环境下，教育成为国家政权建设和社会主义改造的重要阵地，并以"教育为无产阶级政治服务"为行动纲领开展了大规模的教育"国家化"运动，从而初步建立起"人民教育国家办"的基本公共教育服务供给制度。

（一）"人民教育国家办"的制度建构环境

中华人民共和国成立前夕通过的《中国人民政治协商会议共同纲领》（以下简称《共同纲领》）规定，"中华人民共和国的文化教育为新民主主义的，即

民族的、科学的、大众的文化教育。人民政府的文化教育工作，应该以提高人民文化水平，培养国家建设人才，肃清封建的、买办的、法西斯主义的思想，发展为人民服务的思想为主要任务"①。此后，各级各类教育事业一直根据《共同纲领》的总体部署，坚持新民主主义的教育方针，对旧中国的教育体系进行大规模的接收和改造。

教育作为国家政权建设的重要领域，社会主义改造运动势在必行，基本方针就是在"人民教育国家办"的制度安排下，开展一元化政治主导的教育"国家化"运动②。1958年9月19日中共中央、国务院颁布的《关于教育工作的指示》，明确提出"党的教育工作方针，是教育为无产阶级政治服务，教育与生产劳动相结合。为了实现党的教育工作方针，教育工作必须由党来领导。"③ 教育"国家化"运动的第一步就是对私立学校进行接收、改造和取缔。

中华人民共和国成立之前，由于公办教育体系发展极为疲弱，私立学校成为国民教育体系的重要组成部分。而在中华人民共和国成立之后，受意识形态的影响，私立学校被视为"帝国主义侵略中国的文化阵地"。1952年8月，《人民教育》刊发署名文章明确提出，"在国家即将进入大规模建设的前夕，私立学校的改革和教职员工的思想改造已经是刻不容缓"④。随着教育"国家化"运动的推进，私立学校的办学规模迅速缩减。以小学为例，1949年全国私立小学共计3.49万所，到1957年则缩减到0.08万所，占学校总数的比重从10.1%下降到0.2%；1949年的私立小学在校人数为261.5万人，到1957年则缩减到16.9万人，占学生总数的比重从10.7%下降到0.3%⑤，到了1958年全部完成了对私立学校的改造。

随着对私立学校的全面接收和改造，基础教育的"国家化"运动基本完成，从而初步建立起以"人民教育国家办"为基础的公共教育服务供给制度。在这一制度安排下，国家对教育事业统包统揽，实施中央集权的教育管理体制，地方政府及教育职能部门的决策权力十分有限，学校的办学自主权也受到

① 王炳照.中华教育改革30年：基础教育卷［M］.北京：北京师范大学出版社，2009：2.
② 邵泽斌.新中国义务教育治理方式的政策考察［M］.北京：北京师范大学出版社，2012：25.
③ 王炳照.中华教育改革30年：基础教育卷［M］.北京：北京师范大学出版社，2009：6.
④ 金一鸣.中国社会主义教育的轨迹［M］.上海：华东师范大学出版社，2000：61.
⑤ 中华人民共和国教育部.三十年全国教育统计资料（1949—1978年）［M］.北京：中华人民共和国教育部，1979：194.

严格限制，各级各类教育在教师聘用、课程设置、学校管理等方面都要严格遵守中央的思想路线和执政方针。

（二）"人民教育国家办"的供给责任分担

通过考察"人民教育国家办"的制度建构环境可以发现，以义务教育为核心的基本公共教育服务已然被纳入到国家政权建设的总体性制度安排之中。但"人民教育国家办"所面临的现实矛盾却是十分紧迫的。一方面，为了充分彰显社会主义制度的优越性，顺应赶超型国家发展战略的需要，必须迅速提高基本公共教育服务供给水平，满足人民群众接受教育的需求，从而提高劳动人口的整体素质。另一方面，对于满目疮痍、贫困落后的新中国来说，很难在短时间内筹集足够的人力、财力和物力建立完备的基本公共教育服务体系。如此一来，基本公共教育服务的供给责任应该如何配置，基本公共教育服务供给方式又该如何选择呢？

为此，"人民教育国家办"的总体思路就是"用革命的方法办教育"，具体策略就是依托"革命教化政体"强大的政治动员能力，在国家基本公共教育服务供给能力不足的情况下，发动人民群众的力量集资办学。1949 年 12 月 23 日，中华人民共和国成立后召开的第一次全国教育工作会议就明确提出，要坚持"普及"与"提高"相结合的教育方针，有计划、有步骤地提高工农子弟的受教育水平。但此时国家供给能力明显不足，在推动小学教育普及的过程中都显得"力不从心"，普及初中教育更是负担不起。在私立学校逐步缩减，供给方式单一的情况下，充分调动人民群众的力量办教育，宣传"用革命的方法办教育"。

"用革命的方法办教育"一经提出，便成为衡量各级政府官员及普通民众的政治"试金石"，即能否成为又"红"又"专"的社会主义革命接班人。更为重要的是，"用革命的方法办教育"深刻影响着基本公共教育服务的供给责任配置和供给方式的选择。在国家能力不足的情况下，只能充分调动群众的力量完成普及小学、初中教育这一光荣而艰巨的"政治任务"。为了贯彻"用革命的方法办教育"1958 年 9 月颁布的《关于教育工作的指示》进一步明确了"坚持两条腿走路"的供给原则和"群众办学"的具体方式。

要坚持"两条腿走路"的原则，在统一的目标下，办学的形式应该是多样性，即国家办学与厂矿、企业、农业合作社办学并举。各市、县人民政府应根据群众需要与自愿的原则，提倡群众办学。如发动群众出工、出料、出钱修建校舍、添置校具、解决公杂费开支、聘请教师等①。

"群众办学"这一供给方式的选择本是"人民教育国家办"的"权宜之计",但在"大跃进"时期却演变成了举国上下的动员体制。作为公共教育服务体系中的重要组成部分,农村教育更是走向了"集体供给"之路,其生产单位和供给主体主要是集政治统治、经济发展、社会整合功能为一体的基层政权组织——人民公社。由此,国家将基本公共教育服务供给责任以强大的政治动员能力分摊给基层政权组织,彻底激活了国家动员体制下"群众办学"的制度化功能。

与此同时,依托"群众办学"这一供给模式,国家开始制定教育收费政策。1955年9月19日,教育部、财政部联合印发《关于中小学杂费收支管理办法的几点意见的通知》,提出征收学费、杂费的方式,弥补国家教育经费投入不足的问题。1959年11月24日,国务院印发的《关于进一步加强教育经费管理的意见》再次重申教育收费符合"群众办学"的基本方针,是推动基础教育普及工作不可或缺的步骤,并允许省、自治区、直辖市的教育主管部门自行制定教育收费的管理办法和实施细则。

(三)"人民教育国家办"的制度供给成效

应该肯定的是,"人民教育国家办"的基本公共教育服务供给制度,对于中华人民共和国成立初期的教育事业发展来说,无疑是符合"穷国办大教育"这一基本国情的制度选择。依托于"革命教化政体"强大的国家动员能力,凭借"用革命的方法办教育""群众办学""两条腿走路"等供给策略,"人民教育国家办"在国家供给能力不足的现实情况下,使得包括义务教育在内的基本公共教育服务供给规模迅速扩展,显著提升了广大民众的受教育水平。表3-1表明,相比1949年,1977年的中小学教育供给规模显著提升,初中在校生数量由83.2万人增加至4 979.9万人,增长了近60倍;小学学校数量则由34.68万所增加至98.23万所,增加了近2倍,小学在校生数量则由2 439.1万人增加至14 617.6万人,增长了近5倍。

---

① 何东昌. 中华人民共和国重要教育文献 [M]. 海口:海南出版社,1998:110.

表 3-1　1949—1977 年全国初中、小学数量及在校生数量基本情况

年份	初中在校生（万人）	小学在校生（万人）	初中学校数（万所）	小学学校数（万所）
1949	83.2	2 439.1	4 045	34.68
1950	106.7	2 892.4	4 013	38.36
1951	138.4	4 315.4	3 994	50.11
1952	223	5 110	4 298	52.7
1953	257.3	5 166.4	4 433	51.21
1954	310.9	5 121.8	4 792	50.61
1955	332	5 312.6	5 120	50.41
1956	438.1	6 346.6	6 715	52.9
1957	537.7	6 428.3	11 096	54.73
1958	734.1	8 640.3	28 931	77.68
1959	774.3	9 117.9	20 835	73.74
1960	858.5	9 379.1	21 805	72.65
1961	698.5	7 578.6	18 983	64.52
1962	618.9	6 923.9	19 521	66.83
1963	638.1	7 157.5	19 599	70.8
1964	729.4	9 294.5	19 214	106.6
1965	803	11 620.9	18 102	168.19
1966	1 112.5	10 341.7	55 010	100.7
1967	1 097.2	10 244.3	53 507	96.42
1968	1 251.5	10 036.3	67 210	94.06
1969	1 832.4	10 066.8	94 871	91.57
1970	2 292.2	10 528	104 954	96.11
1971	2 568.9	11 211.2	94 765	96.85
1972	2 724.4	12 549.2	92 966	100.92
1973	2 523.2	13 570.4	97 324	103.17
1974	2 647.6	14 481.4	100 621	105.33
1975	3 302.4	15 094.1	123 505	109.33
1976	4 352.9	15 005.5	192 152	104.43
1977	4 979.9	14 617.6	201 268	98.23

数据来源：三十年全国教育统计资料（1949—1978 年）。

但"人民教育国家办"的困境也是显而易见的。在意识形态的影响下，教育服务于国家政权建设，教育是阶级斗争的工具，频繁的政治运动使得教育秩序受到严重干扰，特别是在"文化大革命"时期，各级各类教育制度及教育秩序遭到严重破坏，教育事业发展几乎陷入停滞甚至倒退的状态。在此期间，教育经费依托于"统收统支、集中供给"的财政体制，但财政性教育经费并未对各类学校提供充足的保障，导致教育投入严重不足。特别是对于农村义务教育而言，实际上都是以政治动员的方式将教育成本分摊到农民头上，这样的成本分担机制势必对贫困落后的农村和农民造成沉重负担。在国家供给能力不足的情况下，过度追求教育规模的扩张，对于教育质量的提升则无暇顾及，并且在"两条腿走路"的办学方针下，形成了"农村教育集体供给""城市教育国家供给"的二元结构，使得义务教育长期陷入非均衡发展的困境之中。

二、"人民教育人民办"的制度安排（1978—2000 年）

1978 年 11 月召开的党的十一届三中全会开启了改革开放的伟大进程。经历了"文化大革命"的十年浩劫，教育事业发展的首要任务就是恢复和重建教育制度，使各级各类教育尽快步入制度化、规范化的发展轨道上来。针对新时期教育改革与发展的目标导向，邓小平同志提出要树立尊重知识、尊重人才的新风气，并提出教育面向现代化、面向世界、面向未来的基本方针。自此，教育改革序幕全面拉开，通过各项举措推动基本公共教育服务供给制度变迁蓄势待发，而"人民教育人民办、办好教育为人民"则成为这一时期教育改革与发展的行动纲领。

（一）"人民教育人民办"的制度建构环境

与"人民教育国家办"集权化的政治建构环境不同，"人民教育人民办"嵌入在分权化改革所建构的制度环境之中。党的十一届三中全会胜利召开以后，党和国家全面反思并纠正了"文化大革命"时期的错误路线。与此同时，国家建设也从"以阶级斗争为纲"转向"以经济建设为中心"。

随着政治领域、经济领域改革进程的推进，国家与社会的关系也发生了深刻变化。以往国家对社会进行无处不在、无所不包的"总体性控制"，社会的自主性在国家的强力控制下不断压缩；改革开放以后，国家对社会实行的则是有所为、有所不为的"选择性控制"，从而在一定限度上拓宽了社会发展的自主空间。总体而言，改革开放之前，中国社会是一个分化程度较低、具有较强同质性的"总体性社会",而改革开放之后的中国则经历了"总体性社会"向"分化性社会"转变的结构变迁过程①。

行政管理体制的分权化改革则是通过一系列以"放权让利"为目标的具体措施,调动地方政府的积极性,使其积极拥护中央政府做出的战略决策。1983年10月12日,中共中央、国务院发布了《关于实行政社分开建立乡政府的通知》,提出要尽快改变"党不管党、政不管政、政企不分"的政社合一体制,争取在1984年年底完成建立乡镇政府的工作,并建立相应的财政和预算体制。与此同时,中国开始推动以财政体制为核心的分权化改革,具体措施就是实行"分灶吃饭"的财政包干制度。分权化改革的一个重要目的就是打破中央高度集权的体制弊端,提高地方政府的公共服务供给效度。为此,中央确立了公共服务属地化供给的基本导向,即由地方政府承担包括义务教育在内的公共服务供给责任,并在省、市、县、乡之间逐级分配事权和支出责任。

在国家政治、经济、社会及行政管理体制发生深刻变化之后,"人民教育国家办"的制度安排显然不再适应教育事业发展的内外部环境,这必然要求包括义务教育在内的基本公共教育服务供给制度做出适时调整。从1949年《中国人民政治协商会议共同纲领》提出有步骤、有计划地普及初等教育,到1980年中共中央、国务院颁布《关于普及小学义务教育若干问题的决定》,30年的教育发展历程始终面临着一个根本性矛盾,就是国家供给能力无法满足民众的教育需求。在"人民教育国家办"的制度安排下,包括义务教育在内的基本公共教育服务供给水平有所提升,但无论从数量还是质量方面都难以满足民众强烈的教育需求。

在此现实背景下,教育改革的顶层设计者中央政府选择了与"人民教育国家办"逻辑一致的"治道变革",即坚持"群众办学"的基本方针,发挥国家办学与群众办学的双重功效,共同承担普及义务教育的供给责任。1980年《关于中央书记处对教育工作指示精神的传达要点》首次阐述了"人民教育人民办"的基本观点。

小学一定要在80年代求得一个比较大的发展,但如果小学经费由国家统筹统支,就是个大问题,几十亿、百把亿,国家承担不起。因此,要办好小学

---

① 孙立平,王汉生,王思斌,等. 改革以来中国社会结构的变迁 [J]. 中国社会科学,1994(2):47-62.

教育，主要是依靠基层党委和人民群众，人民的事人民办[①]。

1980年12月3号，中共中央、国务院正式发布《关于普及小学教育若干问题的决定》，提出小学教育是整个教育事业的基础，因此全国要在20世纪80年代基本完成普及小学教育的任务，并进一步阐述了"人民教育人民办"的行动纲领。

在我们这样一个人口众多、经济不发达的大国，普及小学教育，不能完全由国家包办。必须坚持"两条腿走路"的办学方针，以国家办学为主体，充分调动社、队集体，厂矿企业等各方面力量的办学积极性。同时，还有鼓励群众自筹办学经费[②]。

从"人民教育国家办"到"人民教育人民办"的制度变革，虽然在供给方式上了承继了"两条腿走路""群众办学"的基本方针，但相比"人民教育国家办"的政治化、集权化的制度环境，"人民教育人民办"显然是在行政分权化改革的大背景下建构的基本公共教育服务供给制度。1985年5月，改革开放之后的第一次全国教育工作会议在北京召开，并通过了《中共中央关于教育体制改革的决定》。这一纲领性文件确立了教育领域内"简政放权"的基本步调和两个重要维度，一个维度是科层体制内部中央政府对于地方政府的简政放权，另一个维度则是政府向学校的简政放权。随着财政包干制度的逐步确立，在地方财力不断增强的情况下，中央政府为了调动地方政府的办学积极性，进一步在办学体制和教育经费筹措机制上实行分权化改革，并直接影响到义务教育供给责任的调整。

（二）"人民教育人民办"的供给责任调整

随着人民公社制度的解体和家庭联产承包责任制的兴起，"人民教育国家办"的供给责任划分已经不再适应新的制度环境。为了调动地方政府发展义务教育的积极性，中央政府推动了"地方办学、分级管理"的制度变革，强化了地方政府的义务教育供给责任，并赋予了基层政府将供给责任分摊给民众的自由裁量权，从而形成了"人民教育人民办"的供给责任分配格局。

---

① 何东昌. 中华人民共和国重要教育文献［M］. 海口：海南出版社，1998：1815.
② 法律教育网. 中共中央、国务院《关于普及小学教育若干问题的决定》［EB/OL］. http://www.chinalawedu.com/falvfagui/fg22598/368.shtml，2019-7-12.

1. "地方负责、分级管理"的义务教育管理体制

1985 年中共中央颁布的《关于教育体制改革的决定》(以下简称《决定》)明确指出，"把发展基础教育的责任交给地方，有步骤地实行九年义务教育①。"根据《决定》的总体要求，中央政府负责制定国家教育发展的大政方针和总体规划，而具体政策、计划的制定和实施，以及对学校的领导、管理的权力与责任则交给地方；省、市、县、乡在分级管理体制下的职责划分交由省、自治区、直辖市决定。1986 年 4 月 12 日第六届全国人民代表大会第四次会议通过的《中华人民共和国义务教育法》，以及 1992 年颁布的《中华人民共和国义务教育法实施细则》也对"地方负责、分级管理"的义务教育管理体制给予了法律层面的确认。

作为 20 世纪 90 年代教育改革与发展的纲领性文件，1993 年 2 月 13 日，国务院发布的《中国教育改革和发展纲要》再次重申，要继续完善地方负责、分级管理的体制。正是"地方负责、分级管理"的制度设置，充分调动起地方政府发展义务教育的积极性，强化了地方政府的义务教育供给责任，为普及九年义务教育提供了组织保障。

2. "以乡镇为主"的义务教育供给责任设置

根据《关于教育体制改革的决定》和《中华人民共和国义务教育法》的有关规定，义务教育逐步建立起"地方负责、分级管理"的权责配置格局，并由此形成了"县、乡、村三级办学，县、乡两级管理"的教育治理结构，以及"市县办高中、乡镇办初中、村办小学"的基本办学格局。从这一制度结构中可以看出，义务教育供给责任出现了新的调整。中央政府将义务教育供给责任最大限度地下放给了地方政府，自身的职能主要是负责制定相关的法律规章、方针政策和全国性的教育事业发展规划。而在"地方负责、分级管理"的制度结构内，义务教育供给责任从中央到省、市、县、乡镇政府层层下移，其结果就是财政能力最为薄弱的乡镇一级政府承担起义务教育供给重任。因此，"以乡镇为主"的供给责任设置就成为这一时期义务教育制度的主要特征。

3. 多渠道筹措教育经费的供给责任分担方式

"穷国办大教育"无疑是此时教育事业发展的真实写照，而这一现实约束也似乎为教育财政投入不足找到了符合"基本国情"的现实依据。为此，国家

---

① 中国教育新闻网. 1985 年中共中央关于教育体制改革的决定[EB/OL]. http://www.jyb.cn/china/zhbd/200909/t20090909_309252.html，2009 - 09 - 09/2019 - 8 - 20.

希望通过多渠道筹措教育经费的方式，缓解财政性教育经费投入不足的问题。1984 年 12 月 13 日，《国务院关于筹措农村学校办学经费的通知》明确指出要"开辟多种渠道筹措农村学校办学经费。除国家拨付的教育事业费之外，乡人民政府可以征收教育事业费附加，并鼓励社会各方和个人自愿投资。"① 此后，征收"教育事业费附加"成为地方政府发展义务教育的一项重要改革措施，并在"普九"攻坚战的实施过程中，演变为一场声势浩大的教育集资活动。

1994 年 9 月 1 日，国家教委下发的《关于在九十年代基本普及九年义务教育和基本扫除青壮年文盲的实施意见》，再次重申在实现"两基"（基本普及九年义务教育和基本扫除青壮年文盲）目标的过程中坚持"两条腿走路"的基本方针，义务教育危房改造和校舍的新建维修要"实行国家、社会和个人的多渠道投资体制"②。可以说，在 20 世纪 90 年代的"普九"过程中，多渠道筹措教育经费成为补充政府供给能力不足的重要方式，以集资、收费等形式向民众分摊供给责任，充分展现出"人民教育人民办"的制度特性。

（三）"人民教育人民办"的制度供给成效

总结这一时期义务教育供给制度可以发现，"人民教育人民办"的制度安排同样是符合"基本国情"的"理性选择"，即在国家供给能力不足的情况下，充分调动社会各方力量重视教育、发展教育的积极性。与此同时，中央政府将高度集中的教育管理权力下放给地方政府，形成了"地方负责、分级管理"的义务教育管理体制，以及"三级办学、两级管理"的办学结构，通过这一制度结构强化了地方政府的义务教育供给责任，充分调动起地方政府的办学积极性。

正是基于"地方负责、分级管理""以乡镇为主"、多渠道筹措教育经费的制度保障，1980 年 12 月中共中央　国务院颁布《关于普及小学教育若干问题的决定》首次将"普及九年义务教育"纳入决策议程。1985 年 5 月 27 日发布的《中共中央关于教育体制改革的决定》正式指出"有步骤地实施九年制义务教育"。随后，1986 年 4 月 12 日审议通过的《中华人民共和国义务教育法》将普及九年义务教育上升至法律高度，明确要求地方各级政府着力推进义务教育普及工作。1993 年出台的《中国教育改革和发展纲要》进一步提出，地方

---

① 中华人民共和国教育部. 国务院关于筹措农村学校办学经费的通知［EB/OL］. http：//old. moe. cn/publicfiles/business/htmlfiles/moe/moe _ 696/200408/954. html，2015－6/2019－9－10.

② 何东昌. 中华人民共和国重要教育文献［M］. 海口：海南出版社，1998：3693.

各级人民政府要将"基本普及九年义务教育"和"基本扫除青壮年文盲"作为教育工作的"重中之重",进一步提高九年义务教育供给水平。

相关数据表明,2000 年我国如期实现了基本普及九年义务教育和基本扫除青壮年文盲的战略目标(以下简称"两基"),2001 年实现"两基"的地区人口覆盖率又有所提高,实现"两基"验收的县(市、区)总数达到 2 573 个(含其他县级行政区划单位 164 个),比上年增加 32 个县(市、区);11 个省(直辖市)已按要求实现"两基";15 岁及以上人口的文盲率由 1978 年的 18.50%降低至 2001 年的 8.99%,小学净入学率则由 1978 年的 94.00%增加至 2001 年的 99.10%,初中毛入学率由 1978 年的 66.40%增加至 2001 年的 88.70%;小学升学率由 1978 年的 87.70%增加至 2001 年的 95.50%,初中升学率由 1978 年的 40.90%增加至 2001 年的 52.90%;义务教育在校学生巩固率由 1978 年的 67.90%增加至 2001 年的 95.30%。

表 3-2　1978—2001 年全国基础教育发展概况

单位:%

年份	15 岁及以上人口文盲率	小学净入学率	初中毛入学率	小学升初中比率	初中升高中比率	在校学生巩固率
1978	18.50	94.00	66.40	87.70	40.90	67.90
1979	—	93.00	—	82.80	37.60	64.25
1980	—	93.00	—	75.90	43.10	61.25
1981	—	93.00	—	68.30	31.50	65.66
1982	22.80	93.20	—	66.20	32.30	—
1983	—	94.00	—	67.30	35.50	—
1984	—	95.30	—	66.20	38.40	—
1985	20.00	95.90	36.76	68.40	39.40	96.70
1986	—	96.40	—	69.50	37.80	97.10
1987	—	97.20	—	69.10	35.70	97.20
1988	—	97.20	—	69.30	34.40	96.90
1989	—	97.40	—	70.50	34.90	—
1990	15.88	96.30	66.70	74.60	40.60	—
1991	—	96.80	69.70	77.70	42.60	—
1992	—	98.00	71.80	19.70	43.60	—
1993	—	97.70	73.10	81.80	44.10	98.10

（续）

年份	15 岁及以上人口文盲率	小学净入学率	初中毛入学率	小学升初中比率	初中升高中比率	在校学生巩固率
1994	—	98.40	73.80	86.60	47.80	81.08
1995	12.04	98.50	78.40	90.80	50.30	82.78
1996	—	98.80	82.40	92.60	49.80	85.40
1997	—	98.90	87.10	93.70	51.50	85.39
1998	11.95	98.90	87.30	94.30	50.70	90.50
1999	11.35	99.10	88.60	94.40	50.00	92.48
2000	6.72	99.10	88.60	94.90	51.20	94.54
2001	8.99	99.10	88.70	95.50	52.90	95.30

数据来源：根据 1978—2002 年的《中国教育年鉴》《中国教育统计年鉴》数据整理而得，表中的"在校学生巩固率"是"十二五"规划新增的一项指标，即一个学校入学人数与毕业人数的百分比，由于数据方面的原因，表中的巩固率是小学五年的巩固率。

但应该承认的是，"人民教育人民办""地方负责、分级管理""以乡镇为主"的一系列改革举措，既是义务教育事业发展取得瞩目成就的重要因素，同时也是教育热点问题、难点问题的症结所在。特别是在 20 世纪 90 年代中后期，义务教育供给责任的"低重心"配置，引发了一系列问题和负面效应。在财权层层上移、事权层层下放的权责配置格局下，地方政府的基本公共教育服务供给能力严重不足，以至于出现"小马拉大车"的权责配置失衡问题。改革开放初期，中央政府提出了"普九"义务教育的发展目标，却将供给责任下放给地方政府，即形成了"地方负责、分级管理"的教育管理体制。在中央下放供给责任的过程中，地方政府之间的责任划分并没有明确的标准和界限，在中央—省—市—县—乡五级政府层级节制的治理结构内，乡镇政府作为基层政权组织处于行政序列的末端，成了义务教育供给的直接责任主体。"以乡镇为主"的供给责任划分无疑是政府间利益博弈的结果，但这一结果导致乡镇财政不堪重负，难以支撑庞大的教育支出责任，只能采取各种变通策略将责任分摊或转嫁给民众，进而加重了民众的教育负担。

"乱集资、乱收费、乱摊派"所引发的"三农"问题愈演愈烈，严重威胁到了基础政权的合法性。为了解决政府义务教育供给能力不足的问题，"人民教育人民办"的制度设置承继了"群众办学"的基本策略，走上了多渠道筹措教育经费的发展道路。根据全国 30 个省、自治区和直辖市的不完全统计，

1981—1991 年全国用于改善中小学办学条件的资金总额达到 1 066 亿元，其中国家财政拨款 357.5 亿元，仅占到资金总额的 35.5%，而社会捐赠、集资的总额将近 708.5 亿元，占比达到了 66.5%①。这些数据足以反映出"人民教育人民办"的政府责任缺失问题，以及义务教育成本分担表现出来的个体化特征。此外，中央对于地方教育集资的数额和标准并未设立严格的审核机制，而是准许基层政府根据本地区的实际情况自行定夺。教育集资的自由裁量权纵容了一些基层干部以"公共利益"为名头转嫁责任，严重威胁到基础政权的合法性。

更为深层次的隐患是，在"地方负责、分级管理"的制度设置下，城乡、地区、学校之间的教育差距随之产生，继而造成了教育不平等乃至社会不平等问题。由于城乡、区域之间的社会经济发展水平存在的巨大差距，以及政府间财政能力的差异，导致义务教育资源配置的非均衡性随之产生。特别是"以乡镇为主"的供给责任配置，使得农村教育发展长期处于"边缘化"的境地，教育经费短缺、办学条件落后、优秀师资匮乏、教育质量低下等问题相伴而生。有研究数据显示，1993 年城市小学的生均教育经费为 476.1 元，而农村的生均经费仅为 250.4 元；城市初中的生均教育经费为 941.7 元，而农村则是472.8 元②。教育资源的非均衡配置导致"择校"现象普遍存在，而"以权择校""以钱择校"等非规范性择校行为进一步侵害了教育公平。

三、"人民教育政府办"的制度安排（2001 年至今）

进入 21 世纪，中国教育改革与发展的制度环境发生了剧烈变化。民主政治制度的不断完善、国民经济的持续增长、人民生活水平的显著提高，为教育事业发展开创了前所未有的广阔前景。但与此同时，改革开放以来确立的"以经济建设为中心"的发展理念，以及"效率优先""兼顾公平"的价值偏向，导致包括教育在内的各项公益事业问题丛生、危机重重。正是在这样的背景下，包括义务教育在内的基本公共教育服务供给制度进入了新的变革时代，随着服务型政府建设进程的推进，以及 2005 年农村义务教育经费保障《新机制》的正式实施，全面纳入公共财政保障范畴的义务教育，正式迈入了"人民教育

---

① 赵全军. 社会转型与压力型动员：改革后中国农村义务教育供给制度研究 [M]. 上海：上海人民出版社，2009：77.

② 张玉林. 分级办学制度下的教育资源分配与城乡教育差距：关于教育机会均等问题的政治经济学探讨 [J]. 中国农村观察，2003（1）：10-22.

政府办"的历史发展阶段。

（一）"人民教育政府办"的制度建构环境

如前文所述，在"人民教育人民办"的制度生成时期，中央政府为了调动地方政府发展义务教育事业的积极性，推行了"地方负责、分级管理"的义务教育管理体制变革。在地方政府供给能力不足的情况下，中央政府将"普九"作为"政治任务"强压给地方政府，地方政府的应对策略则是开展了"声势浩大"的教育集资活动。特别是在"县、乡、村三级办学，县、乡两级管理"的制度结构中，尽管乡镇政府和村集体承担了农村义务教育经费的筹资责任，但多渠道筹措教育经费的制度安排为基层政府的"卸责"行为提供了机会空间。为了减轻财政压力，地方政府借由收取教育费附加、教育集资等制度外供给方式转嫁供给责任，本应该属于地方政府供给的农村义务教育，却在实践过程中需要农民"自掏腰包"分摊教育成本[①]，由此导致"三农"问题及其衍生的治理危机不断加重。

"乱集资、乱收费、乱摊派"造成的"三农"问题已经严重危及基层政权的合法性。2000年，我国率先在安徽省试点农村税费改革。实施农村税费改革的一个重要目的就在于，通过完善公共财政制度达到"反哺"农村的目的，彻底取消重压在农民身上的苛捐杂税，避免"黄宗羲定律"的历史重演。农村税费改革的另一个政策初衷则是强化基层政府的公共服务职能，通过在农村建立起公平、有效的公共服务体系，将国家与社会（农民）之间的"汲取型"关系转变为一种"服务型"关系[②]，以此契合建设服务型政府的改革理念。

农村税费改革无疑打破了原有的制度均衡状态，从而使"人民教育人民办""地方负责、分级管理""以乡镇为主"的制度安排显得不合时宜。农村税费改革的一项重要内容就是取消乡镇财政收入中的"三提五统"[③]，转而建立"一事一议"的公共事业投融资体制，以此切断基层政权伸向农民的"攫取之手"。在推行农村税费改革的过程中，农村教育费附加、教育集资等各项预算

---

① 周飞舟. 谁为农村教育买单？税费改革和"以县为主"的教育体制改革［J］. 北京大学教育评论，2004（3）：46-52.

② 周飞舟. 从汲取型政权到"悬浮型"政权：税费改革对国家与农民关系之影响［J］. 社会学研究，2006（3）：1-38.

③ 作为人民公社制度的遗迹，"三提五统"具体指的是"三项提留"和"五项统筹"。"三项提留"指村级组织的管理费、公积金和公益金三项，五项统筹则是指乡镇政府用于乡村道路、农村教育、计划生育、民兵训练和优抚等公共事业的五类费用。

外收入被一并取消，这对"以乡镇为主"的义务教育供给责任格局造成了巨大冲击，甚至可以说，使依靠乡镇财政预算外收入维系的农村义务教育陷入了"灭顶之灾"①。面对农村税费改革随之而来的学校危房改造、教师工资拖欠、巨额的"普九"债务等现实问题，国家不得不对义务教育供给制度再次做出适应性调整。

为了应对税费改革造成的制度非均衡问题，2001 年 5 月 29 日，国务院发布的《关于基础教育改革和发展的决定》对教育管理体制做出了重大调整，其中一项制度变革内容就是实行"在国务院领导下，由地方政府负责、分级管理、以县为主"的基础教育管理体制，并将义务教育供给主体由乡镇政府上调到县级政府。2002 年 4 月 14 日，《国务院办公厅关于完善农村义务教育管理体制的通知》进一步提出，县级人民政府对农村义务教育负有主要责任，省、地（市）各级人民政府承担相应责任，中央政府予以必要的支持。自此，义务教育正式确立了"以县为主"的管理体制。

2005 年 12 月 24 日，国务院发布了《关于深化农村义务教育经费保障机制改革的通知》（以下简称《新机制》）指出，"逐步将农村义务教育全面纳入公共财政保障范围，建立中央和地方分项目、按比例分担的农村义务教育经费保障机制"。《新机制》的实施标志着以往依靠群众力量举办的义务教育转变为政府供给，而这一变革也使义务教育供给制度实现了从"人民教育人民办"向"人民教育政府办"的历史性变迁。

（二）"人民教育政府办"的供给责任调适

1. 从"以乡镇为主"向"以县为主"的供给责任上移

始建于 1985 年的"地方负责、分级管理"的义务教育管理体制，实则将义务教育的供给责任划分给乡镇一级政府。进入 20 世纪 90 年代，随着分税制改革和农村税费改革的相继实施，日渐"空壳化"的乡镇财政已经难以承担繁重的义务教育供给责任。有鉴于此，"上移"供给责任便成为义务教育供给制度变革的重要举措。

2006 年 6 月 29 日修订的《中华人民共和国义务教育法》第七条规定，"义务教育实行国务院领导，省、自治区、直辖市人民政府统筹规划实施，县

---

① 葛新斌. 农村教育在国家现代化进程中究竟位居何处？从"分级办学"到"以县为主"的制度变迁分析 [J]. 华南师范大学学报（社会科学版），2005（3）：85-91.

级人民政府为主的管理体制。"至此，义务教育供给责任在"地方负责、分级管理"的制度框架内，实现了从"以乡镇为主"向"以县为主"的供给责任主体转变。县级政府的供给责任主要体现在增加教育经费投入方面，确保教师工资的足额、按时发放，并统筹安排公用经费、校舍建设和危房改造资金。

义务教育供给责任从"以乡镇为主"向"以县为主"的转变，为"人民教育政府办"奠定了重要基础，表明了政府供给义务教育的责任和决心。在"穷国办大教育"的现实背景下，多渠道筹措教育经费是政府分摊义务教育供给责任的重要机制。随着"以县为主"对政府义务教育供给责任的强化，从教育"一费制"到"免费制"的各项政策相继制定和出台，并在全国范围内逐步实施和推广。自2006年春季开始，西部地区农村义务教育阶段学生全面免除学杂费，2007年中部地区和东部地区开始免除农村义务教育阶段的学杂费。2008年8月12日，国务院正式发布《关于做好免除城市义务教育阶段学生学杂费工作的通知》，这是义务教育经历60年的发展历程首次实现了免费提供。免费制的实施彰显了义务教育的基本公共服务属性，同时也标志着"人民教育人民办"的制度安排走向了终结。

2. 从"以县为主"到"各级政府共同负担"的供给责任调适

在税费改革的影响下，"以县为主"的供给责任配置存在着"先天不足"。2005年12月，国务院发布《关于深化农村义务教育经费保障机制改革的通知》，提出建立中央和地方"分项目、按比例"共同承担教育经费的《新机制》，进一步调节各级政府间的义务教育供给责任。《新机制》最具里程碑意义的改革内容就是将以往依靠"群众办学"支撑的农村义务教育，全面纳入公共财政保障范围。《新机制》同时提出全部免除农村义务教育阶段向学生收缴的学杂费，并向家庭困难学校免费提供教科书，并补助寄宿生的生活费。这两项改革内容，从根本上终结了"人民教育人民办"的制度外供给模式，将"两条腿走路"制度下的农村义务教育，重新归入政府提供的基本公共服务范畴。

2006年修订的《中华人民共和国义务教育法》进一步明确了义务教育经费保障机制的改革导向，国务院和地方各级人民政府共同负担义务教育经费的投入责任，省、自治区、直辖市人民政府负责统筹落实；农村义务教育所需的办学经费，由各级人民政府根据国务院的规定"分项目、按比例"共同分担。从上述改革要点可以看出，新修订的《中华人民共和国义务教育法》强调义务教育供给责任需要由中央—省—市—县四级政府共同承担，而不再是"以县为主"的一肩挑,县级政府负有管理本级义务教育的责任,但供给义务教育的支出责任则由各级政府共同承担。

显然,从"以县为主"到实行中央和地方财政"分项目、按比例"的义务教育经费保障机制,其改革目标都是为了调节义务教育供给责任。目前的改革趋向则是强化省级政府的统筹规划功能,特别是将省级政府确立为教师工资足额、按时发放的责任主体,从而使得长时间以来困扰教育发展的教师工资拖欠问题得到了基本解决①。正是基于供给责任主体上移的改革举措,地方政府的供给能力大幅提升,而政府间供给责任的调整推动了"人民教育人民办"向"人民教育政府办"的制度变迁进程。自此之后,全面纳入公共财政保障范畴的义务教育,在"十二五"期间进入基本公共教育服务供给范畴,并与行政管理体制改革和服务型政府建设协同推进。

(三)"人民教育政府办"的制度供给成效

不可否认的是,从"人民教育人民办"向"人民教育政府办"的制度变迁,注定会载入义务教育发展史册,成为具有里程碑意义的划时代变革。从"人民教育人民办"向"人民教育政府办"的转变,不仅包含供给责任主体从"以乡镇为主"向"以县为主"再向"各级政府共同负担"的转变,更涉及政府职能的转变。换句话说,包括义务教育在内的基本公共教育服务,真正成为国家予以优先保障的公益性事业,由各级政府共同承担供给责任。这一制度变革对义务教育供给水平产生了深刻影响。表 3-3 反映的是 2002—2018 年全国义务教育发展的基本情况,从总体上看,无论是义务教育的毛入学率(净入学率)、升学率还是巩固率,都呈现逐年增长的态势。其中:小学净入学率由2002 年的 98.58% 增加至 2018 年的 99.90%,初中毛入学率则由 2002 年的90.00% 增加至 2018 年的 100.90%(自 2010 年开始每年的毛入学超过100%);小学和初中毕业生的升学率得到大幅度提高,其中小学毕业生升入初中的比例由 2002 年的 97.02% 增加至 2018 年的 99.10%,初中毕业生升入高中的比例则由 2002 年的 58.30% 增加至 2018 年的 95.20%;九年义务教育的巩固率自 2010 年的 89.70% 增加至 2018 年的 94.20%。这充分表明义务教育无论在规模还是质量上都得到了巨大发展。

---

① 范先佐,付卫东. 义务教育均衡发展与省级统筹 [J]. 教育研究,2015 (2):67-74.

表 3 - 3 2002—2018 年全国义务教育发展一览表

单位:%

年份	小学净入学率	初中毛入学率	小学毕业生升学率	初中毕业生升学率	九年义务教育巩固率
2002	98.58	90.00	97.02	58.30	
2003	98.70	92.70	97.90	59.60	—
2004	98.90	94.10	98.10	63.80	—
2005	99.20	95.00	98.40	69.70	—
2006	99.30	97.00	100.00	75.70	—
2007	99.50	98.00	99.90	80.50	—
2008	99.50	98.50	99.70	82.10	—
2009	99.40	99.00	99.10	85.60	—
2010	99.70	100.10	98.70	87.50	89.70
2011	99.79	100.10	98.30	88.90	91.50
2012	99.85	102.10	98.30	88.40	91.80
2013	99.71	104.40	98.30	91.20	92.30
2014	99.81	103.50	98.00	95.10	92.60
2015	99.88	104.00	98.10	94.10	93.00
2016	99.92	104.00	98.70	93.70	93.40
2017	99.91	103.50	98.80	94.90	93.80
2018	99.90	100.90	99.10	95.20	94.20

数据来源:根据 2002—2018 年《教育事业发展统计公报》数据整理而得。

但制度环境的变化必然导致包括义务教育在内的基本公共教育服务供给制度的适时调整,"人民教育政府办"的制度安排亦然如此。虽然"以县为主"的教育管理体制以及"各级政府共同承担"的供给责任配置显著提升了义务教育供给水平,尤其是在实现"两基"目标的过程中发挥了重要作用。但"人民教育政府办"的制度变革依然存在尚未破解的结构性障碍,以至于义务教育在不断发展与变革中涌现出了新的问题。

在实施"以县为主"的教育管理体制以来,供给责任重心的上移在缓解乡镇政府财政压力的同时,也在一定程度上弱化乃至虚化了乡镇政府的供给责任。农村税费改革对乡镇政府的权责配置无疑产生了重要影响。预算外收入的缩减实际上等于"硬化"了乡镇财政的预算约束,中央政府下放的"专项资金"也绕开乡镇政府，由县级政府及职能部门直接管理，乡镇财政变得越来越"空壳化"。在财权、事权不断上移的制度情境下，乡镇政府逐渐凸显出"悬浮型政权"的特征①。乡镇政权的"虚化"显然对县级政府的义务教育供给能力及治理能力提出了更高的要求，义务教育的供给水平也更大程度上取决于县级政府的财政能力。

然而，在实施农村税费改革之后，县级政府的可支配财力也受到了影响。尽管中央和省级政府加大了对县级财政的转移支付力度，但在中西部经济发展较为落后的地区，转移支付依然难以抵补税费改革之后的教育经费缺口，"小马拉大车"的局面并没有得到彻底扭转。为了缩减教育财政支出，一些县级政府对农村义务教育大力开展"撤点并校"，从而导致产生"城镇挤、乡村弱、上学远、上学难"等诸多问题②。与此同时，《新机制》对中央政府和省级政府的支出责任给予了明确规定，但对县级政府只是做了"要与上级政府教育经费投入同步增长、新增教育经费主要用于农村"的原则性要求。一些县级政府在"撤点并校"中为了追求规模效益，延续了城市优先发展的政策导向，从而导致《新机制》的实施难以从根本上提升农村义务教育供给水平③，城乡之间的义务教育办学差距很难在短时间内缩小。

第二节　基本公共教育服务供给制度变迁的动力因素

基于对义务教育的历时性考察可以发现，基本公共教育服务供给制度变迁的动力因素来源于"自上而下"和"自下而上"两个方向，结合了强制性制度变迁和诱致性制度变迁的双向特征。但相对而言，强制性制度变迁占据主导地位，总体上框定了基本公共教育服务制度变迁的方向和路径。

一、自上而下："供给侧"因素推动的强制性制度变迁

从供给的角度而言，代表国家行使公共权力的政府是提供基本公共教育服

---

① 周飞舟. 从汲取型政权到"悬浮型"政权：税费改革对国家与农民关系之影响 [J]. 社会学研究，2006 (3)：1-38.

② 丁延庆，王绍达，叶晓阳. 为什么有些地方政府撤并了更多农村学校？[J]. 教育经济评论，2016 (4)：3-34.

③ 孙志军，杜育红，李婷婷. 义务教育财政改革：增量效果与分配效果 [J]. 北京大学教育评论，2010 (1)：83-100.

务的核心主体，并以强大的主体能动性影响着基本公共教育服务的制度变革动力。可以说，基本公共教育服务供给制度变迁的动力因素主要源于自上而下的国家力量，特别是以行政权力为轴心的政府力量，从而体现出强制性制度变迁的典型特征。

（一）自上而下的强制性制度变迁逻辑

对于制度变迁的影响因素和形成机制，新制度经济学领军人物道格拉斯·C. 诺思（Douglass C. North）认为，当"预期的净收益即潜在利润超过预期的成本，一项制度安排就会被创新"①。也就是说，制度变迁是一个在"收益—成本"之间的利弊权衡过程，当现有的制度安排无法使行为主体获取潜在利益时，就会产生制度变迁的动力因素。

引发制度变迁的动力因素是极为复杂的，也由此决定了制度变迁的不同形式。林毅夫将制度变迁划分为强制性制度变迁和诱致性制度变迁两种形式。所谓的强制性制度变迁是指"由政府法令引起的制度变迁形式"，所谓的诱致性制度变迁则是指"当个人或一群人在响应由制度不均衡所产生的获利机会时，自发倡导、组织和实行的制度变迁"②。由于制度本身具有的公共物品属性，如果诱致性因素是制度变迁的唯一动力，那么，则可能因为"搭便车"问题而造成制度供给不足，一个社会的制度供给水平将无法达到最优状态。此时，就需要国家或政府采取适当的干预机制，通过强制性制度变迁解决制度供给不足问题。

运用上述理论分析基本公共教育服务供给制度变迁逻辑可以发现，对于义务教育而言，从"人民教育国家办"到"人民教育人民办"再到"人民教育政府办"，其制度变迁实质上是一个均衡—非均衡—均衡的动态演化过程。例如改革开放以后，政治、经济、社会和行政领域的各项改革打破了"人民教育国家办"的制度均衡状态，中央政府基于利弊权衡开始建立"地方负责、分级管理"的权责配置格局，顺势推动了义务教育供给制度变革。2001 年之后，鉴

---

① 戴维斯，诺思. 制度变迁的理论：概念与原因［A］. 科斯，阿尔钦，诺思等. 财产权利与制度变迁：产权学派与新制度学派译文集（北京）［C］// 刘守英，等译. 上海：上海三联书店. 上海人民出版社，1994：274.

② 林毅夫. 关于制度变迁的经济学理论：诱致性变迁与强制性变迁［A］. 科斯，阿尔钦，诺思等. 财产权利与制度变迁：产权学派与新制度学派译文集（北京）［C］// 刘守英，等译. 上海：上海三联书店. 上海人民出版社，1994：384.

于分税制改革和农村税费改革的影响，"人民教育人民办"的制度均衡状态被打破，义务教育全面纳入公共财政保障范畴，由此迈入"人民教育政府办"的制度生成期。

通过对义务教育的历时性考察，可以得出一个基本的判断就是，基本公共教育服务供给制度变迁主要源于"自上而下"的推动力量。更确切地说，掌握公共权力的政府无疑是推动基本公共教育服务供给制度变迁的"第一行动集团"。基本公共教育服务供给制度变革的核心力量就是政府权责的自我解构与再建构，各级政府围绕供给责任展开的利益博弈，一直影响着基本公共教育服务供给制度的变迁逻辑。换言之，自上而下的强制性制度变迁逻辑，基本上框定了基本公共教育服务的供给效度和改革向度。

（二）推动制度变迁的"供给侧"动力因素

回顾义务教育这一基本公共教育服务的发展进程，经历了从"人民教育国家办"到"人民教育人民办"再到"人民教育政府办"的制度变迁过程。在这一过程中，代表国家行使公共权力的政府始终扮演着关键性角色，并从意识形态、政府间权责博弈、制度环境三个层面促成制度变迁的"供给侧"动力因素。

其一，意识形态是推动基本公共教育服务供给制度变迁的重要因素。在新制度经济学家诺思看来，需要将国家力量和政治过程纳入制度变迁的分析框架，特别是分析意识形态的重要作用。对于义务教育这一基本公共服务而言，意识形态在其制度变革中建构起基本的价值导向，并将党的执政理念、政府的施政理念汇入其中。纵观义务教育供给制度变迁历程，在"人民教育国家办"时期，受制于"教育为无产阶级政治服务"等意识形态理念的影响，"用革命的方法办教育"一度成为国家供给义务教育的行动纲领。改革开放之后，国家建设从"以阶级斗争为纲"转向"以经济建设为中心"，义务教育领域内的分权化改革随之启动，并提出建立与社会主义市场经济体制相适应的教育体制。进入 21 世纪以来，随着科学发展观和建设服务型政府理念的提出，义务教育逐步纳入公共财政保障范畴，进入"人民教育政府办"的制度生成期。从一定意义上说，"意识形态"塑造了国家在特定时期发展义务教育的话语体系和观念体系[①]，继而影响着义务教育供给制度变迁的价值导向。

---

① 邵泽斌，张乐天. 从意识形态到公共精神：对新中国 60 年义务教育治理方式的政策考察 ［J］. 社会科学，2008（12）：64-71.

其二，政府间的权责博弈构成了基本公共教育服务供给制度变迁的重要动力。制度变革不仅对教育资源配置效率产生影响，而且会对相关行动主体的利益关系产生重要影响；与此对应，行为主体之间的利益博弈，也在一定程度上影响着制度变迁的趋势。就科层组织内部中央与地方的逻辑关系而言，开启于20世纪80年代的分权化改革，营造出"地方先行"的制度创新模式，但基本公共教育服务供给制度变革显然是由中央政府主导的强制性制度变迁。虽然各级政府之间的权责配置一直处于相互博弈之中，但具有支配性力量的中央政府处于优势地位，而相对缺乏话语权的地方政府，特别是基层政府则在权责博弈中处于弱势地位，以执行者的身份参与制度变迁的具体进程。但地方政府依然会在"倒逼"与"反倒逼"的权责博弈中，迫使中央政府上移公共教育服务供给责任[1]。正是上述权责博弈形成的动力因素，推动了义务教育从"以乡镇为主"到"以县为主"再到"各级政府共同承担"的制度变革和供给责任调整。

其三，制度环境是推动基本公共教育服务供给制度变迁的外在因素。任何特定领域的制度安排，都嵌入在更广泛的制度环境中，制度变迁可以说是制度环境变化的衍生物。因此，在新制度主义学者看来，制度环境是影响制度变迁的外生变量。从2000年开始试点推行的农村税费改革，通过取消了教育费附加、教育集资、"三提五统"等预算外收入，限制了乡镇财政依靠预算外收入维持义务教育的策略选择，打破了原有的制度均衡状态。为此，中央不仅加大了财政转移力度，并将义务教育供给责任从"以乡镇为主"调整到"以县为主"。可以说，"以县为主"作为税费改革的"补丁"，是基于宏观财政体制变革进行的配套性改革[2]。除此之外，人民公社制度的解体、财政包干制和分税制改革、行政管理体制改革所引发的制度环境变化，都可能成为基本公共教育服务供给制度变迁的外在力量，只是其作用机制与农村税费改革存在不同程度的差异。

二、自下而上："需求侧"因素拉动的诱致性制度变迁

就需求的角度而言，家庭及学生作为基本公共教育服务的接收者，同样是影响基本公共教育服务供给制度变迁的行动主体。换言之，民众的教育需求偏

---

① 李芝兰，吴理财．"倒逼"还是"反倒逼"：农村税费改革前后中央与地方之间的互动 [J]．社会学研究，2005（4）：44 - 63.

② 葛新斌．农村教育在国家现代化进程中究竟位居何处？从"分级办学"到"以县为主"的制度变迁分析 [J]．华南师范大学学报（社会科学版），2005（3）：85 - 91.

好也会促发基本公共教育供给制度的诱致性变迁。

（一）自下而上的诱致性制度变迁逻辑

如前所述，诱致性制度变迁是指当个人或一群人在响应由制度不均衡所产生的获利机会时，自发倡导、组织和实行的制度变迁。根据新制度主义学派的理论要义，制度变迁过程是不同利益主体在重复博弈后，所达到的一个制度均衡过程。据此推演，基本公共教育服务供给制度变迁也伴随着相关利益主体的博弈过程。就政府与民众的关系结构而言，政府自上而下提供的基本公共教育服务，如果难以满足民众自下而上的教育需求偏好，双方的利益博弈就会不断冲击既有的制度规则体系，直至基本公共教育服务达到供需均衡状态。

从更广泛的意义上来说，诱致性制度变迁在中国的体制转型过程中一直存在。按照新古典经济学的解释逻辑，如果把制度变迁看作是公共选择过程，政府作为唯一的制度供给者，并不一定能达到制度安排的最优水平。事实上，就中国制度变迁的实践经验看，制度变迁主体并不是一成不变的，甚至可以在特定阶段和制度情境下进行角色转换①。即便是强制性制度变迁占据主导地位，民众的利益偏好和主体能动性，也可以发挥自下而上的制度创新作用，甚至与政府在博弈中形成合作秩序，共同促进制度从非均衡走向均衡。而合作的关键就在于，政府不再以行政强制手段剥夺民众的制度创新能力，而是"根据个人寻利行为的方向和需要，提供服务、基于保护、加以引导"②。如此一来，就可能形成"自上而下"与"自下而上"并行不悖的制度变迁逻辑。

回顾中华人民共和国成立以来义务教育供给制度变迁历程，政府作为"第一行动集团"发挥着主导作用，由此体现出自上而下的强制性制度变迁特征。但与此同时，民众的教育需求偏好亦是拉动基本公共教育服务变革的重要力量。从"有学上"到"上好学"，民众教育需求偏好的变化推动义务教育供给从"基本普及"走向"全面普及"，从"基本均衡"迈向"优质均衡"。可以说，在政府给予的行动空间内，民众也扮演着重要的制度变迁主体角色。

上述分析表明，义务教育供给并不局限于"自上而下"的强制性制度变迁逻辑，而是辅之以"自下而上"的诱致性制度变迁逻辑。在两种制度变迁逻辑

① 黄少安. 制度变迁主体角色转换假说及其对中国制度变革的解释［J］. 经济研究，1999（1）：68-74.
② 周业安. 中国制度变迁的演进论解释［J］. 经济研究，2000（5）：3-11.

相互作用的过程中，政府的权力运行逻辑贯穿始终，民众的权利诉求相伴而生，两者在主次分明的力量博弈中，共同影响着基本公共教育服务供给制度变迁的方向和路径。

（二）拉动制度变迁的"需求侧"动力因素

就供需关系而言，基本公共教育服务的制度均衡状态，主要取决于"供给侧"的改革举措能否有效对应"需求侧"的变化。当民众的教育需求偏好无法得到充分满足时，便会形成拉动基本公共教育服务供给制度变迁的社会建构力量。

其一，民众对于政权合法性的认同是促发基本公共教育服务供给制度变迁的重要动力。正如安东尼·吉登斯（Anthony Giddens）所言，"国家创设公民权和福利项目的主要目的就是拉拢人民并获得他们的支持"[①]。现代国家普遍建立惠及全民的基本公共教育服务体系，并不断变革基本公共教育服务制度，其中一个重要的原因就是维持政权的合法性和稳定性。中华人民共和国成立初期，为了彰显新政权的合法性以及社会主义制度的优越性，国家顺势在义务教育领域开展了大规模的"国家化"运动，对旧中国遗留的私立教育体系进行社会主义改造，并建构起"人民教育国家办"的供给制度。而后，国家将普及九年义务教育作为一项"政治任务"纳入各级政府的行动议程，进一步彰显"执政为民""为民服务"的执政理念。在强大的政治压力下，地方政府为完成"普九"任务开展了"声势浩大"的教育集资活动，导致"乱集资、乱收费、乱摊派"所引发的"三农"问题愈演愈烈。为此，中央政府不得不变革"人民教育人民办"的制度根基，通过政府间的权责调整将义务教育全面纳入公共财政保障范畴，从而建立起"人民教育政府办"的制度安排。

其二，教育需求的转型升级无疑是影响基本公共教育服务供给制度变迁的重要力量。根据公共服务需求弹性的解释，随着社会经济发展水平的提升，民众的公共服务需求指数也会随之提高，即希望获得质量更优的公共服务。在教育领域，民众公共服务需求的转型升级有着更加直观的体现，不仅要求"有学上"，同时还要"上好学"。不难理解，在彰显文凭效应的现代社会，教育发挥着至关重要的作用，精英阶层想借助教育完成社会地位的代际传递，而弱势群体则期望通过教育开辟向上流动的渠道。但优质教育资源供应的稀缺性，决定

了人人"上好学"的教育需求显然无法得到充分满足，如此一来，便从需求维度形成了基本公共教育服务的制度变革动力。但在"地方负责、分级管理""以乡镇为主"的制度安排下，由于城乡、区域之间的社会经济发展水平、政府财政能力的巨大差距，基本公共教育服务非均衡供给随之产生，特别是农村义务教育，长期处于边缘化、低水平的发展境地。为了满足教育需求偏好的转型升级，缩小教育差距、提升农村教育质量，便成了基本公共教育服务变革的重要内容，也在一定限度上汇集为拉动供给制度变迁的"需求侧"因素。

其三，教育需求偏好的分化同样是拉动基本公共教育服务供给制度变迁的重要因素。中华人民共和国成立伊始，为了彰显工农阶级的领导地位，国家推行了一系列的社会平等化运动，使改革开放之前的社会结构并未出现明显的阶层差距和利益分化。但改革开放以后，中国社会的制度结构发生了重大转型，一方面是计划经济向市场经济的转轨，另一方面则是社会结构以及不同阶层之间相对关系的改变①。在社会结构转型过程中，不同阶层的资源获取能力和需求偏好也表现出显著的差异性。如何在社会阶层分化的背景下满足差异性的教育需求偏好，显然是基本公共教育服务供给制度变革的重要问题导向。应该看到的是，即便政府大力推进基本公共服务均等化，但较为单一性、同质化的办学模式显然难以满足异质性、多元化的教育需求。相对而言，尽管"需求侧"因素是拉动基本公共教育服务制度变迁的重要动力，但强制性制度变迁依然占据主导地位。

第三节　基本公共教育服务供给制度变迁的内在逻辑

通过考察义务教育这一基本公共教育服务的发展历程可以发现，正是通过一系列"供给侧"改革举措，被纳入基本公共服务供给范畴的义务教育，正式迈入"人民教育政府办"的制度生成期，并在价值理念、主体结构、权责调整三个基本维度体现出特定的变革趋向。

一、价值导向：公平与效率趋向平衡的理念变革

美国著名政治学家、哲学家约翰·罗尔斯（John Rawls）在《正义论》这

---

① 李培林. 另一只看不见的手：社会结构转型 [M]. 北京：社会科学文献出版社，2005.

本集其思想之大成的理论著作中，将正义阐释为制度的首要价值，如其所言："正义是社会制度的首要价值，正像真理是思想体系的首要价值一样"①。罗尔斯更加确切地规定，正义的主要问题是社会的基本结构，即"社会主要制度分配基本权利和义务、决定由社会合作产生的利益之划分的方式"②。在罗尔斯的思想启蒙下，制度经济学派也强调公平、正义、平等这些基本价值的重要性，"要将人类基本价值的思考纳入我们的分析之中，因为这些价值巩固着社会结构和制度的根底③。"

纵观 70 多年的制度变迁历程，基于不同历史时期的经济社会发展水平，基本公共教育服务供给制度变革的价值导向一直在"公平"与"效率"之间寻求适度的平衡。早在"人民教育国家办"时期，推动基本公共教育服务供给制度变迁的各项改革举措深受意识形态的影响，并确立了明显具有阶级属性的教育公平观。发展到"人民教育人民办"阶段，"多出人才、快出人才"成为教育改革的基本方针，基本公共教育服务供给制度定位于"效率优先"的价值取向，以至于城乡、区域、校与校之间的办学质量存在较大差距，进而产生了结构性的教育不平等问题。走进"人民教育政府办"的历史新纪元，基本公共教育服务供给制度的价值导向发生重大转变，试图促成公平与效率的协调统一，无论是公共教育政策的制定，公共教育资源的配置，以及教育机会的分配，各级政府在同时促进教育公平、提升教育质量方面，制定并实施了一系列供给侧改革举措。

（一）具有阶级属性的教育公平观

中华人民共和国成立伊始，教育改革的首要任务就是对"旧教育"开展大规模的"国家化"运动，从而建立起"人民教育国家办"的供给制度，以此贯彻《中国人民政治协商会议共同纲领》确立的服务于工农大众的新民主主义教育方针。为了彰显社会主义制度的优越性以及工农阶级的领导地位，国家推行了一系列改革举措向工农群众敞开教育大门。通过设立全日制学校、工农速成学校和业余学校等多种供给形式，大力提升基本公共教育服务供给水平，从而使旧中国的劳苦大众成为教育改革的受益者。可以说，这一时期的基本公共教

① 约翰·罗尔斯. 正义论 [M]. 何怀宏，等译. 北京：中国社会科学出版社，1988：1.
② 约翰·罗尔斯. 正义论 [M]. 何怀宏，等译. 北京：中国社会科学出版社，1988：5.
③ 柯武钢，史漫飞. 制度经济学：社会秩序与公共政策 [M]. 韩朝华，译. 北京：商务印书馆，2005：83.

育服务改革对推动教育公平的意义是重大的，甚至有学者将之誉为"无声的革命"①，以此颂扬国家促进工农阶级接受基础教育，甚至进入高等学府的深远意义。

但受"教育为无产阶级专政服务""用革命的方法办教育"等影响，教育一度成为阶级斗争的重要场域，基本公共教育服务供给制度的价值取向也体现出明确的阶级属性。就法理层面而言，"阶级内的平等"虽然增加了工农阶级的受教育机会，但所有公民平等接受教育的权利却遭到了一定程度的侵害。

（二）效率优先、兼顾公平的价值导向

事实上，在国家供给能力有限的情况下，我国各级各类教育事业发展一直在"普及"与"提高"，"大众教育"与"精英教育"之间徘徊不定，进而导致基本公共教育服务的价值导向摇摆不定。之所以在"普及"教育规模与"提高"教育质量之间举棋不定，根源就在于平衡"公平"与"效率"在基本公共教育服务供给中的价值权重。

从本质上说，"两条腿走路"的教育方针已经隐含了"效率优先"的价值导向，并以此为据确立了城市优先发展的教育政策取向。正如中央对于教育工作的决策部署，由于我国经济、社会、文化发展的不平衡，社会主义建设是一个长期的历史任务，因此，中小学教育事业要认真贯彻执行"两条腿走路"的方针②，"多、快、好、省"地发展教育、普及教育。正是在此背景下，中华人民共和国初期的基本公共教育服务基于非均衡发展策略，选择了"农村教育集体办，城市教育国家办"的供给模式，将"普及"的任务交给集体供给的农村教育，将"提高"的任务留给了国家供给的城市教育。由此导致城市地区的办学条件和教育质量明显高于农村地区，并在很长一段历史时期内，为基本公共教育服务打上了城乡二元结构的制度烙印。

改革开放之后，在"多出人才、快出人才"的教育方针指引下，基本公共教育服务供给制度的价值取向无疑是根据"效率优先"的原则，通过恢复"重点学校"制度集中优质教育资源，培养社会主义现代化建设迫切需要的精英人才。1978 年 1 月，教育部颁发了《关于办好一批重点中小学的试行方案》，对

---

① 梁晨，李中清，张浩，等. 无声的革命：北京大学与苏州大学学生社会来源研究（1952—2002）[J]. 中国社会科学，2012（1）：98-118.

② 何东昌. 中华人民共和国重要教育文献 [M]. 海口：海南出版社，1998：1279.

设立"重点学校"制度的目标、任务和形式做出了总体部署，提出要在教育经费投入，改善办学条件、师资队伍建设等方面优先保障重点学校，由此形成国家级、省级、地市级、县级"金字塔"式的重点学校布局。同年 4 月 22 日，邓小平同志在全国教育工作会议上提出，"为了加速造就人才和带动整个教育水平的提高，必须考虑集中力量加强重点大学和重点中小学的建设，尽快提高它们的教学水平和教学质量。"① 据相关学者考证，截至 1982 年，针对全国 13 个省、自治区、直辖市 384 所重点中学的调查数据显示，其中 243 所为城市重点中学，所占比例为 70%；98 所为县镇重点中学，所占比例为 28%；而广大农村地区只有 7 所重点中学，所占比例仅为 2%②。

"城市优先"的政策取向以及"重点学校"制度的设立，深刻体现出基本公共教育服务供给"效率优先""兼顾公平"的价值导向。正是在"效率优先""兼顾公平"的价值导向及制度安排下，义务教育资源长期处于非均衡配置状态，以至于城乡、区域、校与校之间的教育质量存在较大差距，致使一些学生受制于基本公共教育服务非均衡供给而"输在了起跑线"上，进而产生了严重的教育不平等问题③。直至今日，城市与农村、重点学校与普通学校之间的教育质量差距，依然是阻碍教育公平实现的结构性壁垒。

（三）提供公平而有质量的教育

进入"人民教育政府办"的发展阶段，徘徊在"公平"与"效率"之间基本公共教育服务体制改革开始寻求新的价值平衡点④，着力解决"效率优先""兼顾公平"引发的教育不平等问题。继 2001 年出台《国务院关于基础教育改革与发展的决定》之后，各项推动教育公平的改革举措相继实施。在促进教育公平的价值导向下，教育发展与改革的目标定位引用了"均衡"这一经济学术语，提出将"义务教育均衡发展"作为一项战略性任务重点推进。自 2005 年 5 月教育部制定《关于进一步推进义务教育均衡发展的若干意见》开始，"均衡发展"便成为义务教育供给制度变革的基本导向，并持续影响着供给侧改革

---

① 何东昌.中华人民共和国重要教育文献 [M].海口：海南出版社，1998：1607.
② 袁振国.论中国教育政策的转变：对我国重点中学平等与效益的个案研究 [M].广州：广东教育出版社，1999：38.
③ 唐俊超.输在起跑线：再议中国社会的教育不平等（1978—2008）[J].社会学研究，2015（3）：123-145.
④ 鲍传友，冯小敏.徘徊在公平与效率之间：中国基础教育管理体制变迁及其价值向度 [J].教育科学研究，2009（5）：27-33.

的实践策略。2010 年 7 月颁布的《国家中长期教育改革和发展规划纲要（2010—2020）》进一步提出教育公平是社会公平的重要基础，国家教育政策的基本导向就是促进教育公平，关键是促进教育机会公平，保障公民享有平等的受教育权利，重点举措则是通过合理配置教育资源推进义务教育均衡发展。

从"非均衡发展"向"均衡发展"的政策调整，体现了从"效率优先"向"公平优先"的价值转向[①]。"两基"目标实现后，从中央至地方推出了一系列促进义务教育均衡发展的改革举措，首先是巩固"两基"的发展成果，全面解决适龄儿童"有学上"的问题。从教育公平的角度来说，"有学上"实质上是保证入学机会的公平性，即在"起点公平"的意义上保障适龄儿童最基本的受教育权利。但在新的变革时代，"人人有学上"的问题已经得到了解决，教育改革的焦点是解决"人人上好学"的问题。为此，2017 年 10 月 18 日，党的十九大报告对教育改革与发展做出了新的决策部署，即在建设教育强国的新征程上，要努力让每个孩子都能享有公平且有质量的教育。根据中央的顶层设计，各级地方政府及教育主管部门围绕"有质量的教育公平"这一新的价值导向[②]，深入推进基本公共教育服务供给侧结构性改革，从而使教育改革与发展的成果更加公平地惠及广大人民群众。

可以预见的是，历经 70 多年漫长而曲折的制度变迁过程，从"人民教育国家办"时期具有阶级属性的教育平等观，到"人民教育人民办"时期效率优先、兼顾公平的价值导向，再到"人民教育政府办"时期提供公平而有质量的教育，基本公共教育服务供给制度的价值定位正朝向促进教育公平、提升教育质量的双重目标不断趋近。各级政府致力于为民众提供更加公平而有质量的教育，必然成为新时期基本公共教育服务供给侧改革的主旋律。

二、一主多元：服务型政府趋向的主体结构变革

回溯中华人民共和国成立以来义务教育供给制度变迁的历史脉络，从"人民教育国家办"到"人民教育人民办"再到"人民教育政府办"的制度变迁轨迹，隐含着"服务型政府"责任"归位"的变革逻辑。定位于国家予以优先保障的公益性事业，义务教育被纳入由政府提供的基本公共服务范畴。

---

① 阮成武. 我国义务教育均衡发展政策的演进逻辑与未来走向［J］. 教育研究，2013（7）：37 - 45.

② 郑石明，邹智. 迈向有质量的公平：中国教育公平政策变迁与转型逻辑［J］. 清华大学教育研究，2018（5）：29 - 37.

（一）服务型政府的基本公共教育服务供给责任定位

2003 年召开的党的十六届三中全会明确指出，要将"公共服务"作为政府职能转型的重要导向，各级政府在完善经济调节、市场监管的同时，更加注重履行社会管理和公共服务职能。2006 年 10 月，党的十六届六中全会通过的《关于构建社会主义和谐社会若干重大问题的决定》进一步明确了建设"服务型政府"的目标导向。自此，我国开启了从"管制型政府"向"服务型政府"转型的行政管理体制改革进程，这一转型也深刻影响着公共服务的制度变迁趋势①。包括义务教育在内的基本公共服务，也在建设"服务型政府"的总体框架下，不断改革供给制度以顺应政府职能转变的基本导向。

所谓的"服务型政府"是指在"公民本位、社会本位理念指导下，在民主秩序的制度框架下，通过法定程序，按照公民意志组建起来，以为人民服务为宗旨，并承担服务责任的政府模式"②。与"管制型政府"相比，"服务型政府"的职能设置发生了重要变化。为了适应高度集权的计划经济体制，"管制型政府"在政府本位、权力本位的思维模式下，将行政权力的触角延伸至经济社会发展的各个领域，致使政府职能出现"越位""错位"和"缺位"相互并存的混乱局面。因此，"服务型政府"主张在公民本位、权利本位的价值导向下重新界定政府的职能定位，将政府"管不好""管不了""不该管"的公共事务移交给市场和社会，集中精力在保障公民权利、维护公平正义、提供公共服务等领域履职尽责，始终坚持"以民为本""为民服务"的政府治理理念。在此基础上，政府与公民之间的关系在新的层次上实现了真正的平等，且能够在提供公共服务的过程中基于协商、合作建立互动关系③。

在建设服务型政府的目标导向下，全面建立与社会经济发展水平相适应的公共教育服务体系，便成为教育领域内全面深化改革的重要内容。《国家中长期教育改革和发展规划纲要》（2010—2020）提出的战略目标是到 2020 年，建成覆盖城乡的基本公共教育体系，逐步实现基本公共教育服务均等化，重点举措就是明确各级政府责任，推动政府职能转变和简政放权，深化教育管理体制改革。更为重要的是，在"人民教育政府办"的制度安排下，各级政府努力将

① 姜晓萍，邓寒竹.中国公共服务 30 年的制度变迁与发展趋势［J］.四川大学学报（哲学社会科学版），2009（1）：29-35.

② 刘熙瑞，段龙飞.服务型政府：本质及其理论基础［J］.国家行政学院学报，2004（5）：25-29.

③ 施雪华."服务型政府"的基本涵义、理论基础和建构条件［J］.社会科学，2010（2）：3-11.

教育优先发展的战略付诸实践,将提供包括义务教育在内的基本公共教育服务作为政府职能的应然性体现,对"人民教育人民办"的政府责任缺失问题进行制度性纠偏。正如《中华人民共和国义务教育法》第五条规定,各级人民政府及其有关部门应当履行本法规定的各项职责,保障适龄儿童、少年接受义务教育的权利。在依法行政、依法治教的制度规约下,为公民提供基本公共教育服务已然成为建设"服务型政府"的应有之义。

义务教育这一基本公共服务已经在"十二五"期间被纳入国家基本公共服务规划范畴。2017年3月1日,国务院印发"十三五"推进基本公共服务均等化规划的通知,明确提出"享有基本公共服务是公民的基本权利,保障人人享有公共服务是政府的重要职责"①,与此同时,规划提出要培育多元化的供给主体,推动基本公共服务供给方式多元化。

(二)基本公共教育服务一主多元的供给主体结构

公共服务民营化的倡导者萨瓦斯(E. S. Savas)认为,"政府服务多以无竞争且不受管制的垄断方式运营,这种情况下的官僚结构具有无能和无效率的内在特性"②。因此,萨瓦斯提出在区别公共服务"生产者"与"提供者"的基础上,可以建构公共服务供给的多中心制度安排。与萨瓦斯研究旨趣相同的是美国学者约翰·E. 丘伯(John E. Chubb)和泰力·M. 默(Terry M. Moe),他们在《政治、市场和学校》一书中详述了公共教育服务市场化的基本主张。通过比较美国公立学校与私立学校的制度环境,他们发现私立学校之所以比公立学校更加高效地提供教育服务,原因就在于私立学校"拥有更多独立于外部科层制控制的自主权"③。不难发现,在提倡民营化或市场化改革的学者看来,若要提高公共教育服务供给质量和公共教育资源配置效率,关键的改革举措就是打破政府垄断。因为在其看来,政府作为公共教育服务唯一的供给主体,不可避免地会出现"政府失灵"问题。

关于基本公共教育服务供给中的"政府失灵"问题,其实早已在"人民教

---

① 中华人民共和国政府网. 国务院关于印发"十三五"推进基本公共服务均等化规划的通知 [EB/OL]. http://www.gov.cn/zhengce/content/2017-03-01/content_5172013.htm, 2017-03-01/2019-07-01.

② E·S. 萨瓦斯. 民营化与公私部门的伙伴关系 [M]. 周志忍,译. 北京:中国人民大学出版社,2002:94.

③ 约翰·E. 丘伯,泰力·M. 默. 政治、市场和学校 [M]. 蒋衡,等译. 北京:教育科学出版社,2003:27.

育国家办"时期有所显现。政府垄断基本公共教育服务供给是"人民教育国家办"的显著特征，也是计划经济体制下"全能型政府"的必然产物。1985 年《中共中央关于教育体制改革的决定》启动了以"简政放权"为核心的改革进程，确立了"地方负责、分级管理"的教育管理体制。进入 20 世纪 90 年代中期，随着我国市场化改革进程的推进，教育改革的主要任务就是建立与社会主义市场经济相适应的教育体制。1993 年 2 月颁布的《中国教育改革和发展纲要》（以下简称《纲要》），凝聚了新时期教育改革发展的总体方针。《纲要》提出要"改革包得过多，统得过死的体制"，强调在政府简政放权的基础上落实学校办学自主权，由（政府）对学校的直接行政管理，转变为运用立法、拨款、规划、信息服务、政策引导和必要的行政手段，进行宏观管理。《纲要》同时建设性地提出，建立适应社会主义市场经济体制和政治、科技体制改革需要的教育体制。以此为据，教育改革的风向标从中央向地方放权、政府向学校赋权两个关系维度，拓展到中央—地方、政府—学校、政府—市场三个关系维度的分权，教育领域内的分权化改革进入新阶段。

在持续深入的分权化改革过程中，基本公共教育服务供给主体多元化趋势开始显现。2002 年《中华人民共和国民办教育促进法》颁布，规定民办学校与公办学校具有同等的法律地位，为推动民办教育发展提供了法律依据。民办教育的兴起不仅改变了公办教育"一统天下"的办学格局，同时也为满足民众多元化的教育需求提供了选择机会。随后，大量的法律法规、政策性文件相继制定并出台，鼓励社会力量兴办教育，并通过购买学位、委托管理、第三方评估等实践形式，在教育领域积极推进政府向社会力量购买公共服务[①]。

总之，通过对中华人民共和国成立 70 多年以来义务教育供给制度变迁的历时性考察，我们不难发现在国家推动基本公共教育服务供给侧改革的过程中，供给责任的调整逐步趋向"服务型政府"的职能设置，即不断强化"人民教育政府办"的制度变革逻辑，使政府供给义务教育这一基本公共服务的法定责任向着制度化、规范化的轨道行进。在强化政府供给责任的同时，多元化供给主体的出现深刻影响着基本公共教育服务的变革逻辑，"政府主导型复合供给模式"的整体构想也在实践中不断拓展[②]，基本公共教育服务"一主多元"

---

① 张眉，魏建国. 教育领域的政府购买服务研究 [J]. 教育经济评论，2017（3）：70 - 86.

② 吕普生. 政府主导型复合供给：中国义务教育供给模式整体构想 [J]. 中国行政管理，2017（1）：102 - 108.

供给主体结构逐步形成，政府、市场、社会、学校之间呈现出互动、竞争乃至合作的新型关系。

三、权责调整：科层化集权趋向的体制机制变革

政府间权责关系的调整是贯穿基本公共教育服务供给制度变迁的基本内容，也是推动基本公共教育服务供给侧改革的重要举措。如何在层级节制的政府组织结构内部，科学、合理地划分包括义务教育在内的基本公共教育服务事权与支出责任，世界各国有着不尽相同的制度安排。但总体而言，大致可以归类为集权、分权、集权与分权相结合三种"理想类型"。就我国政府间的权责关系调整看，从"以乡镇为主"到"以县为主"再到"省级统筹"和"各级政府共同承担"，政府间的义务教育供给责任调整具有明显的"集权化"趋向，并通过压力型动员体制、目标管理责任制、项目制等体制机制变革，在科层组织内部不断强化政府的基本公共教育服务供给责任。

（一）政府间权责关系调整的集权化趋向

回溯我国基本公共教育服务供给制度变迁的历史进程可以发现，从 20 世纪 80 年代开始，基本公共服务教育供给制度内嵌于一个高度"分权化"的制度环境中。为了强化地方政府的基本公共教育服务供给责任，中央推动基本公共教育服务供给制度变迁的举措之一就是将"发展基础教育的责任交给地方"，从而确立了"地方负责、分级管理"的管理体制。经过科层体制内部的权责博弈，义务教育供给责任由中央向地方层层下移，最终形成了"以乡镇为主"的供给责任配置。

但财政收支关系的不对称使得"以乡镇为主"面临重重困境，特别是1994 年实施分税制改革以来，"小马拉大车，大车拉小马"的权责失衡问题愈发严重。相关学者统计，义务教育经费投入一度出现乡镇财政负担 78％，县级财政负担 9％，省级财政负担 11％，中央财政负担 2％的失衡局面[1]。对于承担义务教育供给责任的乡镇政府而言，真可谓是"小财政"顶着"大教育"[2]。2001 年推行农村税费改革之后，教育费附加、教育集资等预算外收入的取消，使本就捉襟见肘的乡镇财政更加"空壳化"，实在难以承担义务教育

---

[1] 李彬. 乡镇公共物品制度外供给分析［M］. 北京：中国社会科学出版社，2004：89.

[2] 陈潭. 乡镇公共服务供给的体制困境与转轨路向［J］. 中国行政管理，2008（5）：107－111.

供给重任。

为了破解"以乡镇为主"的义务教育供给困境，中央政府于 2001 年开始推行"地方负责、分级管理、以县为主"的教育管理体制变革。作为农村税费改革的配套性措施，从"以乡镇为主"到"以县为主"的供给责任上移，无疑体现出集权趋向的制度变革逻辑。但税费改革"财权上移、事权下沉"的整体趋势同样对县级财政产生重大冲击，进而降低了包括义务教育在内的公共服务供给水平[①]。对于义务教育这一基本公共服务而言，世界各国较为通行的制度安排是由中央和省级政府承担主要供给责任，但在较长的历史时期内，我国义务教育供给主要是由财政能力相对薄弱的县乡两级政府承担。本应发挥重要作用的省级政府，却在很大程度上扮演着"二传手"的角色，主要负责向下传达中央的政策指令，或将基层政府的困境上报中央政府[②]。在转移支付制度尚未完善的情况下，中央政府的义务教育供给责任也未充分落实。

进入 21 世纪以来，在"人民教育政府办"的制度安排下，政府间权责关系调整的"集权化"趋向更加明显，基本公共教育服务制度改革的核心举措就是在"以县为主"的基础上，强化中央政府和省级政府的义务教育供给责任。2005 年，针对农村教育经费保障机制改革的《新机制》对中央政府和省级政府的责任定位给予了更加明确的规定，通过转移支付制度建立起"分项目、按比例"的责任分担机制，并不断强化省级政府的教育统筹责任。可以说，从"以乡镇为主"到"以县为主"再到"省级统筹"和"各级政府共同承担"，政府间的义务教育供给责任调整具有明显的"集权化"趋向，科层化集权取向的变革逻辑也深刻影响着基本公共教育服务供给责任的实现机制。

（二）科层化集权趋向的体制机制变革

在"人民教育国家办"与"人民教育人民办"时期，无论以"用革命的方法办教育"，发动人民群众的力量办教育，还是确立"地方负责、分级管理"的管理体制，中央政府之所以能够充分调动民众、地方政府的办学积极性，凭借的正是"压力型体制"与"目标管理责任制"建构的制度保障。所谓的"压力型体制"是指一级政府组织（县、乡）为了完成上级政府下达的各项指标，

---

① 周黎安，陈祎. 县级财政负担与地方公共服务：农村税费改革的影响 [J]. 经济学（季刊），2015（2）：417 - 434.

② 范先佐，郭清扬，付卫东. 义务教育均衡发展与省级统筹 [J]. 教育研究，2015（2）：67 - 74.

"采取的数量化任务分解的管理方式和物质化的评价体系。"① 在"压力型体制"营造的制度环境下，下级政府会调动一切资源完成上级政府的政策意图，甚至做出"上有所好、下必甚焉"的策略选择，将各类指标层层加码、逐级分派，以求超额完成目标任务。所谓"目标管理责任制"，就是通过设置特定的指标体系和考核方式，在基层政权实践过程中形成一套以"责任—利益连带"为主要特征的制度性联结②。"目标管理责任制"作为权威体制的一种实践形式，使得基层政权在实践运行中呈现出某些鲜明的制度特征。首先，在基础政权的运行过程中，目标管理责任制为"政治"与"行政"的协同运作提供了制度保障。在各项任务目标的具体分解过程中，往往将党政一把手设定为"第一责任人"，如此一来，党参与行政事务就具备了合法性，党的领导作用也得到了保证。

20 世纪 90 年代，"普九攻坚战"在全国范围内展开。根据中央政府的决策部署，各级人民政府及其教育主管部门要将"基本普及九年义务教育""基本扫除青壮年文盲"作为教育改革与发展的"重中之重"，并通过"压力型体制"和"目标管理责任制"提供的制度激励，将普及义务教育的成绩作为官员考核的重要内容。具体做法就是，在"普九"和"两基"工程的评估验收中，各级政府通过会议动员、签订目标责任书、评估通报、阶段检查、年度总结，甚至"一票否决"的方式对相关责任人进行考核和奖惩，特别是建立党政"一把手"的责任追究机制，将"普九"目标层层分级，并督促"第一责任人"狠抓落实。从而以强大的政治动员能力驱动地方政府贯彻中央的决策部署，完成基本普及九年义务教育这一重要的"政治任务"。但一些地区不顾地方财政能力和教育资源承载能力的"普九攻坚战"，不仅使地方政府背负了沉重的"普九"债务，更造成了农村义务教育供给水平的长时期低位徘徊。

随着从"以乡镇为主"到"以县为主"再到"各级政府共同承担"的供给责任上移，项目制的运作逻辑开始发挥作用。1994 年的分税制改革以及 2001 年后逐步推行的农村税费改革，是影响义务教育供给制度变革的重要因素。在"人民教育政府办"时期，教育费附加、教育集资等预算外收入是支撑农村教育发展的重要经费来源。为了缓解分税制改革和农村税费改革对于基层政府造

---

① 荣敬本，崔之元，王拴正，等. 从压力型体制向民主合作体制的转变：县乡两级政治体制改革 [M]. 北京：中央编译出版社，1998：28.

② 王汉生，王一鸽. 目标管理责任制：农村基层政权的实践逻辑 [J]. 社会学研究，2009（2）：61-92.

成的财政压力,中央政府试图通过大规模的专项转移支付增加教育财政投入,从而将"项目制"的运作逻辑拓展到义务教育供给制度的实践形式中①。中央财政下发的教育专项转移支付资金主要涉及"农村中小学危房改造工程""贫困地区义务教育工程""农村寄宿制学校建设工程""农村义务教育薄弱学校改造""农村义务教育学生营养改善计划"等多个领域。而这些以"工程"和"计划"命名的实践形式,无疑是将中央下拨的专项转移支付资金作为教育经费的重要来源,从而充分展现了科层化集权取向的体制机制变革逻辑。

---

① 周飞舟. 财政资金的专项化及其问题兼论"项目治国"[J]. 社会,2012(1):1-37.

第四章 基本公共教育服务供给侧改革实践及其衍生效应

作为基本公共教育服务领域内的一项重大公共政策，义务教育学校布局调整是以问题为导向的供给侧改革实践。但透过义务教育学校布局调整这一政策实践的反思，发现政府单一向度、自上而下推动的"供给侧"改革极易陷入集体行动困境，甚至衍生出有悖于改革初衷的负面效应。为此，本书以湖北省J县为个案考察对象，对义务教育布局调整政策的议程设置、实施过程及实践成效进行了更加具体而深入的分析。在此基础之上，反思基本公共教育服务供给侧改革存在的现实问题。

第一节 基本公共教育服务供给侧改革的政策实践

诺贝尔经济学奖获得者阿玛蒂亚·森（Amartya Sen）曾这样说过，正义问题需要这样一个框架，即关注实际的生活与现实，而不只是停留在抽象的制度和规则之上，而"如何把公正原则的运作与人们的实际行为结合起来，正是对社会公正进行实践理性思考的核心"①。

相较于抽象的制度变迁逻辑，义务教育学校布局调整作为一项重大公共政策，是基本公共教育服务供给侧改革的重要实践。在"人民教育政府办"的制度安排下，义务教育被纳入基本公共服务供给范畴，着力推进以公平和质量为导向的均衡发展之路。但由于我国城乡、区域、学校之间的教育质量存在巨大差距，推进基本公共教育服务均等化面临多重挑战。与此同时，随着城镇化进程的推进以及计划生育政策效应的显现，学龄人口的数量及分布结构发生了剧烈变化，义务教育资源配置与学龄人口变化趋势不匹配的问题越

---

① 阿玛蒂亚·森. 正义的理念 [M]. 王磊，等译. 北京：中国人民大学出版社，2013：2-3.

来越明显。

2001 年 5 月，国务院发布的《关于基础教育改革与发展的决定》对义务教育学校布局调整进行了总体规划，提出按照小学就近入学、初中相对集中、优化教育资源配置的原则，合理规划和调整学校布局。随后，义务教育学校布局调整便成了"供给侧"改革的一项重要举措，即通过合理规划和调整学校空间布局，达到优化义务教育资源配置的目标，进而在推动基本公共教育服务均等化的基础上，为民众提供公平而有质量的教育。

一、义务教育学校布局调整政策的制定与实施

（一）制定义务教育布局调整政策的背景因素

就制定义务教育布局调整政策的现实背景而言，计划生育和城镇化两大因素的相互叠加，对义务教育阶段学龄人口的总体规模、空间分布产生了重要影响，进而对义务教育资源配置提出了新的挑战。与此同时，推进义务教育均衡发展、减轻县级政府的财政压力，也是制定义务教育布局调整政策的重要因素。

1. 学校布局调整是顺应学龄人口变动趋势的必然选择

从 20 世纪 80 年代以来，我国开始推行计划生育政策，对人口增长速度及规模进行管控。到 20 世纪 90 年代中后期，计划生育政策的社会效应开始显现。国家统计局公布的数据显示，我国人口出生率从 1990 年的 21.06‰下降到 2018 年的 10.94‰，人口出生率的下降导致学龄人口逐年减少。顺应学龄人口的变动趋势对义务教育学校布局进行调整势在必行。与此同时，随着城镇化进程的持续推进，我国已经进入了从"乡土中国"向"城市中国"转型的历史机遇期。国家统计局发布的《2018 年国民经济和社会发展统计公报》显示，2018 年年末全国大陆总人口 13.95 亿人，其中城镇常住人口8.31 亿人，流动人口 2.41 亿人，常住人口城镇化率达到 59.58%，户籍人口城镇化率为 43.37%[①]。可以说，在全国范围内，各级政府及教育行政部门都要统筹考虑城乡学龄人口变化趋势，使义务教育学校布局主动适应城镇化的发展进程。

---

① 国家统计局. 中华人民共和国 2018 年国民经济和社会发展统计公报［EB/OL］. http：//www. stats. gov. cn/tjsj/zxfb/201902/t20190228 _ 1651265. html，2019－2－28/2019－8－1.

2. 学校布局调整是促进义务教育均衡发展的核心举措

制定学校布局调整政策是推动义务教育均衡发展的核心举措，对于促进基本公共教育服务均等化具有重要意义。长期以来，我国义务教育受制于城乡二元结构的影响，乡村学校与城镇学校在办学条件、师资配置、教育质量上存在着较大差距。在"普九"过程中，"村村办小学""乡乡办初中"的学校布局为普及义务教育打下了坚实基础，保证了农村学龄儿童"有学上"的基本教育需求①。但过度分散化的学校布局显然难以形成规模效益，相对而言，集中化办学有利于降低单位办学成本，使有限的教育资源得到充分利用。学校布局调整政策的制定无疑为城乡义务教育均衡发展带来新的契机，教育主管部门希望通过撤销、合并一些农村小规模学校，促进教育资源的合理配置，改善农村学校的教育质量，使二元分割的城乡义务教育趋于融合。

3. 学校布局调整是县级政府减轻财政压力的重要举措

我国从 2001 年开始对义务教育供给制度进行重大调整，开始实行"在国务院的领导下，由地方政府负责，分级管理，以县为主"的管理体制，并将义务教育供给责任从"以乡镇为主"调整到"以县为主"。在实行"以县为主"的管理体制后，很多县级政府的财力难以支撑庞大的义务教育支出，而"村村办小学"这种较为分散化的空间格局，使本就捉襟见肘的县级财政更加难以"集中力量办大事"。同时，在分税制改革和农村税费改革影响下，中西部地区县级财政收不抵支的困境更为严重，许多县级政府的财政情况基本上是"吃饭财政"甚至"讨饭财政"②。在此背景下，为了减轻教育财政支出压力，义务教育学校布局调整便成为县级政府的"理性选择"。通过学校布局调整改变以往"撒胡椒面"式的教育经费投入模式，将有限的财政资源投到中心学校，在提高教育资源配置效率的同时降低办学成本，进而减少县级政府的教育财政支出。

（二）实施义务教育学校布局调整政策的具体要求

基于上述因素的综合考虑，2001 年 5 月，国务院发布的《关于基础教育改革与发展的决定》对义务教育学校布局调整做出了重要部署，提出"因地制

---

① 叶敬忠. 农村中小学布局调整的社会宏观背景分析 [J]. 中国农业大学学报（社会科学版），2012（4）：5-21.

② 邬志辉，史宁中. 农村学校布局调整的十年走势与政策议题 [J]. 教育研究，2011（7）：22-30.

宜调整农村义务教育学校布局。按照小学就近入学、初中相对集中、优化教育资源配置的原则，合理规划和调整学校布局"。同时，相关法律法规及政策性文件对义务教育学校布局调整政策的实施细则也做出了具体规定。

1. 保障学龄儿童"就近入学"的法定受教育权利

"就近入学"实际上是《中华人民共和国义务教育法》从"物理空间"这一客观要件保障适龄儿童、少年接受义务教育的法定权利，从而保证义务教育阶段"人人有学上"这一基本公民权利的实现。根据《中华人民共和国义务教育法》的规定，地方各级人民政府应当保障适龄儿童、少年在户籍所在地学校就近入学。在法律规定的基本框架内，义务教育布局调整必须严格遵守"就近入学"原则，确保适龄儿童平等接受义务教育的法定权利。2006 年 6 月 9 日，教育部《关于实事求是做好农村中小学布局调整工作的通知》进一步规定，各级政府及教育行政部门要根据"以人为本"的基本要求，"按照实事求是、稳步推进、方便就学的原则实施农村中小学布局调整，确保适龄儿童少年顺利完成九年义务教育"①。特别是对于农村小学和教学点的撤并，要充分保障学生"就近入学"的基本权利，防止因过度撤并造成农村学生失学、辍学等问题的产生。

2. 学校布局调整应坚持公平与效率并重的价值导向

公平与效率是义务教育学校布局调整的价值取向。就公平而言，《国家中长期教育改革和发展规划纲要（2010—2020）》明确指出，把促进公平作为国家基本教育政策，重点举措就是通过合理配置教育资源，推进义务教育均衡发展，缩小城乡之间、校与校之间的教育差距。在此价值导向下，布局调整作为促进义务教育均衡发展的重要举措，必然要在实施过程中以促进教育公平为行动准则。就效率而言，教育资源配置具有特定的经济属性，即过度分散化的空间布局难以形成规模效益，以至于有限的教育资源无法得到集约化利用。因此，在实施义务教育学校布局调整政策时，应坚持公平与效率并重的原则②。既不能因为过度追求规模效益而牺牲教育公平，也不能因为一味追求绝对的公平而牺牲效率。

---

① 中华人民共和国教育部. 关于实事求是地做好农村中小学布局调整工作的通知 [EB/OL]. http：//old. moe. gov. cn//publicfiles/business/htmlfiles/moe/moe_1317/201001/xxgk_81816. html，2006 - 06 - 09/2006 - 09 - 16.

② 白亮，万明钢. 城乡义务教育一体化发展中县域学校布局优化的原则与路径 [J]. 教育研究，2018（5）：36 - 41.

3. 严格规范地方政府的布局调整行为及学校撤并程序

实施学校布局调整政策的根本目的是促进教育资源合理配置，在推动义务教育均衡发展的过程中，促进基本公共教育服务均等化供给。2010 年 1 月 4 日，教育部印发的《关于贯彻落实科学发展观进一步推进义务教育均衡发展的意见》指出，地方各级政府及教育行政部门要以科学发展观为指导，在巩固九年义务教育普及成果的基础上，提升义务教育均衡发展水平。在此基础上，地方政府及教育行政部门"要进一步规范学校布局调整的程序，撤并学校必须充分听取人民群众意见，避免因布局调整引发新的矛盾"[①]。义务教育学校布局调整作为一项重大公共政策，涉及人民群众的切身利益，也关系到学校、教师、社区、街道及村集体的共同利益。不难推测，涉及资源重组、利用博弈的布局调整政策，极有可能引发相关利益主体的矛盾和冲突。因此，在实施义务教育布局调整的过程中需要严格规范地方政府的权责及行为，在依法行政、依法治教的原则下，建构科学、民主、规范的学校撤并程序，畅通民众的利益表达渠道。唯有如此，才能遏制地方政府盲目撤并学校，按照群众满意的原则实施义务教育学校布局调整政策。

二、撤点并校：地方政府布局调整的实践策略

（一）义务教育学校布局调整的实践形式及类型

义务教育学校布局调整可以采取多种实践形式，具体包括合并、兼并、改建、扩建、新建等形式[②]。就"合并"与"兼并"两种实践形式而言，本质上都属于"撤点并校"的范畴，普遍的做法是撤销一些规模小、质量差、生源不足的学校，通过整合教育资源将两所或几所学校归并到一所规模较大的学校，从而提高办学规模效益。就"改建"和"扩建"两种形式而言，则是在不改变现有学校地理位置的前提下，改善学校的办学条件，扩大办学规模，以此提高现有学校的教育资源承载能力。就"新建"这一形式而言，就是根据学龄人口及行政区划的变动趋势，在新的地理位置上开办学校，以此得到增加教育资源配置的目的。

---

① 中华人民共和国教育部. 关于贯彻落实科学发展观进一步推进义务教育均衡发展的意见［EB/OL］. http：//www. gov. cn/gongbao/content/2010/content_1653849. htm，2010 - 01 - 04/2019 - 09 - 18.

② 雷万鹏. 义务教育学校布局调整：研究进展与难题破解［J］. 华中师范大学学报（人文社会科学版），2014（5）：147 - 154.

上述义务教育学校布局调整形式与地方政府的行为选择相结合，又可以延伸出示范型、强制型以及强制与示范相结合三种类型①，具体的实践策略表现为：

1. 示范型调整方式

所谓示范型调整方式就是政府以典型案例为样板，通过示范效应的推广，在行政区域内逐步带动布局调整工作的实施。具体方式就是通过制定中长期学校布局调整规划，通过加强建设提高示范性学校的教育质量，使其有能力吸引周边的学生前来就读。示范型调整方式的优点在于充分考虑到了民众的接受程度，通过渐进式调整策略为民众提供更多的选择机会和选择时间，从而减少政府与民众在布局调整中的利益冲突。此外，学校、教师、社区、街道和村集体的利益诉求也会被考虑。概而言之，相关利益主体的诉求既可以得到地方政府的回应，也可以在一定限度上影响着义务教育学校布局调整政策的制定与实施。

2. 强制型调整方式

所谓的强制型调整方式是指政府凭借行政力量、自上而下强制推行义务教育学校布局调整。就这一实践形式而言，政府在布局调整中发挥着决定性作用，并且通过行政指令强制撤并一些学校，民众、学校及教师常常处于弱势地位，较为被动地接受政府的决策和规划。强制型调整方式的优点在于地方政府可以凭借强大的行政权力，在短期内顺利推进布局调整。但强制型布局调整方式的缺点也显而易见，由于相关利益主体的诉求难以进入政策议程，地方政府制定的布局调整规划很可能缺乏科学性和民主性。其结果可能导致地方政府强制推行的布局调整政策，在执行过程遭遇各种阻滞因素，甚至引发一定的利益冲突和社会矛盾。

3. 示范型与强制型相结合的调整方式

显而易见，这一布局调整形式在示范型与强制型两者之间选择了相对折中的路线。一方面，地方政府将若干规模小、质量低的学校合并到中心学校，通过提高中心学校的教育质量吸引生源；另一方面，地方政府对一些学校则进行强制撤并，即使遇到相关利益主体的阻挠，地方政府也会强制实施布局调整政

---

① 中西部地区农村中小学合理布局结构研究课题组. 我国农村中小学布局调整的背景、目的、方式、成效、问题及对策：基于中西部地区 6 省区 38 个县市 177 个乡镇的调查与分析 [J]. 华中师范大学学校（人文社会科学版）2008（7）：121 - 127.

策。示范型与强制型相结合的调整方式如同"胡萝卜加大棒",是布局调整过程中地方政府普遍采取的实践策略,目的是尽量减少布局调整中的利益冲突,同时又可以在短期内得到立竿见影的政策执行效果。

当然,上述义务教育学校布局调整的实践形式并非一成不变。在特定的任务情境下,地方政府会采取某一种方式推进布局调整,但随着任务导向的变化,地方政府也会做出适时的调整,或同时运用多种布局调整方式,以此应对现实环境中的具体问题。究竟采取哪一种实践形式,主要取决于地方政府实施布局调整政策的内外部环境。就内部环境而言,主要因素涉及地方政府的财政压力、政策执行力以及面临的政绩压力等;就外部环境而言,民众的接受程度和反对程度,学校和教师的认可度,社区、街道及村委会的自组织能力等,都会影响到布局调整的具体方式。总之,地方政府在布局调整过程中具体采取何种实践形式,涉及多元利益主体的相互博弈。

(二)撤点并校:地方政府推动布局调整的策略选择

尽管义务教育学校布局调整包含多种实践形式,但在政策执行过程中,地方政府推动布局调整的主要策略就是"撤点并校"。所谓的"撤点并校",就是撤销一批规模小、质量差、生源少的农村学校,将原有学校的生源、教师、办学资源等转移到规模较大的中心学校,进而通过集中化办学降低办学成本,提高教育资源的配置效率。"撤点并校"主要是根据"初中向城镇集中、小学向乡镇集中、教学点向行政村集中"的原则,将农村地区的小规模学校、教学点撤并到城镇地区的中心学校。换言之,在义务教育学校布局调整过程中,地方政府的实践策略就是撤并农村小规模学校及教学点,从过去的"分散化"办学转向"集中化"办学。在此过程中,地方政府的布局调整策略也呈现出一些典型的行为特征。

1. 对农村小规模学校及教学点进行了大规模撤并

中央政府强调合理规划、因地制宜的义务教育学校布局调整政策,却在地方政府的执行过程中演变为一场大规模、一刀切式的"撤点并校"活动。之所以这样说,是因为以"撤点并校"为实践形式的义务教育学校布局调整,其政策执行力度之大、地域涉及范围之广、社会影响之深远在我国教育政策乃至公共政策中实属罕见。《中国教育统计年鉴》数据显示,2001—2011年,我国小学学校数量从2001年的49.13万所减少至2011年的24.12万所,减少了近51%,其中农村小学数量从41.62万所减少到2011年的16.90万所,减少了近 60％。从 2001—2011 年城市、县镇和农村小学学校数量占学校总数比例的变动情况来看，城市和县镇学校数量在 2005 年前基本上呈现减少的态势。但城市和县镇小学学校数量自 2009 年开始呈现增加的态势，而农村小学学校数量则一直在减少，而且减少幅度巨大（表 4-1）。

表 4-1　2001—2011 年全国小学学校数量城乡分布的基本情况

单位：所

年份	学校总数量	城市小学数量	县镇小学数量	农村学校数量
2001	491 273	26 311	48 764	416 198
2002	456 903	25 950	46 949	384 004
2003	425 846	25 473	40 007	360 366
2004	394 183	23 445	33 420	337 318
2005	366 213	20 372	29 050	316 791
2006	341 639	16 999	29 588	295 052
2007	320 061	17 535	30 942	271 584
2008	300 854	17 339	30 474	253 041
2009	280 184	16 363	29 664	234 157
2010	257 410	16 400	30 116	210 894
2011	241 249	26 227	45 977	169 045

数据来源：《中国教育统计年鉴》。

2. 地方政府往往采取"一刀切"的方式推进布局调整

尽管中央政府一再强调，地方政府在推进义务教育学校布局调整过程中，要根据本地区内教育资源的承载能力，科学制定学校布局调整规划。首先，要严格遵守"就近入学"原则，确保适龄儿童平等接受义务教育的法定权利，特别是在偏远地区，应慎重撤并农村小规模学校和教学点，保障学生"就近入学"的基本权利。其次，要坚持因地制宜、实事求是的基本原则，统筹考虑学龄人口规模、社会经济发展水平、地理环境和气候条件等因素，制定符合本地区义务教育发展实况的布局调整政策。但在实践过程中，一些地方政府的布局调整策略简化为"一刀切"式的"撤点并校"，以至于学生的"就近入学"权利、各地区社会经济发展情况、自然环境及交通条件的差异性并未被充分考虑。

3. 地方政府的策略选择体现出"运动式"的行为特征

为了推动义务教育学校布局调整政策的顺利实施，中央政府为此设立了专项资金给予地方政府支持。其中包括"中小学布局调整专项资金""农村寄宿制学校建设工程"等。为了争取专项资金，一些地方政府开展了大规模的"撤点并校"。在"压力型体制"和"目标管理责任制"的制度环境下，义务教育学校布局调整甚至在各级政府压力层层传递、目标层层加码的过程中演变为一场运动式的"政绩工程"。为了纠正一些地方政府在"撤点并校"中的行为偏差，2012年9月，国务院办公厅发布的《关于规范农村义务教育学校布局调整的意见》指出，严格规范学校撤并程序，坚决制止地方政府盲目撤并农村义务教育学校。此后，义务教育布局调整进入了更加规范化、常态化的"后撤点并校"时代。

三、文字上移：义务教育布局调整的实践成效

如前所述，义务教育学校布局调整是以问题为导向的"供给侧"改革实践。但经过大规模的"撤点并校"，义务教育呈现出从"文字下乡"到"文字上移"的变迁图景。这一教育变迁图景不仅是义务教育布局调整的必然结果，更深刻影响着义务教育这一基本公共教育服务供给侧改革的实践成效。

（一）从"文字下乡"到"文字上移"的教育变迁图景

1. 文字下乡：嵌入到乡土社会的义务教育

"文字下乡"是费孝通先生在《乡土中国》这一经典著作中提出的概念。在费孝通先生看来，乡土社会一个显著特点就是熟人社会，而熟人社会的日常交往只需要语言作为交流工具，并不需要文字传达各种信息。当乡土社会中的人们遇到困难而寻求外界帮助时，只需要通过语言口口相传即可，"哪里用得着文字呢？"[1] 与费孝通先生研究旨趣不同的是，学界对"文字下乡"赋予了更加积极的进步意义，近代思想家借由这一概念阐释了教育的思想启蒙作用，以及教育在近代中国现代化进程中的重要角色。此后，"文字下乡"俨然成为乡村教育"国家化"运动的代名词。

历经百年的"文字下乡"运动，乡村教育由无到有、由少到多，逐渐嵌入乡土社会，成为乡村社会不可或缺的一个组成部分[2]。可以说，嵌入在乡土社

---

① 费孝通. 乡土中国 [M]. 北京：北京出版社，2011：24.
② 程天君，王焕. 从"文字下乡"到"文字上移"：乡村小学的兴衰起伏 [J]. 教育学术月刊，2014（8）：3-12.

会的现代学校俨然成为村落中的"国家"①，不仅成为国家意识形态植入乡土社会的重要载体，也在一定限度上影响着乡土社会的文明形态及其演化趋势。更为重要的是，"文字下乡"显示出国家在农村实施政权建设的历史进程，以及在这一历史进程中，国家与社会（农民）结成的双向互动关系。

2. 文字上移：悬浮于乡土社会的义务教育

"文字上移"是与"文字下乡"相对而言的一个概念，是国内学者为了描述义务教育城镇化趋向而提出的概念②。历经百年的"文字下乡"运动将教育嵌入乡土社会，然而，在大规模的"撤点并校"之后，农村义务教育开始出现"离土"倾向。从"一村一校"到"一镇一校"的空间布局变化，改变了义务教育与乡土社会的嵌入性关系，农村义务教育逐渐悬浮于乡土社会之上③，呈现出向城镇地区集中的发展趋势。

在"以县为主"的管理体制下，县级政府是承担农村义务教育供给责任的"轴心"，但庞大的教育财政支出驱使县级政府借"撤点并校"这一"良机"减轻财政压力，由此导致农村义务教育从村落中的"国家"走向"村落学校的终结"④。在全国范围内，"撤点并校"的政策执行力度之大、地域涉及范围之广、社会影响之深远实属罕见。伴随着学生进城、学校进城，义务教育城镇化趋势日趋明显，农村义务教育的"空心化"问题也随之愈演愈重。

《中国教育统计年鉴》的数据显示，2000 年农村小学数量共计59.78 万所，占全国小学数量的比例为81.70%；2015 年农村小学数量共计 20.02 万所，占全国小学数量的比例下降到70.60%。就在校生人数来看，2000 年农村小学在校生人数共计 8 503.71 万人，占全国小学在校生总人数的比例为 65.35%；2015 年农村小学在校生人数共计 2 965.90 万人，占全国小学在校生总人数的比例下降到了 30.60%（表 4-2、图 4-1、图 4-2）。与之相似，农村初中数量及在校生人数的比重，都呈现出大幅下降的趋势（表 4-3、图 4-3、图 4-4）。

---

① 李书磊. 村落中的"国家"：文化变迁中的乡村学校 [M]. 杭州：浙江人民出版社，1999：5.

② 熊春文. "文字上移"：20 世纪 90 年代末以来中国乡村教育的新趋向 [J]. 社会学研究，2009 (5)：110-140.

③ 姚荣. 从"嵌入"到"悬浮"：国家与社会视角下我国乡村教育变迁研究 [J]. 清华大学教育研究，2014 (4)：27-39.

④ 陈静漪，宗晓华. 中国农村义务教育供给机制变革及其效应分析：基于"悬浮型"有益品的视角 [J]. 江海学刊，2012 (4)：226-233.

表4-2 2000年、2005年、2010年、2015年全国小学数量和在校生人数城乡结构变化

单位:%

区域	2000年		2005年		2010年		2015年	
	学校	在校生	学校	在校生	学校	在校生	学校	在校生
城市	5.14	13.96	4.51	15.79	5.12	18.31	9.73	31.68
县镇	13.16	20.69	6.56	19.81	9.68	27.87	19.67	37.71
农村	81.70	65.35	88.92	64.40	85.20	53.82	70.60	30.60

数据来源:《中国教育统计年鉴》,其中,学校涵盖教学点的统计。

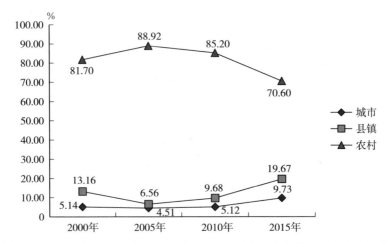

图4-1 2000年、2005年、2010年、2015年全国小学数量城乡变化趋势

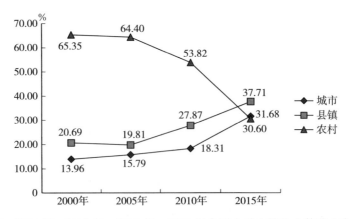

图4-2 2000年、2005年、2010年、2015年全国小学在校生人数城乡变化趋势

表4-3 2000年、2005年、2010年、2015年全国初中数量和在校生人数城乡结构变化

单位:%

区域	2000年		2005年		2010年		2015年	
	学校	在校生	学校	在校生	学校	在校生	学校	在校生
城市	17.56	16.78	13.18	16.78	13.28	20.07	21.95	33.42
县镇	25.75	27.64	27.99	38.10	34.43	46.10	45.64	50.29
农村	56.69	55.59	58.83	45.12	52.30	33.82	32.42	16.29

数据来源:《中国教育统计年鉴》,其中,学校涵盖初中、完全中学及九年一贯制学校。

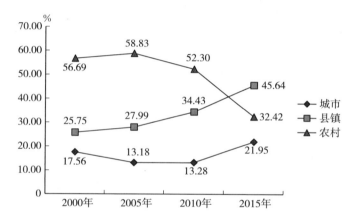

图4-3 2000年、2005年、2010年、2015年全国初中数量城乡变化趋势

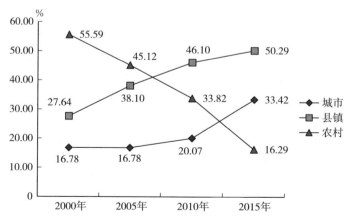

图4-4 2000年、2005年、2010年、2015年全国初中在校生人数城乡变化趋势

（二）义务教育学校布局调整政策的实践效应

1. 义务教育学校布局调整政策的积极成效

客观而论，实施义务教育学校布局调整政策为缩小城乡间、区域间、学校间的办学差距提供了有利条件。以往"村村办小学""乡乡办初中"的空间布局较为分散，难以实现规模效益。随着学龄人口不断从农村流向城镇地区，农村学龄人口不断减少，城镇学龄人口密度不断增加，义务教育城镇化有助于提高资源配置效率，改善学校办学条件，为巩固和提高义务教育供给水平贡献了积极力量①。与此同时，布局调整有助于提高农村学校的教育质量，促进城乡义务教育一体化发展。因为义务教育布局调整，一些规模小、生源不足、质量低下的学校被撤销或合并，校与校之间的教育差距逐渐缩小。而随着城镇化进程的推进，我国下一阶段义务教育学校布局调整的重点区域也将从农村转向城镇②，这也意味着，布局调整将在更大的范围内为义务教育均衡发展创造有利条件，从而为民众提供公平而有质量的教育。

2. 义务教育学校布局调整政策的负面效应

"上学远、上学难、上学贵"等问题的出现，可以说是义务教育布局调整最直观的负面效应。一些地方政府强势主导的"撤点并校"运动违背了"就近入学"的基本要求，加之校车服务、寄宿制学校建设等配套政策的滞后，上学路途遥远、上学过程艰难、家庭教育支出增加等问题尤为突出。这些问题的出现显然会对弱势群体的受教育权利产生不利影响。与此同时，在"撤点并校"过程中，一些地方政府依然按照"效率优先"的价值导向配置教育资源，财政收益最大化依然是支配地方行为的主要逻辑③。由于片面追求规模效益，无限扩张办学规模，由此导致"大班额""巨型学校"等问题的出现④。无论是班级规模抑或是学校规模，办学规模的无限扩张会带来诸多的负面影响，首当其冲就是教育质量难以保证。对于教师和学校管理者而言，班级规模和学校规模的无限扩大势必会加重工作负担，进而产生职业倦怠问题。更为深层次的矛盾

---

① 王定华. 关于我国农村义务教育学校布局调整的调查与思考 [J]. 华中师范大学学报（人文社会科学版），2012（6）：141-146.
② 刘善槐. 我国城镇义务教育学校布局调整研究 [J]. 教育研究，2015（11）：103-110.
③ 李祥云、魏萍. 财政分权、地方政府行为扭曲与城乡中小学布局调整 [J]. 当代财经，2014（1）：35-44.
④ 万明钢、白亮. "规模效益"抑或"公平正义"：农村学校布局调整中"巨型学校"现象思考 [J]. 教育研究，2010（4）：34-39.

是，一些地方政府在推动布局调整过程中独断专行，并未充分考虑到相关利益主体的合理诉求，以至于强制推行的"撤点并校"遭到了民众的抵制，甚至引发严重的社会冲突乃至群体性事件。

第二节　基本公共教育服务供给侧改革的个案评估

为了更加深入且具体地展现义务教育学校布局调整作为一项重要举措如何呈现基本公共教育服务供给侧改革效度，本书引入个案分析以增加论证的现实依据。以湖北省J县为个案分析对象，对义务教育学校布局调整政策的议程设置、实施过程及实践成效进行考察。

一、湖北省J县义务教育概况及学校布局调整规划

作为"人口大县"的湖北省J县亦是"教育大县"。在"十一五"期间，J县实现了普及义务教育及"两基"工程的评估验收，在"有学上"的基础上保障了民众的受教育权利。"十二五"期间，J县在推进义务教育均衡发展的大背景下，制定了从"教育大县"向"教育强县"迈进的发展规划，其中一项重点举措就是推进义务教育学校布局调整，通过优化教育资源配置提高义务教育供给水平，进而在促进基本公共教育服务均等化供给的基础上，满足民众"上好学"的教育需求偏好。

（一）J县教育发展概况及总体规划

J县位于湖北省中南部，地处江汉平原和长江、洪湖流域，因盛产水稻而素有"鱼米之乡"之誉。根据J县政府门户网站公布的统计数据，截至2017年，全县共有普通中学52所，专任教师3 788人，在校学生57 846人；其中，高中在校学生18 985人，初中在校学生38 861人。全县共有小学113所，专任教师4 048人，在校学生92 715人，适龄儿童入学率100%。幼儿园139所，专任教师1 393人，在园幼儿人数40 434人。特殊教育学校1所，专任教师23人，在校学生92人。

就教育发展的总体规模和在校生人数而言，J县可以说是名副其实的"教育大县"。在"十一五"（2006—2010年）期间，J县的义务教育事业发展取得了显著成效，小学适龄儿童入学率达100%，初中阶段入学率达到98%，青壮

年人口非盲率达到 98% 以上。随着"两基"成果通过省级政府的评估验收，J 县在义务教育阶段基本满足了"人人有学上"的需求。但由于城乡之间、校与校之间的教育质量存在较大差距，县域内义务教育非均衡发展的态势依然显著。

进入"十二五"时期，J 县被列为湖北省义务教育均衡发展试点县。根据《国家中长期教育改革和发展规划纲要》及《湖北省人民政府关于进一步推进全省义务教育均衡发展的意见》（鄂政发〔2010〕16 号）的相关要求，J 县随即制定了《教育事业"十二五"发展规划》，并出台了一系列改革举措，力争从"教育大县"迈向"教育强县"。在推进义务教育均衡发展的大背景下，办好每一所学校，教好每一个学生，成为 J 县教育改革与发展的核心目标。为此，J 县提出在巩固"普九"成果的基础上，推进义务教育全方位、高质量的均衡发展，具体任务包括在 3 年的时间内基本实现布局调整科学化、装备建设现代化、教师配备合理化、学校发展内涵化等目标，力争以推进义务教育均衡发展为战略重点办好"人民满意的教育"。

在 J 县制定的《教育事业"十二五"发展规划》中，学校布局调整成为推进义务教育均衡发展的重要抓手，2011 年制定的《义务教育学校布局调整规划》也被列入湖北省教育体制改革试点项目。事实上，随着城镇化进程的推进，J 县域内普遍存在农村学龄人口减少、城镇学龄人口增加的现象，在此背景下，亟须通过学校布局调整合理配置义务教育资源。《义务教育学校布局调整规划》的制定与实施，可以说是 J 县推进义务教育均衡发展的重要举措，以此适应学龄人口变动形势，优化教育资源配置，满足人民群众日益增长的优质教育需求。

（二）J 县义务教育学校布局调整方案

根据 J 县《国民经济和社会发展第十二个五年规划纲要》和《教育事业"十二五"发展规划》的相关要求，学校布局调整不仅是推进义务教育均衡发展的必经之路，同时也是推动城镇化进程的必然要求。为此，J 县制定了《义务教育学校布局调整规划》，对义务教育学校布局调整的基本原则和保障措施做出了具体规定，意图在"十二五"期间深入推进义务教育均衡发展，在此基础上实现基本公共教育服务均等化供给。

1. J 县义务教育学校布局调整的基本原则

（1）坚持育人为本的原则。坚持育人为本，满足人民群众接受高质量义务教育的新需求，通过深入推进义务教育学校布局调整，优化教育资源配置，为实施素质教育、促进学生德智体美全面发展创造有利条件。

（2）坚持均衡发展的原则。结合工业化、城镇化发展的新趋势，促进义务教育与经济社会同步发展，与学龄人口变动协调发展，以学校布局调整为重点改革举措，促进城乡、区域、校与校之间义务教育均衡发展。

（3）坚持规划先行的原则。结合经济社会发展与教育发展的总体趋势，事先制定义务教育学校布局调整规划，在科学、民主决策的基础上，制定布局调整的配套政策，规范布局调整程序，严格按照法定程序实施布局调整规划。

（4）坚持注重效益的原则。学校布局调整的目的是优化教育资源配置，提高办学规模效益，因此，应坚持新建与改造相结合的方式，提高教育资源的配置效率，节约建设资金，集约用地安排，防止新增债务的产生。

2. J县义务教育学校布局调整的保障措施

（1）强化政府责任。县政府负责全县义务教育学校布局调整工作的统筹规划，各乡镇（管理区）人民政府负责本辖区内的义务教育学校布局调整工作的具体实施，相关职能部门在各自的职责范围内协同推进义务教育学校布局调整工作的开展。

（2）增加财政投入。调整县财政支出结构，依法落实教育经费"三个增长"，争取专项资金扶持，不得挪用义务教育转移支付资金；加大政府财政基本建设资金、政府土地出让金收入、福彩、体彩等公益资金对义务教育的投入力度；对学校校舍建设按政策规定实行税费减免。

（3）深化资金统筹。县政府设立"义务教育学校布局调整资金管理专户"，统筹安排义务教育转移支付资金、国家农村中小学校舍维修改造长效机制资金、国家中西部初中学校建设和农村寄宿制学校建设资金、"中小学校舍安全工程"资金、"农村初中校舍改造工程"资金、城市教育费附加和地方教育附加资金。

（4）完善制度建设。随着布局调整工作的展开，各种问题及矛盾必然相伴而生，为此，县委县政府要求相关部门完善布局调整的制度建设及配套政策，保障学校布局调整工作的顺利实施。

二、湖北省J县义务教育学校布局调整的实施过程

事实上，在2011年制定《义务教育学校布局调整规划》之前，J县自1999年开始实施了四次大规模的义务教育学校布局调整。J县《义务教育学校

布局规划情况汇报》以及《农村中小学布局调整情况专项审计调查》显示，每一次布局调整工作都取得了一定的成效，并对义务教育供给成效产生了重要影响。

（一）J县义务教育学校布局调整的历史沿革

1. 实施第一次义务教育学校布局调整：1999 年

早在 1999 年，J 县政府就印发了《中小学布局调整规划》（县政发〔1999〕37 号）。根据规划的具体要求，义务教育布局调整以"四个有利于"为目的，即有利于扩大办学规模，充分发挥办学的规模效益；有利于教育资源的合理配置，有效地改善办学条件；有利于优化教师队伍，充分利用现有师资条件全面提高教育质量；有利于全面实施"科教兴县"战略，切实巩固和提高"普九"成果。在"四个有利于"的目标导向下，J 县初步对义务教育学校进行了布局调整。截至 2001 年，全县小学数量由 774 所调整为 545 所，合计减少了 229 所小学；初中数量由 74 所调整为 61 所，合计减少了 13 所初中。

2. 进行第二次义务教育学校布局调整：2002 年

2002 年，农村税费改革逐步在全国范围内推广，J 县以此为契机，配合乡镇机构改革和人事制度改革，继续开展义务教育学校布局调整工作。此次布局调整确立了"三个结合"的总体目标，即义务教育布局调整与学校危房改造相结合，与教育人事制度改革相结合，与农村教育长远发展相结合。与此同时，县委县政府及教育主管部门在推进布局调整的过程中，也提出了因地制宜、科学规划、讲求效益、积极稳妥的原则。但从 2001 到 2003 仅仅两年的时间，小学数量从 545 所迅速减少到 433 所，共计减少了 112 所小学。此时初中适龄少年正值人口高峰期，因而并未纳入义务教育学校布局调整规划。

3. 开展第三次义务教育学校布局调整：2007 年

2007 年，J 县进一步加大了义务教育学校布局调整力度，并在 1999 年《中小学布局调整规划》的基础上，制定了《中小学布局调整方案》（县政办发〔2007〕8 号）。该方案提出为了巩固"普九"成果，提高办学质量，要进一步整合教育资源，大力推进农村中小学布局调整。同时方案提出，要将县域内的小学数量由 433 所调整为 225 所，初中数量由 59 所调整为 45 所。可以说，这一次布局调整力度是空前的，小学数量实际缩减到 131 所，相比 1999 年的 774 所小学而言，在不到 10 年的时间内，83％以上的小学被撤销或者合并。初中数量实际缩减到 46 所，相比 1999 年的 74 所而言，撤并幅度达到了 37％以上。

4. 推进第四次义务教育学校布局调整：2011 年

进入"十二五"时期，J 县进行了第四次义务教育学校布局调整。与以往不同的是，在广泛调查、反复讨论、充分论证的基础上，J 县专门编制了详尽的《义务教育学校布局规划》。同时，J 县的义务教育布局调整工作被列入湖北省教育体制改革试点项目，接受省级政府开展的义务教育均衡发展督导评估。根据《义务教育学校布局规划》的总体要求，J 县规划到 2015 年，将县域内义务教育学校调整为初中 34 所、九年一贯制 11 所、完小 121 所、初小 11 所、教学点 68 所、特殊学校 1 所。从中可以看出，此时的 J 县布局调整工作已经进入了相对规范化、制度化的"后撤点并校"阶段。根据规划先行的原则，J 县对"十二五"期间的义务教育布局调整工作制定了更加具体的实施细则。

（二）"十二五"期间义务教育学校布局调整的实施情况

1. 根据学龄人口变动趋势调整学校布局

J 县 2011 年发布的《义务教育学校布局规划情况汇报》以及 2012 年公布的《农村中小学布局调整情况专项审计调查》显示，2011 年，J 县的人口出生率为 11.93‰，城镇化率为 32.1%，全县常住人口为 155.1 万人，其中城镇人口为 47.12 万人，占常住人口的 30.4%。以此为据，J 县对学龄人口的变化趋势进行了预测，认为义务教育学龄人口到 2015 年向县城或中心集镇转移的数量为 3.33 万人，主要集中在容城镇、朱河镇、新沟镇、白螺镇及新农村建设试验区、仙洪试验区等 12 个乡镇集镇所在地，并预测 2016—2020 年这一趋势将继续加剧。根据学龄人口向城镇地区转移的变动趋势，J 县决定进一步推进义务教育学校布局调整，撤销部分成班率低、不能组成完整建制的村小和初中，在新城区、城乡结合部、新农村建设试验区新建一批学校，使义务教育学校布局与学龄人口变化趋势相适应。

2. 强化政府责任及其部门协同工作机制

为了加强对义务教育学校布局调整的工作领导，J 县专门成立了义务教育学校布局调整领导小组，组长由县人民政府县长担任，副组长由县委副书记、县政府副县长担任，成员由县政府办公室、县教育局、县财政局、县发改局、县建设局、县房产局、县土地局、县公安局、县监察局、县司法局、县审计局、县物价局、各乡镇（管理区）人民政府乡镇长（主任）组成，领导小组下设办公室，办公室主任由县教育局局长担任。成立义务教育学校布局调整领导小组的目的不仅是为了强化政府责任，更重要的是建立部门协同工作机制，使相关职能部门在合作共治的基础上，协同推进义务教育布局调整政策的实施。

3. 加强义务教育布局调整配套设施建设

为了推动"十二五"期间义务教育学校布局调整工作的顺利实施，J县制定了相应的配套政策及保障措施。具体而言，2011年在容城镇、红城城乡结合地带新建一所现代化的九年一贯制学校，计划总投资1.31亿元，规划教学班90个，校园面积20万平方米，规划总建筑面积1.2万平方米；2012年对网市小学、白螺中学、白螺小学进行整体搬迁，同时新建J县寄宿制学校，计划投资5 794万元，规划校园面积15万平方米，规划建筑面积4.5万平方米；2013年易地重建红联小学、郭铺小学。在2011—2013年进行学校布局调整基础上，加强义务教育学校标准化建设、保育式寄宿制学校建设、学校安全等配套设施建设。

三、湖北省J县义务教育学校布局调整的效果评估

应该肯定的是，J县义务教育学校布局调整在促进县域内义务教育均衡发展、改善农村学校办学条件、提高义务教育资源配置效率、回应民众教育需求等方面取得了初步成效。但与此同时，大规模"撤点并校"所形成的后续效应日益凸显，并衍生出一系列现实问题和社会矛盾。这些问题和矛盾不断积聚，其产生的负面效应甚至在一定限度上有悖于义务教育学校布局调整的政策初衷，使县域内基本公共教育服务供需失衡并未得到根本扭转。

(一)"上学远""上学难""上学贵"等问题的出现

根据《中华人民共和国义务教育法》的相关规定，地方各级人民政府应当保障适龄儿童、少年在户籍所在地学校就近入学。以此为据，地方政府在推动义务教育布局调整的过程中，必须严格遵守"就近入学"的法律规定，保障适龄儿童、少年接受义务教育的基本权利。2006年教育部发布的《关于实事求是做好农村中小学布局调整工作的通知》已经明确说明，各级政府及教育行政部门要按照就近入学的原则实施布局调整，确保适龄儿童、少年顺利完成九年义务教育[①]。但考察J县义务教育学校布局调整政策的实施成效可以发现，大

---

① 中华人民共和国教育部. 关于实事求是地做好农村中小学布局调整工作的通知 [EB/OL]. http://old. moe. gov. cn//publicfiles/business/htmlfiles/moe/moe_1317/201001/xxgk_81816. html，2006 - 06 - 09/2006 - 09 - 16.

规模的"撤点并校"严重违背了"就近入学"的基本要求，由此导致"上学远""上学难""上学贵"等问题的出现。

"上学远"无疑是 J 县"撤点并校"之后最为突出的问题。根据中央对于义务教育布局调整的基本要求，学校布局依据本地城镇化发展规划和新农村建设规划，合理确定学校的服务半径，在方便学生就近入学的前提下，统筹城乡义务教育资源配置。但 J 县从 2010 年到 2015，县域内小学数量明显减少；小学的服务范围也明显缩小。经过分析发现，县域内的所有小学平均就学距离在"撤点并校"之后均有所增加，而就学距离的增加直接导致"上学远"问题的出现。

"上学难"是与"上学远"相伴而生的现实问题。在 J 县实施"撤点并校"之后，农村学生的就学距离显著增加，但由于校车服务、寄宿制学校等配套措施建设的相对滞后，"上学难"问题由此出现。目前 J 县提供的校车服务尚且不足，许多家长不得不亲自接送孩子往返学校。还有很多家庭选择租赁私家车辆接送孩子上下学，但由于监管缺位，私家"校车"存在严重的交通安全隐患问题。J 县公布的《农村中小学布局调整情况专项审计调查》显示，荷载 18 人的私家"校车"高峰时期竟超载到 48 人。同时，学校提供的寄宿床位也明显不足，更为严重的问题是，对于 1～3 年级的低龄儿童来说，尚缺乏生活自理能力，低龄寄宿对幼童身心成长的负面影响难以估量。

"上学贵"问题实际上是指家庭教育支出的增加。"撤点并校"给学生及家庭增加了额外的教育成本，包括时间成本、交通费用、食宿及住宿费用等。选择陪读的家庭可能会因租房陪读、误工等原因支付更高的教育成本。J 县《农村中小学布局调整情况专项审计调查》显示，一些受访家庭仅校车和寄宿两项支出一年就高达 2 789 元，这对于农村家庭而言无疑是比较沉重的教育负担。家庭教育支出的增加意味着在实施免费制的义务教育阶段，家庭反而因为"撤点并校"支付了"隐性"的教育成本。更为重要的是，教育支出的增加会对家庭困难学生造成更加不利的影响，甚至会出现隐性辍学、失学等问题，会严重损害弱势群体的受教育权利。

(二)"大班额""巨型学校"等问题的出现

在 J 县义务教育布局调整的实施过程中，由于过度追求规模效益，以及缺乏相对规范、民主的学校撤并程序，教育资源不断向城镇地区集中，由此导致"大班额""巨型学校"等问题的出现。根据《湖北省义务教育学校基本办学标准》的规定，完全小学、初中办学规模一般不超过 2 000 人，班额标准为小学 45 人/班，初中 50 人/班。但是实地调查显示，J 县在经过大规模的"撤点并校"之后，城镇地区的"大班额""巨型学校"问题极为突出，城镇地区的教育资源承载能力面临着更加严峻的挑战（表 4 - 4）。

表 4 - 4　J 县城镇地区中小学超规模办学情况统计表

学校名称	办学性质	隶属	在校生数（人）	班级数（个）	平均班额（人）
实验小学	公办	县直	4 538	60	76
玉沙小学	公办	县直	4 484	60	75
师范附小	公办	县直	2 209	29	76
新华小学	公办	容城镇	1 808	27	67
实验中学	公办	容城镇	2 599	39	67
第一初级中学	公办	县直	2 178	36	61
翔宇中学	民办	翔宇集团	5 698	89	64

（三）优质教育资源空间布局的非均衡趋势加剧

义务教育布局调整的根本目的是通过优化教育资源配置，在促进义务教育均衡发展的基础上，实现基本公共教育服务的均等化供给，从而使适龄儿童、少年能够在家门口获得优质教育资源。J 县在制定义务教育布局调整规划时，也一再强调办好每一所学校，教好每一个学生，在促进义务教育均衡发展的背景下，通过布局调整优化教育资源配置，提高民众的教育获得感和满意度。但经过多轮布局调整之后，优质教育资源进一步向城镇地区集中，城乡之间、校与校之间的教育质量差距非但没有缩小，反而加剧了"城镇挤""乡村弱"的结构失衡问题。

（四）学生"向城"流动导致"择校热"问题升温

在优质教育资源供给不足、非均衡配置的现实情况下，"择校热"问题的产生不可避免，甚至有愈演愈烈之势。J 县的布局调整导致优质教育资源不断向城区集中，农村学校的教育质量已经无法满足民众"上好学"的需求。随着经济收入水平的提高，一些农村富裕家庭开始通过"用脚投票"的方式为子女争取优质教育资源，进城"择校"已成为农村富裕阶层的"集体行动"。从微观层面看，进城"择校"是农村富裕阶层基于"成本—收益"分析而做出的理性选择；而从宏观层面看，这一"集体行动"也在不断冲击着 J 县的义务教育资源配置格局。J 县 2014 年城区小学招生情况的调查结果显示，在计划招生的 3 207 名学生中，符合"就近入学"条件的适龄儿童只有 2 098 人，其余的 1 172 人都属于跨区"择校生"，已经占到招生计划的 36%。然而，教育主管部门通过行政手段限制农村学生"进城择校"的各项措施均未取得显著成效，学生"向城"流动导致"择校热"问题出现持续升温的态势。

第三节 基本公共教育服务供给侧
改革的衍生效应

通过对湖北省 J 县的个案考察可以发现，作为基本公共教育服务供给侧改革的一项重要举措，义务教育布局调整政策并未达到促进基本公共教育服务均等化供给的理想预期，甚至导致优质教育资源非均衡供给趋势更为明显。并且，布局调整导致的义务教育城镇化趋势已经在全国范围内有所显现，其显露的负面效应也并非 J 县所特有。更为严峻的问题是，在"就近入学"政策的限制下，一些家庭只能通过"用脚投票"为子女争取优质教育资源，并由此产生了以"学区房"为表征的基本公共教育服务"资本化"效应。优质教育资源"资本化"到房地产价格中，进一步强化了家庭背景与教育机会获得的关联性，其结果就是基本公共教育服务的社会空间分异趋势加剧。

一、就近入学：被空间定格的基本公共教育服务供需关系

"空间"无疑是分析教育问题的重要维度，学校作为典型的定点公共服务设施，其资源配置具有明显的空间属性，以义务教育学校布局调整为实践举措的"供给侧"改革，更加涉及空间可达性、学校服务半径、上学距离等空间属性。而在全面落实义务教育"就近入学"的政策背景下，适龄儿童、少年接受义务教育的法定权利，政府提供义务教育的法定责任被"定格"在"就近入学"所建构的"制度—空间"内，进一步影响着基本公共教育服务的供需关系。但通过对义务教育布局调整政策的实践考证，在优质教育资源供给不足、非均衡配置的情况下强制实施"就近入学"政策，基本公共教育服务供需失衡的关系态势必然存在。供需关系的失衡显然有悖于基本公共教育服务供给侧改革的目标导向，即在民众教育需求从"有学上"转向"上好学"时，通过"供给侧"改革适应"需求侧"的结构变化。

（一）不断强化的义务教育"就近入学"政策

1986 年实施的《中华人民共和国义务教育法》第九条明确规定："地方各级人民政府应当合理设置小学、初级中等学校，使儿童、少年就近入学。"1992 年 2 月，由国务院批准的《中华人民共和国义务教育法实施细则》第五章第二十六条规定，义务教育学校设置由设区的市级或县级人民政府统筹规划，合理布局；其中，小学的设置应当有利于适龄儿童、少年就近入学。2006 年 9 月新修订的《中华人民共和国义务教育法》第二章第十二条再次规定，"地方各级人民政府应当保障学龄儿童、少年在户籍所在地学校就近入学"①。在法律规定之下，各级政府及教育行政部门分别出台了"就近入学"的实施细则，即根据学位供给情况、学龄人口规模、交通条件，将行政区域内的中小学划分为不同的施教区（或者称之为"学区"），然后根据户籍所在地及家庭住址将学生分流到不同学区。

在义务教育布局调整过程中，"就近入学"政策也发挥着重要的制度功效。就公民权利与政府权力的相互关系而言，"就近入学"不仅可以保障适龄儿童的受教育权利，同时也可以规范地方政府的学校撤并行为，从而使公民权利与政府权力在法律的框架内形成对应关系②。与此同时，当学龄人口不断向城镇地区集聚，城镇教育资源供不应求的情况下，各级政府不得不继续强化"就近入学"政策的执行力度，以此维持义务教育入学和招生秩序的稳定。2019 年 3 月 26 日，教育部办公厅发布的《关于做好 2019 年普通中小学入学工作的通知》指出，"全面落实义务教育免试就近入学规定"③，无论是公办还是民办学校，都要严格遵守义务教育免试入学规定，教育行政部门科学划定每所义务教育学校的服务片区范围，确保义务教育免试、就近入学政策全覆盖。

（二）"就近入学"政策所建构的"制度—空间"

在全面落实义务教育"就近入学"的政策背景下，基本公共教育服务可以

---

① 中华人民共和国教育部．中华人民共和国义务教育法［EB/OL］．http：//www.moe.gov.cn/s78/A02/zfs _ left/s5911/moe _ 619/201001/t20100129 _ 15687.html，2006－06－29/2019－09－25.

② 胡劲松，吴晓梅．论义务教育学校布局调整：保障受教育者"就近入学"的视角［J］．清华大学教育研究，2013（1）：98－103.

③ 中华人民共和国教育部．关于做好 2019 年普通中小学招生入学工作的通知［EB/OL］．http：//www.moe.gov.cn/srcsite/A06/s3321/201903/t20190326 _ 375446.html，2019－03－20/2019－06－15.

说被定格在特定的地理空间内。就空间这一客观要件而言，学校是典型的定点公共服务设施，公共教育资源配置具有显著的空间属性，基本公共教育服务供给水平的客观表征就是教育资源的空间布局。就制度这一规范要件而言，"就近入学"实际上是政府生产、供给和分配义务教育这一基本公共教育服务的政策工具，并派生出"单校划片""多校划片""电脑派位"等一系列具体的实施手段。

值得注意的是，实施"就近入学"的政策初衷，并不是为了限制家庭的择校行为，而是为保障公民接受义务教育这一基本公共教育服务的法定权利。根据法律面前人人平等的精神要义，"就近入学"体现了国家实施义务教育制度的价值导向，即在权利平等、机会均等的基础上促进教育公平。因此，在义务教育"就近入学"政策所建构的"制度—空间"内，每个孩子都能拥有平等的受教育权利，并且都有均等的机会在家门口获得公平而有质量的基本公共教育服务。更为重要的是，"就近入学"政策所建构的"制度—空间"对政府的责任和义务做出了约束，其目的在于防范政府在基本公共教育服务供给中有权无责，使其真正履行提供基本公共教育服务的法定责任，从而体现出"人民教育政府办"的制度内涵。

（三）"就近入学"形塑的基本公共教育服务供需关系

如前所述，就法理层面而言，"就近入学"政策实际上是《中华人民共和国义务教育法》从地理空间这一客观要件保障适龄儿童、少年接受义务教育的法定权利，其制定的初衷是在义务教育阶段保证"人人有学上"这一基本公民权利的实现。与此同时，"就近入学"政策规范了政府的法定责任和义务，即在提供基本公共教育服务、保障公民受教育权利、促进教育公平方面履职尽责。"就近入学"所建构的"制度—空间"在一定程度上影响着基本公共教育服务的供需关系。当民众的教育需求偏好从"人人有学上"向"人人上好学"转换时，"就近入学"要求政府通过布局调整等实践举措推动供给侧改革，通过均衡配置教育资源，首先在义务教育阶段为学龄儿童、少年提供公平而有质量的基本公共教育服务，进而以需求为导向"办好人民满意的教育"。

但通过对义务教育布局调整政策的实践考证，"就近入学"所建构的"制度—空间"显然无法形成相对平衡的基本公共教育服务供需关系。更加需要思考的是，"就近入学"在实践中已经异化为限制家庭教育选择权利的政策工具。早在2014年，教育部就下发了《关于进一步做好小学升入初中免试就近入学工作的实施意见》，以及《教育部办公厅进一步做好重点大城市义务教育免试就近入学工作的通知》，提出了 100％划片入学的政策目标。根据要求，家庭必须在规定的"学区"内接受地方政府提供的基本公共教育服务，教育行政部门根据户籍、房产、居住年限等条件分配"学区"内的教育机会。时至今日，"城市优先"的教育发展战略、"重点学校"制度的遗留效应依然存在，而以义务教育布局调整为实践举措的供给侧改革，使县域内的优质教育资源更加向城镇地区、少数学校集中。在优质教育资源供给不足、配置不均衡的情况下强制"就近入学"，基本公共教育服务供需失衡的关系态势必然存在。

二、用脚投票：基本公共教育服务"资本化"效应的显现

在基本公共教育服务非均等化供给和"就近入学"政策的限制下，一些家庭依然可以通过"用脚投票"为子女获取优质教育资源，具体的行动策略就是"买房择校"。但当"买房择校"成为民众获得优质教育资源的"集体行动"时，以"学区房"为表征的基本公共教育服务"资本化"效应随之出现。如此一来，经济资本再次成为家庭获得优质教育资源的"硬通货"。

（一）用脚投票：民众教育服务需求偏好的表达机制

"用脚投票"无疑是经典财政分权理论的核心议题。"第一代财政分权理论"的创始者认为，居民可以通过居住地的迁移来选择满意的公共服务，从而形成一种"用脚投票"机制，这一机制促使地方政府努力提高包括教育在内的公共服务质量，以此提升地方财政收入水平[①]。在基本公共教育服务领域，"用脚投票"一直是家庭表达教育需求偏好的重要机制，通过"择居"为子女"择校"，其实就是"用脚投票"的实践形式[②]。但民众之所以能够通过"用脚投票"表达需求偏好，有着严格的理论前提假设，其中一个颇为重要的条件就是人口自由流动。

有学者认为，我国因为户籍制度的限制，"用脚投票"机制难以发挥作用，民众对于义务教育等基本公共服务的需求偏好，并不在地方政府的优先考虑范

---

① Tiebout C M. A Pure Theory of Local Expenditures [J]. Journal of Political Economy，1956，64（5）：416 - 424.

② Franck Poupeau，Jean Francois，Elodie Couratier. Making the Right Move：How Families Are Using Transfers to Adapt Socio-Spatial Differentiation of Schools in the Greater Paris Region [J]. Journal of Education Policy，2007，22（1）：31 - 47.

围内①。但随着城镇化进程的推进，各地政府开始实施差别化的落户政策。根据新型城镇化与户籍制度改革的总体要求，国家层面已经分类制定了建制镇、小城市、中等城市、大城市、特大城市的差别化落户政策；而在地方层面，一些城市也在日益兴起的"抢人大战"中逐步放宽落户标准，甚至提出零门槛落户的便利条件。事实上，包括义务教育在内的公共服务供给水平，已经成为影响人口及劳动力流动的重要因素②。

在"就近入学"政策的限制下，"用脚投票"的具体行动策略就是"买房择校"，即通过购买"学区房"争取进入"名校"的资格。与西方国家通过"放权"而允许"择校"的教育体制改革趋势不同，我国的教育管理导向依然是以"就近入学"政策限制家庭的教育选择权利，并通过各种管制型策略对择校问题进行治理。但在"就近入学"政策所建构的"制度—空间"内，家庭对教育服务的选择实际上演变为对于居住空间的选择，并在微观层面影响着家庭的教育选择策略，即通过买房而择校③。目前，"买房择校"成为大多数家庭表达教育需求偏好的"集体行动"，然而，这一"集体行动"正在促成以"学区房"为表征的基本公共教育服务"资本化"效应。

（二）学区房：基本公共教育服务"资本化"效应的现实表征

公共服务"资本化"效应是财政分权理论的重要发现。Oates（1969）通过对房地产价格与公共服务供给水平进行回归分析发现，一个地区的公共服务供给水平与房地产价格、税收负重密切相关，Oates将这一现象称之为公共服务的"资本化"效应④。在教育领域，公共服务"资本化"效应尤为显著，突出表现在教育质量对于房地产价格的影响。经验研究表明，教育质量与房地产价格有着较强的正相关性⑤，换句话说，优质教育资源可以"资本化"到房地

---

① 乔宝云，范剑勇，冯兴元. 中国的财政分权与小学义务教育 [J]. 中国社会科学，2005（6）：37-46.

② 夏怡然，陆铭. 城市间的"孟母三迁"：公共服务影响劳动力流向的经验研究 [J]. 管理世界，2015（10）：78-90.

③ 冯皓，陆铭. 通过买房而择校：教育影响房价的经验证据与政策含义 [J]. 世界经济，2010（12）：89-104.

④ Oates W E. The Effects of Property Taxes and Local Public Spending on Property Values: An Empirical Study of Tax Capitalization and the Tiebout Hypothesis [J]. Journal of Political Economy，1969，77（6）：957-971.

⑤ Davidoff I.，A Leigh. How Much do Public Schools Really Cost? Estimating the Relationship between House Prices and School Quality [J]. Economic Record，2008，84（265）：193-206.

产价格中，由此导致"学区"内房地产价格的显著提升。人们通常所说的"学区房"现象，实际上就是公共教育服务"资本化"效应的重要体现。近年来，国内学者也注意到了"学区房"现象背后的"资本化"问题，并对优质教育资源的资本化程度进行了定量分析①。其结论一致表明，教育质量与住房价格存在着密切的关联性，优质教育资源"资本化"效应确实存在。

从中国古代的"昔孟母 择邻处"，到今天家长的"用脚投票"和"买房择校"，时代的变迁并没有改变家庭的教育选择偏好。为了不让孩子输在"起跑线"上，一些家庭不惜重金购买"学区房"，以此获得进入"名校"的准入资格。在"就近入学"政策实施力度不断强化的过程中，教育质量将成为影响房地产价格的重要因素，"学区房"的现实意义应该得到进一步的重视。事实上，"学区房"不仅是优质教育资源非均衡配置的市场化反应，同时也是基本公共教育服务供需失衡的结构化表征。在优质教育资源供给不足、非均衡配置的情况下，"就近入学"的强制实施只能迫使家庭"买房择校"，如此一来，经济资本再次成为家庭获得优质教育资源的"硬通货"。在"人民教育政府办"的制度安排下，为民众提供公平而有质量的义务教育，无疑是基本公共教育服务供给侧改革的落脚点。但"学区房"背后隐匿的教育不公平等问题，值得更加理性的审视。

三、人以群分：基本公共教育服务社会空间分异趋势加剧

在住房市场化改革过程中，社会阶层分化与居住空间分异的同构效应已经显现。在此现实背景下，基本公共教育服务"资本化"效应进一步拓展，形成了优势阶层聚居在优质学区内的"学区绅士化"现象，并由此衍生出"人以群分"的超域效应，进而加剧了基本公共教育服务的社会空间分异趋势。

（一）人以群分："学区绅士化"的超域效应

在优质教育资源供给不足、非均衡配置的现实情况下，强制实施"就近入学"政策，其结果就是家庭通过"买房择校"为子女争取优质教育资源，从而衍生出基本公共教育服务"资本化"效应。值得注意的是，"买房择校"不仅出现在大中城市，在县城、乡镇甚至偏僻农村地区，择校热潮普遍盛行，甚至

---

① 于涛，于静静．"就近入学"下的住宅价格分析：学区房中的教育资本化问题［J］．中国房地产，2017（6）：3-13.

有愈演愈烈之势。特别是经过大规模的"撤点并校"运动之后，优质教育资源进一步向城镇地区集中。已有研究结果表明，农村地区学校数量的减少，导致更多的家庭选择迁移到城镇地区居住，即"撤点并校"提高了农村居民的迁出概率[①]。对于新一代进城务工人员来说，他们不希望自己的孩子输在城乡分割这条"起跑线"上，而是希望下一代能够在城镇地区获得更加优质的教育资源，从而实现升迁性社会流动。

但当"买房择校"成为多数家庭表达教育需求偏好的"集体行动"时，不仅导致了"学区房"价格的节节攀升，更有可能使基本公共教育服务"资本化"效应进一步拓展，从而产生"人以群分"的超域效应。在现实生活中，政府制定的一项公共政策不仅对特定领域产生影响，还有可能在其他利益关系领域产生连带效应，即产生所谓的"超域效应"[②]。择校无疑是家庭基于"成本—收益"最大化而做出的理性选择，而"就近入学"迫使家庭通过"择居"进而"择校"。如此一来，优质教育资源吸引高收入群体的迁移和聚居，并将教育质量"资本化"到房地产价格中。商品房的价格机制又对低收入群体具有"筛选"和"排斥"作用，最终的结果就是"学区绅士化"现象的产生，以及由此衍生的"人以群分"效应。

"人以群分"效应之所以出现，一个重要原因就是"学区绅士化"现象进一步强化了优质教育资源的差序等级格局和"空间俱乐部化"特征[③]。由于优质教育资源的稀缺性，经济资本丰厚的家庭通过购买"学区房"聚集在优质学区内，使优质教育资源成为优势阶层享用的俱乐部产品，弱势群体获取优质教育资源的机会空间被严重挤压。经此分流，"学区绅士化"所产生的"人以群分"效应逐步显现，并进一步加剧了基本公共教育服务的社会空间分异态势。

（二）基本公共教育服务的社会空间分异态势加剧

20 世纪 70 年代以来，在城市社会崛起的现代化浪潮中，空间与社会之间的辩证统一关系被不断发掘和提炼，由此推动了社会科学研究的"空间转向"。受社会科学"空间转向"的影响，在空间的维度审视公共服务供给问题，逐渐

① 邢春冰. 撤点并校与农村居民的迁移决策 [J]. 教育经济评论，2016（2）：39 - 52.

② 胡象明. 论政府政策行为超域效应原理及其方法论意义 [J]. 武汉大学学报（人文社会科学版），2000（3）：409 - 415.

③ 陈培阳. 中国城市学区绅士化及其社会空间效应 [J]. 城市发展研究，2015（8）：55 - 60.

成为一个新兴的研究领域①。在新马克思主义代表学者曼纽尔·卡斯特（Manuel Castells）看来，城市的本质就是一个生产、交换和消费教育、医疗、住房等"集体消费品"的空间单位，而国家及政府的责任就在于供给上述"集体消费品"，以此满足劳动力再生产所需要的条件。更加重要的议题是，政府在何时、何地、以何种方式供给集体消费品，将在一定程度上影响着社会空间结构的演变趋势②。

如前所述，由于缺乏对住房市场化改革与优质教育资源"资本化"现象的综合考量，旨在促进教育公平的"就近入学"政策反而强化了家庭经济资本与子女教育机会获得的关联性，并通过隐性的价格机制将贫困家庭子女排除在优质教育资源的服务范围之外。"学区绅士化"以及由此衍生的"人以群分"效应，不仅是社会空间分异的结构化表征，同时，也是推动社会空间分异的动力机制。有学者从居住空间分异的视角分析了家庭背景与子女教育机会获得的关联性，研究发现，居住在"优质学区"内的家庭，其社会经济地位和受教育程度都表现出一定的优势③。这一结论说明，基本公共教育服务的社会空间分异态势逐步加剧，即优势"社会阶层—优质居住空间—优质教育资源"之间的同构效应不断增强。

需要反思的是，基本公共教育服务的社会空间分异态势只是转型中国的一面透镜。正如美国著名城市问题专家凯文·林奇所言："空间环境具有一种非常特别的影响力，并带有巨大的惯性。它像是一笔遗产或社会结构，用一种持久稳固的方式分配着生命的机会。因此，这种分配的公平性是环境价值中最关键的一个。"④ 反观政府单一向度、自上而下推动的以布局调整为实践举措的"供给侧"改革，导致学龄人口不断向城镇地区集聚。但在城镇优质教育资源供需失衡的情况下，相关职能部门不得不继续强化"就近入学"政策的执行力度，以此维持义务教育入学和招生秩序的稳定。不断强化的"就近入学"政策迫使家庭"用脚投票"，以"学区房"为表征的"资本化"效应进一步加剧了基本公共教育服务的社会空间分异态势。其结果就是，优质阶层更有可能获得

① 曹现强，顾伟先．公共服务空间研究的维度审视：反思、框架及策略［J］．理论探讨，2017（5）：5－12.

② 蔡禾，何艳玲．集体消费与社会不平等：对当代资本主义都市社会的一种分析视角［J］．学术研究，2004（1）：56－64.

③ 方长春．家庭背景如何影响教育获得：基于居住空间分异的视角［J］．教育学报，2011（6）：118－126.

④ 凯文·林奇．城市形态［M］．林庆怡，等译．北京：华夏出版社，2001：163.

优质教育资源，并严重挤压了弱势群体获得优质教育资源的机会空间，一个即将出现的教育分层格局正在形成。

四、教育分层：教育机会获得的不平等问题及再生产效应

以布局调整为实践的基本公共教育服务供给侧改革，终极目标是通过"供给侧"变革适应"需求侧"的结构变化，为民众提供公平而有质量的教育。但值得反思的是，即便在强调权利平等、机会均等的义务教育阶段，优质教育资源也出现了"精英俘获"现象。即将出现的教育分层趋势，不仅反衬出基本公共教育服务供给侧改革的现实问题，更映射出转型中国不得不面对的教育治理困境。

（一）教育分层：教育机会获得的阶层差异性

综观社会学研究的经典议题，教育与社会分层的关系研究无疑占据着重要的学术地位，而教育机会在不同社会阶层之间如何分配，更是社会分层领域"集体关切"的热点议题。相关研究成果表明，教育机会获得存在着明显的阶层差异性，即优势阶层更有可能获得优质教育资源。由此引申的研究议题就是，基本公共教育服务供给侧改革不仅涉及供给层面的因素，更受制于社会结构转型乃至阶层关系的影响，特别是家庭及个体的教育选择策略很有可能具有阶层分化的特质，这也是多元化教育需求产生的结构化情境抑或能动性因素。

随着现代学校制度及公共教育服务体系的建立，教育与社会分层的内在联系也伴随着理论和实践的双重反思，并由此形成了"功能论"和"冲突论"两种较为经典的研究范式。在"功能论"看来，学校教育可以赋予劳动者特定的专业知识和职业技能，使其凭借"文凭"的符号效应进入劳动力市场，并获得相应的经济收入和社会地位。美国学者布劳（Peter M. Blau）和邓肯（Otis D. Duncan）提出的"地位获得模型"则是对这一结论的验证[①]。"地位获得模型"将教育视为一个重要的中介变量，并验证了其对个体社会地位获得产生的重要影响。

但"冲突论"的代表学者指出功能主义学派忽略了不同利益相关群体在教育领域内的分化和博弈，等级化的学校教育体制实际上对应着不同阶层所能获

---

① Peter M. Blau, Otis D. Duncan. The American Occupational Structure [M]. New York: Free Press, 1978.

得的社会经济地位。法国著名的社会学家皮埃尔·布迪厄（Pierre Bourdieu）认为，"最初文化资本上的不平等经由学校演绎为某种学业资格，引导着社会空间中特定位置的继承者走向与其前辈相似的社会位置，并拥有适合该位置的一系列社会资源，进而再生产出既存的社会等级制"[①]。在布迪厄看来，学校教育在社会结构再生产中发挥了重要作用，以一种貌似平等的方式延续和强化着文化层面的不平等，最终导致不同社会阶层之间的教育机会获得存在明显差距。

（二）精英俘获：转型中国的教育不平等问题

在九年义务教育全面普及的现实背景下，如何看待转型社会的教育不平等问题，以义务教育布局调整为代表的基本公共教育服务供给侧改革实践，是否真正实现了"起点"意义上的教育公平？

依照功能主义学派的理论推演逻辑，在教育规模持续扩张的过程中，教育机会的增加可以惠及社会底层家庭的子女，由此一来，阶层之间的教育不平等也会随之降低。但雷夫特里（A. E. Raftery）和霍特（M. Hout）通过分析爱尔兰的教育分层情况发现，教育规模的持续扩张并不必然改变家庭社会经济地位对子女教育机会的影响，只有当优势阶层的教育需求达到饱和后，优势阶层与弱势群体之间的入学机会差异才可能减小，即所谓的"最大化维持不平等"（MMI）理论[②]。在此基础上，卢卡斯（Lucas）通过对美国的数据分析提出了"有效维持不平等"理论（EMI）[③]。卢卡斯认为，即便教育规模扩张会增加弱势阶层的受教育机会，但优势阶层会通过各种途径争取到最优质的教育资源。因此，就教育质量而言，不同阶层间的教育不平等问题依然会有效地维持着[④]。

MMI 和 EMI 的理论假设说明，随着教育规模的扩张，教育机会并非如功

---

① 皮埃尔·布迪厄. 国家精英：名牌大学与群体精神［M］. 杨亚平，译. 北京：商务印书馆，2004：291.

② Adrian E. Raftery, Michael Hout. Maximally Maintained Inequality：Expantion, Reform and Opportunity in Irish Educiton, 1921 - 1975 ［J］. The American Journal of Sociology, 1993, 66（1）：41 - 62.

③ Samuel R. Lucas. Effectively Maintained Inequality：Educational Transitons, Track Mobility and Social Background Effects ［J］. American Journal of Sociology, 2001, 106（6）：1642 - 1690.

④ Ayalon H, Shavit Y. Educational Reforms and Inequalities in Israel：The MMI Hypothesis Revisited ［J］. Sociology of Education, 2004, 77（2）：103 - 120.

能主义学派所乐观预见的那样趋向均等化分配。究其根源，在优质教育资源非均衡配置的情况下，精英阶层将会竭尽全力为子女争取优质教育资源，从而使"质量"层面的教育不平等问题持续存在。MMI 假设和 EMI 假设对于透视转型中国的教育不平等问题无疑具有深刻的借鉴意义。在社会分化和阶层差异不断加剧的背景下，教育机会获得的阶层差异性显著提升，家庭背景对子女教育机会获得的影响力度也在逐渐增强①。特别是在大规模的"撤点并校"运动之后，优质教育资源不断向城镇地区集中，但农村贫困家庭一方面没有能力送孩子进城"择校"，同时还要面对上学远、上学难、上学贵等各种问题。而不断攀升的"学区房"价格，如同阻挡贫困家庭子女获得优质教育资源的一道隐性围墙。因此，对于大多数出身贫困家庭的学生而言，他们早已输在了"起跑线"上②，继而在更高层次的教育分流和筛选中处于竞争劣势。

（三）贫困代际传递：转型社会的阶层再生产问题

"龙生龙、凤生凤"这句俗语实际上是对"代际传递"现象的生动描绘；而"王侯将相宁有种乎"则是"代际流动"的真实写照。纵观中国古代社会的阶层流动趋势，通过科举考试而实现阶层跃升的"幸运者"实则凤毛麟角。在 1977 年恢复高考制度以后，那些率先得益于教育改革红利的"天之骄子"，无疑是"知识改变命运"最具示范效应的成功样板。

但反观基本公共教育服务供给侧改革困境及衍生的负面效应，社会经济地位较高的优势阶层更有可能通过"用脚投票"及"买房择校"为子女争取到优质教育资源。基本公共教育服务日益加剧的社会空间分异态势，进一步压缩了贫困家庭获得优质教育资源的机会空间，使得教育促进底层升迁性社会流动的功能趋于弱化③。充满悖论的是，在"就近入学"所建构的"制度—空间"内，这一社会再生产过程正在隐蔽地进行着，从而在很大程度上导致贫困家庭子女陷入贫困代际传递与阶层再生产之中④。

时至今日，教育依然是弱势群体实现阶层跃升的重要路径。但值得反思的

---

① 李春玲. 社会政治变迁与教育机会不平等：家庭背景及制度因素对教育获得的影响（1940—2001）[J]. 中国社会科学，2003（3）：86 - 98.

② 唐俊超. 输在起跑线：再议中国社会的教育不平等（1978 - 2008）[J]. 社会学研究，2015（7）：123 - 145.

③ 余秀兰. 教育还能促进底层的升迁性社会流动吗？[J]. 高等教育研究．2014（7）：9 - 15.

④ 李涛. 中国教育公平亟待深度范式转型："就近入学"政策背后的社会学观察 [J]. 教育发展研究，2015（6）：10 - 13.

是，恰恰是那些最需要通过教育改变命运的弱势群体，反而承担着基本公共教育服务非均等化供给的隐性成本。正如前文所论，一些地方政府强势推行大规模的"撤点并校"，首当其冲的就是弱势群体的受教育权利。与之相反，优势阶层的子女则可以利用丰富的家庭资本获得优质教育资源，从而在教育获得与地位获得的优势叠加效应之下实现阶层再生产。教育不平等与阶层再生产的同构作用不仅强化了"弱者愈弱""强者愈强"的马太效应，更加速了"贫者愈贫""富者愈富"的代际传递趋势。而以教育不平等和阶层再生产为主线的教育分层格局，不仅反衬出基本公共教育服务供给侧改革的现实悖论，更是一个可以上升至国家治理层面的政策性议题。教育不平等和阶层再生产所隐匿的社会矛盾，其影响力和风险隐患可能是巨大的，极有可能会阻碍经济社会的健康、稳定及可持续发展。

第五章　基本公共教育服务供给侧改革实践效应的逻辑成因

反思政府单一向度、自上而下推动的供给侧改革实践，之所以会出现优质教育资源"精英俘获"现象，归根结底，在基本公共教育服务供需失衡的现实情况下，"人人上好学"的教育需求偏好无法得到满足，不同社会阶层对于优质教育资源的竞争与博弈必然加剧教育分层趋势。溯源"中国式分权"的制度建构逻辑、"地方发展型政府"的空间生产逻辑、权力本位的教育治理逻辑，可以从分析其内在逻辑成因开始。

第一节　中国式分权：基本公共教育服务非均衡供给的制度逻辑

"中国式分权"对经济增长的"强激励"和对公共服务的"弱激励"，本身就隐含着权责失衡和基本公共教育服务非均衡供给的制度诱因。透过义务教育这一基本公共教育服务供给制度变迁的历史考察发现，目前的权责调整趋向于科层体制内部的"集权化"改革，但在中央政府与地方政府目标不一致、信息不对称的"委托—代理"关系中，仅限于行政体制内部的集权化改革，并不能彻底解决基本公共教育服务非均衡供给问题。

一、中国式分权的制度建构逻辑及其激励机制

（一）中国推行分权化改革的制度诱因

1. 促进经济增长

1978 年党的十一届三中全会胜利召开后，中国确立了"以经济建设为中心"的发展路线，并铸就了举世瞩目的经济增长奇迹，进而建立起具有中

国特色的社会主义市场经济。可以说，发展经济是中国实施分权化改革的重要目标，而"中国式分权"的相关制度安排也为经济高速增长注入了强劲动力。

2. 维护政权稳定

如何处理国家与社会乃至民众的利益关系，且保持政权稳定和防范政治风险，的确是一个非常复杂且艰难的问题。曹正汉认为，中国治理体制的基本特征是"治官权"与"治民权"的分离，即中央政府主要掌管"治官权"，而地方政府则握有"治民权"，从而在权力配置上形成了"上下分治"的治理体制[①]。曹正汉进一步指出，在"上下分治"的治理体制中，中央政府可以作为"局外人"调节地方政府与民众的利益冲突，而中央政府出于降低执政风险、维护政权稳定的需要，将"治民权"交给地方政府。"治官权"与"治民权"的分离实际上有助于中央政府超然于地方官员与民众的利益冲突之外，从而保持"权威体制"的长期稳定。

3. 提高公共服务供给效率

推动分权化改革的另一个目标就是提高公共服务的供给效率。根据Tiebout 模型的核心思想，中央政府在信息不对称的情况下无法了解居民的选择偏好。相较而言，地方政府在掌握民众需求偏好方面更具信息优势，因此，由地方政府为本地居民提供公共服务将更为有效。而且，居民可以通过居住地的迁移来选择满意的公共服务，由此形成了一种"用脚投票"机制，这一机制促使地方政府出于财政收益最大化而相互竞争，积极提高包括教育在内的公共服务供给水平[②]。经验表明，由地方政府提供包括义务教育在内的公共服务，确实可以减少因信息不对称所带来的资源错配问题。

（二）财政分权与政治集权相互嵌入的制度安排

1. 财政分权的制度安排及其激励机制

财政领域的分权化改革是"中国式分权"的重要组成内容，也是改革开放以来牵动经济体制和政府改革的核心动力。改革开放以来，中国开始推动以财政体制为核心的分权化改革，具体措施就是建立"分灶吃饭"的财政包干制

---

① 曹正汉. 中国上下分治的治理体制及其稳定机制 [J]. 社会学研究，2011 (1)：1-40.

② Tiebout C M. A Pure Theory of Local Expenditures [J]. Journal of Political Economy，1956，64 (5)：416-424.

度。"财政包干制"确立了地方政府拥有"剩余所有权"的合法地位，以财政收入最大化为导向激励地方政府发展当地经济。但"财政包干制"显著降低了中央政府的财政汲取能力，财政汲取能力的下降又严重削弱了中央政府的宏观调控能力，甚至触及了"分权的底限"①。为了改变中央—地方间的财政失衡关系，1994 年我国开始实行具有财政收入集权化取向的分税制改革，通过制定新的税收共享方案提高中央政府的财政汲取能力。

分税制改革进一步规范了中央政府与地方政府之间的财政关系。但在预算内财政收入逐步上收的制度环境下，地方政府通过"大兴土木"开拓出新的生财渠道，即通过巨额的土地出让金增加预算外财政收入②。与西方实施财政分权的制度环境不同，中国的财政分权化改革建立在"委任制"基础之上，这使得"用手投票"机制难以发挥效用，进而在一定程度上降低了地方政府对于民众需求的回应性。正是由于缺乏自下而上的激励，中国的财政分权化改革并没有显著提高义务教育的供给水平③。并且，为了实现经济增长和财政收入最大化双重目标，地方政府更加热衷于供给基础设施等经济性公共物品，而疏于供给基础教育等非经济性公共物品④，由此导致地方政府的财政支出结构出现一定的失衡。

2. 政治集权的制度安排及其激励机制

严格来说，中国的分权化改革主要是在行政体制与财政体制两个维度展开，在政治体制上则依然沿袭着集权化的制度安排。尽管分权化改革赋予了地方政府管理辖区内公共事务的自主权，但中央—地方的权力关系依然嵌入在"委托—代理"的总体框架内，高度集权化的政治体制使得中央有能力调整甚至收回授予地方政府的自由裁量权。

在政治集权的制度安排下，中央政府为了激励地方政府"以经济建设为中心"，在人事管理制度中引入一种"相对绩效评估"⑤机制，并将地方政府官员的政治晋升与经济增长挂钩，从而建构起如同"晋升锦标赛"的官员治理模

---

① 王绍光. 分权的底限 [M]. 北京：中国计划出版社，1997.

② 周飞舟. 大兴土木：土地财政与地方政府行为 [J]. 经济社会体制比较，2010 (3)：77-89.

③ 乔宝云，范剑勇，冯兴元. 中国的财政分权与小学义务教育 [J]. 中国社会科学，2005 (6)：37-46.

④ 傅勇. 财政分权、政府治理与非经济性公共物品供给 [J]. 经济研究，2010 (8)：4-15.

⑤ Li Hongbin, Li An zhou. Political Turnover and Economic Performance：The Incentive Role of Personnel Control in China [J]. Journal of Public Economics，2005 (29)：1743-1762.

式①。"晋升锦标赛"的核心就是"把政府官员的激励搞对",实际上就是通过引入晋升激励使兼具"经济参与人"与"政治参与人"双重身份的地方官员,不仅为了经济增长而相互竞争,更要为了政治晋升而竞相博弈。但"晋升锦标赛"的激励导向塑造了地方政府"向上负责"的行为特征,这也导致地方政府在"唯上"不"唯下"的激励机制中难以积极回应民众的利益需求。由此引申,地方政府缺乏内生性动力提高基本公共教育服务供给水平,以此满足民众的教育需求偏好。

二、基本公共教育服务属地化供给的权责博弈

直至今日,在"地方负责、分级管理"的制度安排下,基本公共教育服务属地化供给的权责配置格局并未发生根本性转变,中央—地方乃至地方政府间的权责博弈也深刻影响着基本公共教育服务的供给效度及改革向度。

(一)中央与地方政府之间的权责博弈

对于人口众多、幅员辽阔的大国而言,分权化改革显然是提高公共服务供给效率的理性选择。仅就中央与地方政府之间的义务教育支出责任划分看,中国无疑是分权化程度较高的国家。回顾义务教育这一基本公共教育服务供给制度变迁的历史进程,随着财政包干制度的逐步确立,在地方财力不断增强的情况下,中央政府为了调动地方政府的办学积极性,进一步在义务教育办学体制和教育经费保障机制上实行分权化改革。直至今日,尽管中央政府通过加大转移支付力度,承担的义务教育供给责任有所增加,但在"地方负责、分级管理"的总体性制度安排下,地方政府依然是义务教育这一基本公共教育服务的核心供给主体。

自1985年实行"地方负责、分级管理"的制度安排后,中央政府最大限度地将义务教育供给责任下放给地方政府,原则上只负责制定教育改革与发展的重大决策及战略规划。但在中央政府下放义务供给责任的过程中,多层级地方政府之间的权责博弈导致作为基层政权组织的乡镇一级政府,成了农村义务教育供给的直接责任主体。在收不抵支的财政困境下,乡镇政府采取的"变通"策略就是将供给责任转嫁给民众,由此导致"乱集资、乱收费、乱摊派"引发的"三农"问题愈演愈烈。为了化解"三农"问题,中央政府试图通过农

---

① 周黎安. 中国地方官员的晋升锦标赛模式研究 [J]. 经济研究,2007(7):36-50.

村税费改革"倒逼"乡镇政府转变职能，但乡镇政府反而以"弱者的手段"对中央政府形成"反倒逼"压力，从而迫使中央政府上移义务教育供给责任[①]。正是在"倒逼"与"反倒逼"的权责博弈中，2005 年国务院发布《关于深化农村义务教育经费保障机制改革的通知》，提出建立中央和地方"分项目、按比例"的教育经费保障机制。不难推论，农村义务教育经费保障机制的变革，实际上是中央与地方政府权责博弈的结果，这一结果导致中央政府通过自上而下的转移支付不断提高财政投入力度。在此过程中，中央政府的义务教育供给责任也在不断强化。

（二）多层级地方政府之间的权责博弈

相比中央与地方之间的权责博弈，省—市—县—乡之间的权责博弈则显得更为复杂。"中国式分权"的制度建构基础实际上是通过建立多层级的"委托—代理"关系，授予地方政府治理辖区公共事务的相应权力和职责。义务教育"地方负责、分级管理"的权责配置格局，也是在省—市—县—乡之间建立起多层"委托—代理"关系，从而将义务教育管理权限及筹资责任逐步下移到基层政府。但在基本公共教育服务属地化供给制度建立之初，各级地方政府间的权责划分不明确，由此导致义务教育供给责任层层下移，结果就是财政能力较强的省级政府承担的支出责任相对较轻，而县、乡两级政府财政能力相对薄弱，却承担着义务教育财政支出的主要责任。

为了配合农村税费改革的实施，2001 年国务院发布的《关于基础教育改革和发展的决定》提出实行"在国务院领导下，由地方政府负责、分级管理、以县为主"的管理体制，顺势将义务教育供给责任从"以乡镇为主"调整到"以县为主"。但"以县为主"并未彻底扭转"小马拉大车"的权责失衡局面，为了减轻财政压力，县级政府顺势开展了大规模的"撤点并校"，从而导致以义务教育布局调整为实践的供给侧改革出现诸多问题。为了解决"以县为主"的权责失衡困境，中央决定进一步上移义务教育供给责任，不断强化省级政府的教育统筹能力。

从"以乡镇为主"到"以县为主"再到"省级统筹"的供给责任调整，虽然是中央政府主导的强制性制度变迁，但实则隐含着多层级地方政府之间的权

---

① 李芝兰，吴理财．"倒逼"还是"反倒逼"：农村税费改革前后中央与地方之间的互动［J］．社会学研究，2005（4）：44-63．

责博弈。实施"以县为主"以来，义务教育供给责任重心的上移在一定限度上弱化甚至虚化了乡镇政府的供给责任，学校的人、财、物及日常管理逐渐与乡镇政府脱离，直接由县级政府统筹管理和规划，乡镇政府的"悬浮型政权"特征逐渐凸显①。就目前义务教育阶段地方政府间权责调整的基本思路而言，从"以县为主"转向"省级统筹"，让省级政府成为推动义务教育均衡发展最主要的财政责任承担者，无疑是改革的关键举措②。但这一改革举措是否会出现路径依赖，即县级政府同样运用"弱者的武器"，将义务教育供给责任"倒逼"给省级政府，这显然是反思基本公共教育服务供给侧改革成效时需要着重考虑的因素。

三、权责失衡与基本公共教育服务非均衡供给

（一）权责失衡：基本公共教育服务非均衡供给的制度溯源

回溯义务教育这一基本公共教育服务供给制度变迁历程可知，鉴于"穷国办大教育"的基本国情，国家一度凭借"用革命的方法办教育""群众办学""两条腿走路"等策略，强势推动义务教育普及。在"地方负责、分级管理"的制度安排下，中央政府通过压力型体制、目标管理责任制，将"普九"作为"政治任务"强压给地方政府。然而，在国家权威性资源过于强大、而配置性资源相对不足的情况下普及九年义务教育，只能在"效率优先""兼顾公平"的价值导向下选择非均衡供给。时至今日，我国城乡、区域、校与校之间的教育质量依然存在较大差距，优质教育资源供给不足、非均衡配置问题较为突出。

反思以义务教育布局调整为代表的供给侧改革实践，根本目的是通过优化教育资源配置，推动义务教育优质均衡发展，为民众提供公平而有质量的基本公共教育服务。但其衍生的负面效应却是，优质教育资源出现了严重的"精英俘获"现象，以至于贫困家庭子女因基本公共教育服务非均衡供给而"输在了起跑线"上③，进而在更高层次的教育选拔中处于劣势。究其原因，对于财权与支出责任不匹配的县级政府而言，"撤点并校"是其减轻财政压力的理性选

---

① 周飞舟. 从汲取型政权到"悬浮型"政权：税费改革对国家与农民关系之影响 [J]. 社会学研究，2006（3）：1-38.

② 范先佐，付卫东. 义务教育均衡发展与省级统筹 [J]. 教育研究，2015（2）：67-74.

③ 唐俊超. 输在起跑线：再议中国社会的教育不平等（1978-2008）[J]. 社会学研究，2015（3）：123-145.

择，也是政治集权与财政分权激励下的必然选择①。然而，一些地方政府出于自身利益最大化强势推行的"撤点并校"，不仅偏离了推动义务教育均衡发展的目标导向，更无法促进基本公共教育服务均等化供给。

如果将县级政府的"撤点并校"行为上升到制度层面，可以发现，"中国式分权"的制度建构逻辑，本身就隐含着基本公共教育服务非均衡供给的制度诱因，即因激励结构扭曲而导致的权责失衡问题②。经典财政分权理论的一个重要预设就是，由于存在"用手投票"和"用脚投票"两种机制，地方政府具有提高公共服务供给水平的内在的驱动力，但这一理论预设显然与中国的经验事实有所差异。因为在"向上负责"的激励结构中，民众对于公共服务供给的满意程度，并不是县级政府优先考虑的事项。正因如此，在义务教育布局调整这一重大教育决策的制定过程中，身为利益直接相关者的家长或学生常常处于"失语"的状态。尽管"中国式分权"赋予了地方政府相应的属地管理权，并承担公共服务供给责任，但地方政府的供给责任缺失无疑是义务教育发展失衡的症结所在③，由此推断，在激励结构扭曲和权责失衡的情况下，诸如义务教育学校布局调整之类的"供给侧"改革很难达到理想预期，即在基本公共服务均等化供给的基础上，为民众提供公平而有质量的教育。

（二）路径依赖：科层体制内部集权化改革的限度

就目前义务教育这一基本公共教育服务供给制度变迁路径看，在"人民教育政府办"的权责配置下，政府间的基本公共教育服务供给责任调整具有明显的集权化改革趋向。并且，这一改革路径已呈现出路径依赖特征，即从"以乡镇为主"到"以县为主"再到"省级统筹"和"各级政府共同承担"，义务教育供给主体不断上移，政府间的权责调整一直延续着科层化集权的改革路径。从义务教育布局调整的政策实践可以看出，中央政府也在不断强化"顶层设计"，并通过设立布局调整专项资金，激励地方政府严格执行中央的大政方针。

但在中央政府与地方政府信息不对称的"委托—代理"关系中，寄期望于科层体制内部的"集权化"改革并不能扭转权责失衡导致的义务教育发展不平

① 丁延庆，王绍达，叶晓阳.为什么有些地方政府撤并了更多农村学校？[J].教育经济评论，2016（4）：3-34.
② 姚继军.中国式分权与教育均衡发展问题的治理[J].南京社会科学，2008（8）：119-125.
③ 吕炜，王伟同.发展失衡、公共服务与政府责任：基于政府偏好和政府效率视角的分析[J].中国社会科学，2008（4）：52-64.

衡问题，更无法从根本上改变激励结构扭曲所导致的权责失衡问题。溯其根源，在农村税费改革的过程中，国家与农民之间的关系之所以没有从"汲取型"向"服务型"过渡，一个重要的原因就是乡镇政府呈现出的"悬浮型政权"的基本特征。在"以县为主"的制度安排下，供给责任上移无形中增加了县级政府的财政负担，尽管中央政府通过转移支付增加了义务教育的财政投入力度，但并没有从根本上解决县级政府教育投入激励不足的问题，以至于县级政府试图通过"撤点并校"减轻财政压力。

对于提高基本公共教育服务供给效度而言，政府间权责关系调整的一个核心问题就是，如何激励和约束各级政府履职尽责，以需求为导向提升民众满意度。但局限于科层体制内部的行政集权化改革，显然无法达成这一理想目标。以义务教育布局调整为实践举措的供给侧改革，之所以未能在"人民教育政府办"的制度安排下办好"人民满意的教育"，甚至衍生出一些负面效应，足以说明，局限于政府内部的权责关系调整和集权化改革向度，在实践中面临集体行动困境。

客观而言，由"中国式分权"派生的基本公共服务属地化供给制度，不失为一种有效的制度安排①。但政府间的利益博弈和权责失衡，导致了基本公共教育服务的非均衡供给，特别是对于义务教育而言，优质教育资源供给不足、非均衡配置问题尤为突出。陷入路径依赖的集权化改革，如果不能解决激励不足这一制度症结，那么，如同义务教育布局调整之类的供给侧改革，依然可能衍生出一些难以预料的负面效应。

第二节　为增长而竞争：地方发展型政府的空间生产逻辑

在属地化供给的制度安排下，地方政府的利益偏好和行为逻辑，不仅影响着基本公共教育服务的供给效度，同时也制约着供给侧改革的实践成效。

一、地方发展型政府的行为选择逻辑

相比"服务型政府"职能定位的应然逻辑，"发展型政府"更切合地方政

---

① 王永钦，张晏，章元，等. 中国的大国发展道路：论分权式改革的得失 [J]. 经济研究，2007 (1)：4-16.

府行为的实然状态。众所周知，中国的经济增长"奇迹"离不开地方政府的能动性，对于身兼"经济参与人"与"政治参与人"双重身份的地方政府而言，始终在经济领域中扮演着重要角色。正因如此，学界用地方发展型政府这一概念①，来阐释地方政府如何在"中国式分权"的制度环境内形成了"为增长而竞争"的利益偏好和行为逻辑。

（一）地方发展型政府的利益偏好

就理论而言，作为民众和国家双重代理人的地方政府，其行为选择逻辑应以公共利益最大化为基本准则；但从实际来看，地方政府不仅是公共利益的代理人，同时也是追求自身利益最大化的理性经济人。正如美国公共行政学家詹姆斯·Q. 威尔逊（James Q. Wilson）在《官僚机构：政府机构的作为及其原因》一书中所言，"官僚机构并不像它有时候被勾画成的那个简单的、单一的物象……除了薪水、职位和权力之外，官僚们还拥有多种偏好。"②。改革开放以来，随着分权化改革和市场化进程的推进，地方政府利益主体意识的觉醒，极大程度上拓展了其行为自主性③。而地方政府不断强化的利益主体意识和行为自主性，其诱发机制正是来源于"中国式分权"所塑造的激励机制。

在经济高速增长的过程中，地方政府不仅可以凭借"剩余所有权"实现财政收入最大化，还可以在"以 GDP 论英雄"的晋升锦标赛中增加竞争筹码。在晋升激励和财政激励的双重诱导下，经济增长和财政收入最大化在地方政府的选择偏好中不断强化。可以说，地方政府具有代理人和自利者双重角色原型④。作为实现公共利益最大化的代理人，地方政府需要履行为民众提供公共服务的重要职能，而作为财政收入最大化的自利者时，地方政府则更多地将发展经济、增加税收视为第一要务，从而深刻体现出地方发展型政府的行为逻辑。至于在两种角色中如何切换，则取决于地方政府面临的任务情境在其效用函数中的优先排序。

① 郁建兴，高翔. 地方发展型政府的行为逻辑及制度基础［J］. 中国社会科学，2012（5）：95-112.

② 詹姆斯·Q. 威尔逊. 官僚机构：政府机构的作为及其原因［M］. 孙艳，等译. 北京：生活·读书·新知三联书店，2006：1-2.

③ 何显明. 市场化进程中的地方政府角色及其行为逻辑：基于地方政府自主性的视角［J］. 浙江大学学报（人文社会科学版），2007（6）：25-35.

④ 赵静，陈玲，薛澜. 地方政府的角色原型、利益选择和行为差异：一项基于政策过程研究的地方政府理论［J］. 管理世界，2013（2）：90-106.

（二）地方发展型政府的行为逻辑

1989 年美国学者戴慕真（Jean C. Oi）在《当代中国的国家与农民：乡镇政府的政治经济学》一文中提出"地方性国家统合主义"这一概念，阐述基层政权如何积极推动乡镇企业的发展，从而与乡镇企业结成利益共同体[1]。而后，戴慕真进一步将"地方性国家统合主义"延伸至中国的财政体制改革，考证地方政府基于财政收益最大化而产生的逐利动机，这一动机又如何激发出地方政府"公司化"的行为逻辑。

"公司化"的行为特征诱致地方政府选择性履行政府职能，概言之，就是致力于追求经济增长，疏于公共服务供给[2]。随着建设服务型政府改革进程的推进，政府职能在经济领域"越位"以及在民生领域"缺位"的问题有所改善，但与社会经济发展的强大需求相比，政府职能转变的步伐依然稍显迟缓。

"政府如厂商"的行为逻辑虽然推动了中国的经济转型[3]，但也导致地方政府的行为取向偏离了"为人民服务"的应然逻辑，而走向了"为增长而竞争"的实然逻辑。在"人民教育政府办"的制度安排下，义务教育作为基本公共服务被纳入公共财政保障范畴，但"为增长而竞争"的地方发展型政府集中精力发展经济，缺乏内在的动力增加教育财政投入。地方政府教育财政投入努力程度的不足，严重制约了基本公共教育服务的供给效度。反思义务教育布局调整过程中出现的负面效应，同样是因为地方发展型政府的行为逻辑，一些地方政府通过大规模的"撤点并校"以减轻供给责任，无形中增加了民众的教育负担，甚至隐性"剥夺"了贫困家庭子女接受优质教育资源的权利。

二、地方发展型政府的财政支出结构

"中国式分权"对于经济增长的"强激励"和对于公共服务的"弱激励"，塑造了地方发展型政府"重建设、轻服务"的财政支出结构偏向。在此支出结构下，诸如义务教育布局调整的供给侧改革，不可避免陷入政策执行阻滞困境。

① Jean C. Oi. Fiscal Reform and the Economic Foundations of Local State Corporatism in China [J]. World Politics, 1992, 45 (1): 99-126.
② 赵树凯. 地方政府公司化：体制优势还是劣势？[J]. 文化纵横, 2012 (2): 73-80.
③ Walder A G. Local Governments as Industrial Firms: An Organizational Analysis of China's Transitional Economy [J], American Journal of Sociology, 1995 (2): 263-301.

（一）"重建设、轻服务"的财政支出结构偏向

财政分权与政治集权相互嵌入的制度安排是"中国式分权"的核心特征，并塑造出地方发展型政府的利益偏好和行为逻辑。同时，"中国式分权"产生的双重激励效应，即经济增长的"强激励"和公共服务的"弱激励"，进一步影响着地方政府在经济与民生领域的财政支出结构偏向。对于地方发展型政府而言，为"增长而竞争"的选择偏好导致其财政支出结构具有明显的"重基础设施建设、轻人力资本投资和公共服务"偏向①。

在分权化改革的过程中，地方政府往往置身于多任务的行动情境之中，既要发展地区经济，又要维护社会稳定，同时还要为辖区居民提供必要的公共物品或服务。因此，地方政府对于财政资源的分配就要根据目标任务的"轻重缓急"而进行选择性排序，将有限的财政资源用于最出"政绩"的任务上。相比投资基础设施建设而言，投资教育显然不是地方政府优先考虑的"第一要务"，进而导致公共服务供给水平难以满足民众的需求偏好②。

（二）教育优先发展的战略地位难以付诸实践

"重建设、轻服务"的财政支出结构偏向是地方政府作为"理性经济人"追求自我利益最大化的结果。早在 1993 年，国务院颁布的《中国教育改革和发展纲要》就明确指出，"逐步提高国家财政性教育经费支出占国内生产总值的比例，在 20 世纪末达到 4%。"事实上，之所以做出将教育财政支出与国内生产总值（GDP）、财政支出相挂钩的制度安排，一个重要目的就是强化地方政府的教育支出责任，从而保证财政性教育经费投入的充足性。但这一目标的提出到实现却经历了漫长而曲折的过程，这一定程度上说明了"教育优先发展"的施政纲领并未转化为一些地方政府的行动实践。

正是因为教育优先发展的战略地位难以落实，以义务教育布局调整为重要举措的基本公共教育服务供给侧改革，难免在实践中出现困境。中央政府制定义务教育布局调整的政策初衷是想通过优化教育资源配置，在推进基本公共教育服务均等化的基础上提高民众的教育获得感、满意度。但就义务教育布局调

---

① 傅勇，张晏. 中国式分权与财政支出结构偏向：为增长而竞争的代价 [J]. 管理世界，2007（3）：4-12.

② 龚锋，卢洪友. 公共支出结构、偏好匹配与财政分权 [J]. 管理世界，2009 (1)：10-21.

整的政策实效而言，一些地方并未将中央政府的"顶层设计"转化为实践行动。大规模、一刀切式的"撤点并校"实则隐含着地方政府降低教育投入的强烈动机①。

尽管 2012 年国务院办公厅发布的《关于规范农村义务教育学校布局调整的意见》指出，坚决制止地方政府盲目撤并农村义务教育学校。但只要"中国式分权"的激励机制和"地方发展型政府"的行为逻辑不变，中央的"禁令"很难停止地方政府撤并农村义务教育学校的步伐②。以义务教育布局调整为代表的供给侧改革，也很难取得理想的政策预期。

三、地方发展型政府的空间生产策略

（一）地方发展型政府的空间经营策略

在法国都市社会学家亨利·列斐伏尔（Henry Lefebvre）看来，空间不仅蕴含着社会关系再生产的寓意，更充斥着权力再生产的建构逻辑。如其所言，"统治阶级把空间当成一种工具来使用……让空间服从权力，控制空间，通过技术来管理整个社会③。"以此为思考，在"乡土中国"向"城市中国"转型的历史际遇中，拥有属地管理权的地方政府通过控制土地这一重要的空间生产资源，塑造了"政府主导型"的城镇化推进模式④，并以强大的主体能动性使"增长主义"驱动的权力运行逻辑在空间生产中得以再生产。

1994 年分税制改革通过调整税收方案提高了中央政府的财政收入比重，但分税制改革的外在压力激发了地方政府"以地生财"的强烈动机，并推动了地方政府从"经营企业"向"经营城市"的行为转变⑤。为了将城市空间生产转化为经济增长和财政征收的重要场域，地方政府通过公司化的运作逻辑构建

---

① 丁冬，郑风田. 撤点并校：整合教育资源还是减少教育投入？基于 1996—2009 年的省级面板数据分析 [J]. 经济学（季刊），2015（2）：603-622.

② 丁延庆，王绍达，叶晓阳. 为什么有些地方政府撤并了更多农村学校？[J]. 教育经济评论，2016（4）：3-34.

③ 亨利·勒菲弗. 空间与政治 [M]. 李春，译. 上海：上海人民出版社，2008：139.

④ 李强，陈宇琳，刘精明. 中国城镇化"推进模式"研究 [J]. 中国社会科学，2012（7）：82-100.

⑤ 周飞舟. 大兴土木：土地财政与地方政府行为 [J]. 经济社会体制比较，2010（3）：77-89.

了具有"中国特色"的城市建设投融资模式①。在这一模式内，地方政府将土地、财政、金融嵌入在一个相互连通的利益网络中，继而使权力运行逻辑突破官僚体制的束缚，拓展到更广泛的空间经营领域。

地方政府之所以抓住空间生产的主动权并"经营"土地这一重要空间资源，根本目的则是通过控制土地开发权从而"抓住经济发展的主动权"②。但在"重建设、轻服务"的财政支出结构偏向下，"空间经营"可以维持"土地城镇化"的原始积累，却难以为"人的城镇化"提供充足保障。作为"经营"土地的"企业家"，一些地方政府在追求土地出让金最大化时，将更多的财政资源投入经济性公共物品的供给中，义务教育等非经济性公共物品的供给水平并未得到改善③。这也是为何目前城镇义务教育资源供给不足，"大班额""巨型学校"问题极为突出的重要原因。

事实上，义务教育学校布局调整也成为地方政府城镇化战略布局的一项重要内容，即以"学校进城"带动"农民进城"。但在这一过程中，基本公共教育服务均等化并未与城镇化进程同步推进，致使城乡二元教育结构向城镇地区转移，加速了义务教育的社会空间分异态势④。在以房产税为税基的西方国家，优质公共服务所产生的"资本化"效应正是地方政府获取财政收入的重要激励来源。但中国公共服务"资本化"的时序特征却是，基础设施等经济性公共物品的"资本化"效应发生在土地交易环节，但义务教育等非经济性物品的"资本化"效应发生在房产交易环节，地方政府无法通过房产税对其进行价值捕获，因此缺乏财政激励提供此类公共服务⑤。正是因为这一时序特征的存在，以义务教育布局调整为实践的基本公共教育服务供给侧改革，并未从根本上解决"城镇挤""乡村弱"等问题。

① 郑思齐，孙伟增，吴璟，等."以地生财，以财养地"：中国特色城市建设投融资模式研究 [J].经济研究，2014（8）：14 - 27.

② 曹正汉，史晋川.中国地方政府应对市场化改革的策略：抓住经济发展的主动权：理论假说与案例研究 [J].社会学研究，2009（4）：1 - 27.

③ 左翔，殷醒民.土地一级市场垄断与地方公共品供给 [J].经济学（季刊），2013（2）：693 - 718.

④ 邬志辉.大城市郊区义务教育的空间分异与治理机制 [J].人民教育，2014（6）：9 - 14.

⑤ 汤玉刚，陈强，满利苹.资本化、财政激励与地方公共服务提供：基于我国35个大中城市的实证分析 [J].经济学（季刊），2016（1）：217 - 240.

（二）地方发展型政府的空间管制策略

弗里德里奇·哈耶克（Friedrich Hayek）曾提出一个论断，即"当政府被授予提供某些服务的排他性权力的时候，自由就受到极为严重的威胁，因为政府为了实现其设定的目标，必定会运用这种权力对个人施以强制。"① 反思"就近入学"政策所建构的"制度—空间"，实际上是一套以"户籍＋房产"为资格准入原则的教育资源分配机制。然而，在"就近入学"政策所建构的"制度—空间"内，地方发展型政府通过实施一系列管制策略，不仅强化了家庭社会经济地位与优质教育资源的对应关系，更以较为隐蔽而不易察觉的强权逻辑安排着等级化的社会空间秩序，其结果必然导致教育分层趋势的加剧。

需要反思的是，"择校热"问题之所以长期存在甚至愈演愈烈，根本原因在于基本公共教育服务的供给水平难以满足民众对于优质教育资源的强烈需求，治本之策应该是让优质教育资源均衡布局前置于"就近入学"政策，优先满足人民群众"上好学"的教育诉求②。反观一些地方政府的治理实践，在优质教育资源供给不足、非均衡配置的情况下，依然采取"管制型政府"的治理策略，将家庭的择校行为视为阻碍教育均衡发展的问题来源，并试图通过"单校划片""多校划片"之类的空间管制策略"封堵"择校"大门"。

更值得追问的是，"就近入学"实则是地方政府对农民工子女实施的一种隐性的空间管制策略。在中国急速发展的城镇化进程中，农民工及其家庭劳动力再生产所需要的医疗、住房、子女教育等公共服务，并不在城市政府的供给责任之内，进而使亿万农民工群体陷入"拆分型劳动力再生产模式"之中③。但农民工随迁子女在城市依然面临着居住空间边缘化、教育资源边缘化、社会身份边缘化等重重障碍。对于大多数农民工随迁子女而言，城市提供的教育服务并非实现社会向上流动的阶梯，而是迈向阶层再生产的驿站而已④。即使近年来流入地政府根据差别化落户政策推出了"积分入学"等改革举措，但这一兼具"选择性"和"限制性"的入学政策更容易惠及那些高学历、高收入的优

---

① 弗里德里奇·哈耶克. 自由秩序原理 [M]. 邓正来，译. 北京：生活·读书·新知三联书店，1997：50.

② 范先佐. 义务教育均衡发展改革的若干反思 [J]. 教育研究与实验，2016（3）：1-8.

③ 任焰，陈菲菲. 农民工劳动力再生产的空间矛盾与社会后果：从一个建筑工人家庭的日常经验出发 [J]. 兰州大学学报（社会科学版），2015（5）：10-21.

④ 熊易寒. 底层、学校与阶级再生产 [J]. 开放时代，2010（1）：94-110.

势阶层，这也是教育分层格局产生的原因所在。

第三节 政府中心主义：权力本位的 基本公共教育服务治理逻辑

通过反思义务教育布局调整政策，可以发现，公共性缺失的治理理念、非合作博弈的治理主体、功能内卷化的治理机制三重逻辑相互作用，结果导致政府单一向度、自上而下推动的供给侧改革偏离了理想预期。

一、公共性缺失的基本公共教育服务治理理念

公共性是基本公共教育服务的应然属性，亦是建构教育治理的价值基础，更是供给侧改革的逻辑起点和价值归宿。

（一）公共性：基本公共教育服务治理理念的价值向度

在公共性的价值尺度内，基本公共教育服务的治理理念需要遵从权利本位这一价值导向。就现代国家发展教育事业的共识性经验看，为民众提供基本公共教育服务，并在法律框架内保证公民的受教育权利，已经成为现代政府的核心职能。汉娜·阿伦特曾将"公共性"视为人类存在和发展的必要条件，"由于我们的存在感完全依赖于一种展现，因而也就依赖于公共领域的存在"[①]。对于个体而言，保障受教育权利是促进其个人全面发展，融入公共领域的重要条件，这也是公共教育服务正外部性的重要体现。以此为据，基本公共教育服务的治理理念也必须坚持"权利本位"的价值导向，并将"公共性"的价值理念落实到供给侧改革实践。

依据公共性的价值尺度，基本公共教育服务需要树立公平正义优先的价值准则。在社会分层的研究视域内，教育在个体社会地位获得的过程中发挥着至关重要的作用。但这一作用涉及两个看似相互对立的关系维度，即教育既可以在促进社会流动的过程中发挥重要作用，但与此同时，教育也可能强化既有的社会等级秩序，成为阶层代际传递的重要工具。正因如此，具有深刻公共性内涵的基本公共教育服务，选择了公平正义优先这一价值准则，以此最大限度地发挥教育促进社会底层升迁性流动的正向功能。

---

① 汉娜·阿伦特. 人的条件［M］. 竺乾威，等译. 上海：上海人民出版社，1999：39.

在公共性的价值尺度内，基本公共教育服务的治理理念需要满足公共利益最大化的价值诉求。在亚里士多德看来，所有城邦都会结成共同体，而共同体的建立都是追求某种"善"①，这种"善"实际上就是人们所共同追求的公共利益。在现代社会的建构中，没有公共利益作为价值共识，秉持不同利益偏好的行动主体很难就公共事务开展合作治理，也自然难以形成一个和谐稳定的社会共同体。公共教育服务供给抑或公共教育事务治理，在实践过程中必然会涉及不同利益主体的相互博弈，此时，如何在"公共性"的维度内满足公共利益最大化，就是一切利益主体的行为准则。

（二）权力本位：基本公共教育服务治理理念的价值偏失

受制于权力本位的基本公共教育服务治理理念，政府单一向度、自上而下推动供给侧改革，有可能偏离了权利本位的价值导向。以"就近入学"政策为例，从法理层面而言，义务教育"就近入学"政策的制定在于保障公民接受基本公共教育服务的法定权利，同时旨在规范和约束政府的权力和责任，使其真正履行保障公民受教育权利的法定责任。但在以义务教育布局调整为问题导向的供给侧改革中，一些地方政府并未严格遵守"就近入学"的基本原则，确保适龄儿童平等接受义务教育的法定权利，从而导致"上学远""上学难""上学贵"等问题的出现，并在一定程度上损害了贫困家庭子女的受教育权利。

受限于权力本位的基本公共教育服务治理理念，供给侧改革亦可能偏离了公平正义优先的价值准则。法国著名社会学家皮埃尔·布迪厄（Pierre Bour-dieu）曾指出，教育实际上是统治阶级进行社会控制的有力工具，教育在维系社会统治的过程中发挥着重要作用。反思一些地方政府强势推行的"撤点并校"，依然是在"效率优先"的价值导向下片面强调"投入—产出""成本—收益"的教育资源配置原则，而忽视了教育公平这一基本的价值取向。优质教育资源非均衡配置与家庭"用脚投票"的同构效应，又加剧了基本公共教育服务的社会空间分异态势。

二、非合作博弈的基本公共教育服务治理主体

反思政府单一向度推动的供给侧改革之所以出现负面效应，一个重要的因素就是政府中心主义、权力本位的治理逻辑，相对忽视了教育发展的外部环境

---

① 亚里士多德. 政治学 [M]. 演一，等译. 北京：人民大学出版社，2003：1251.

以及相关治理主体的利益诉求。其结果就是，秉持不同利益偏好的治理主体，并未基于公共利益最大化形成改革共识，而是陷入非合作博弈的集体行动困境之中。

（一）政府中心主义的治理主体结构

基本公共教育服务供给侧改革不仅涉及教育资源的优化配置，而且包括政府间的权责优化问题。从治理的角度而言，围绕基本公共教育服务供给侧改革产生的资源配置、权责调适乃至利益博弈，实际上结成一个错综复杂的治理网络，直接关联着政府、市场、社会、学校（教师）、家庭（学生）等多元化利益主体。换言之，基本公共教育服务供给侧改革实际上建构起一个多元治理主体共同"在场"的行动场域，不同治理主体的利益偏好和行为策略互生互动，共同影响着供给侧改革的实际效度。

受限于"全能型政府"的路径依赖效应，无论是基本公共教育服务供给制度变迁，抑或是以布局调整为代表的供给侧改革，都体现出以控制为主的教育管理体制特征①。然而，阻碍教育改革深入推进的因素恰恰是政府部门的强势干预②。集教育政策制定者、管理者、监督者、评价者多重角色于一身的政府职能部门常常以"划桨"的姿态对公共教育事务大包大揽，甚至对学校的自主办学行为、家庭的教育选择行为进行限制。

2015 年 5 月 4 日，《教育部关于深入推进教育管办评分离促进政府职能转变的若干意见》指出，推进管办评分离，构建政府、学校、社会之间新型关系，是全面深化教育领域综合改革的重要内容。学校布局调整涉及多元治理主体的利益诉求，既包括家庭和学生的教育需求偏好，也包括学校和老师的集体利益，还可能牵涉到社区及村集体的共同利益。但政府单一向度、自上而下推动的布局调整政策，显然受限于政府中心主义的治理主体结构，以至于相关治理主体未能充分表达自身的利益诉求，其治理主体地位也未能得到充分的确认和体现。

（二）多元化利益主体的非合作博弈

美国学者詹姆斯·C. 斯科特（James C. Scott）曾在《国家的视角：那些

---

① 蒲蕊. 公共教育服务体制创新：治理的视角 [J]. 教育研究，2011（7）：54-59.

② 吴康宁. 政府部门超强控制：制约教育改革深入推进的一个要害性问题 [J]. 南京师大学报（社会科学版），2012（5）：6-11.

试图改善人类情况的项目是如何失败的》一书中通过多案例研究，论述了国家对社会的大规模改造工程如何从极端的理性走向极端的非理性，重要原因就是国家可以凭借强制性权力，对自然或社会秩序进行"极端现代主义"的理性设计，而软弱且顺从的民众没有能力反对或抵抗国家倾力打造的各类社会改造项目[①]。但这些项目的结果却未能达到理想预期。

基于"国家的视角"审视义务教育学校布局调整，就不难理解其出现的负面效应如何起源于政府中心主义、权力本位的治理逻辑。从实践维度看，在基本公共教育服务供给侧改革过程中，已然出现了一个多元治理主体共同"在场"的行动场域。但政府单一向度、自上而下推动各项改革举措，依然局限于科层体制内部调节政府间权责关系，相对忽视了教育发展的外部环境和多元治理主体的利益诉求，进而导致政府、市场、社会、学校（教师）、家庭（学生）等多元治理主体陷入非合作博弈的集体行动困境之中。

通过户籍限制、禁止择校、就近入学等管制型策略，仅能从形式上维持相对稳定的教育秩序，并不能从根本上解决基本公共教育服务供需失衡问题。而一些对于优质教育资源有着强烈需求的家庭并不会"坐以待毙"，反倒是通过各种"变通"之法将子女送入名校。而这些"变通"之法既包括合法、合理、合规的择校策略，同时，也充斥着寻租、暗箱操作等违规行为。

在家庭"用脚投票"的同时，学校与教师也会采取非合作博弈的行动策略。尽管政府不断强化"就近入学"政策禁止学校跨区"择优"招生。但对于学校而言，生源质量的"好坏"对于教育质量至关重要，甚至可以说是保证"升学率"的决定性因素，这也是为什么一些学校通过各种变通策略"择优"招生的原因所在。从学校管理者和教师自身而言，优秀校长、教师的有序流动本来是合理配置教育资源的重要内容，但贫困地区、薄弱学校优秀师资"另择高就"的现象则会进一步加剧教育资源的非均衡配置，不利于教育公平的维护和教育质量的提升。

政府与市场的关系也在非合作博弈中呈现出更加复杂的形态。民办学校因为"掐尖"招生扰乱教育生态环境的新闻屡见不鲜，而优质教育资源与市场联姻出现的"学区房"现象更加引发热议。与此同时，近年来逐步勃兴并日益受到严格管控的校外培训市场，已经严重影响到基本公共教育服务供需关系。从

---

① 詹姆斯·C. 斯科特. 国家的视角：那些试图改善人类情况的项目是如何失败的［M］. 王晓毅，译. 北京：社会科学文献出版社，2012：109-110.

事实的角度而言，校外培训机构、互联网在线教育等新兴市场主体已然广泛参与到教育服务的生产和供给之中，但它们的正向功能并未得到充分挖掘和利用。

三、功能内卷化的基本公共教育服务治理机制

局限于科层体制内部的集权化改革逻辑，不仅压缩了多元主体合作行动的制度空间，也会因为不断精细化的治理机制陷入功能"内卷化"状态，以至于难以应付问题重生的教育治理乱象，又耗费了大量的治理资源和行政成本。

（一）由"内卷化"概念阐释的经验实践

何谓"内卷化"？从字义上解释，"内卷化"意味着因内部缠绕、包裹、翻卷而成的一种扭曲、复杂的事务形态。对于"内卷化"概念的应用性解释，学者黄宗智在对传统农业经济的研究过程中，将"内卷化"这一概念阐释为在土地资源规模既定的情况下，大量的劳动力投入反而导致农业生产出现边际收益递减现象。在 1985 年出版的《华北的小农经济与社会变迁》一书中，黄宗智描述了中国小农经济存在的"内卷化"现象，即"劳动力集约化程度可以远远超过边际报酬递减的地步"[①]。而后，在 1992 年出版的《长江三角洲小农家庭与乡村发展》一书中，黄宗智指出密集的劳动力收入未能促进小农经济发生结构性质变，"仅敷糊口水平上的小农生产持续着，甚至随着商品化、农作密集化和家庭工业更为复杂[②]。"在黄宗智看来，边际收益递减的小农经济生产方式，必然会陷入"有增长无发展"的内卷化困局之中。

应用"内卷化"概念的另一经典范例则是杜赞奇的"国家政权建设"研究。杜赞奇在 1996 年出版的《文化、权力与国家：1990—1942 年的华北农村》一书中阐述了国家政权建设过程中的"内卷化"现象。通过考证清末民初国家政权建设的现代化进程，杜赞奇发现，国家权力试图借助官僚体制之外的力量推行相关的政策指令，但其结果却是，财政收入的增加伴随着非官僚机构的壮大，而国家权力对官僚体制之外的非正式机构缺乏控制力，反而使依靠"赢利型经纪"维持的国家—社会关系得以强化。就此而论，"国家政权内卷

---

① 黄宗智. 华北小农经济与社会变迁 [M]. 北京：中华书局，2000：6.
② 黄宗智. 长江三角洲小农家庭与乡村发展 [M]. 北京：中华书局，2000：12.

化"意在说明原有国家与社会关系模式的复制、延伸和精致化①。

通过对上述研究范例的概略性描述，已经可以初步描摹出"内卷化"概念所指称的经验实践，即事务发展到一定阶段或一种形式后，由于内部结构的不断精细化和复杂化，反而使其陷入停滞不前的自我锁定状态，进而无法向效益更高的状态转变。

（二）基本公共教育服务治理机制的"内卷化"困境

从历史的逻辑看，作为基本公共教育服务体系中最具代表性的义务教育，经历了从"人民教育国家办"向"人民教育人民办"再向"人民教育政府办"的制度变迁历程。在这一制度变迁过程中，义务教育被纳入基本公共服务供给范畴，政府的供给责任不断制度化、规范化，不同层级政府之间的供给责任也从"以乡镇为主"到"以县为主"再到"省级统筹"和"各级政府共同承担"转变。就此制度变迁过程所展现的供给侧改革逻辑而言，基本公共教育服务的供给责任配置体现出科层化集权的鲜明趋向。

科层化集权取向的权责调整深刻影响着基本公共教育服务的治理机制。例如，为了强化义务教育"控辍保学"机制，中央政府不断强化目标管理责任制的治理逻辑，通过反复的动员、督查、考核，甚至"一票否决"的方式约束地方官员治理失学、辍学和逃学问题。但随着教育治理技术及考核指标的精细化，针对失学、辍学和逃学问题所采取的治理机制反而陷入"内卷化"的困境之中②。上级政府繁复的检查和验收，不仅耗费了大量的治理成本，给基层政府及学校的日常工作造成了巨大的压力，学校与教师也在反复的检查与验收中耗费了大量的时间和精力。更为深层次的问题是，面对纷繁复杂的教育治理乱象，权力本位的基本公共教育服务治理逻辑本身缺乏自我革新的动力和能力。正如义务教育布局调整的实践经验表明，在优质教育资源供给不足、配置不均衡的情况下，权力本位的治理逻辑就是强化实施"就近入学"政策，但又衍生出教育分层效应。

在教育经费保障机制方面，随着中央政府转移支付力度的增强，地方政府却未能同步提高义务教育投入的努力程度，甚至因地方政府的"等、靠、要"

---

① 杜赞奇．文化、权力与国家：1900—1942 年的华北农村［M］．王福明，译．南京：江苏人民出版社，2010：54-55.

② 沈洪成．教育下乡：一个乡镇的教育治理实践［J］．社会学研究，2014（2）：90-115.

行为而导致转移支付出现"挤出效应",结果导致教育经费投入总量没有明显的增长①。此外,大量的转移支付资金投入到农村义务教育中,但并未从根本上促进城乡义务教育优质均衡发展。正如学者研究表明,财政资金专项化带来了公共财政"覆盖"县城而非"反哺"农村的附带效应②。更加值得关注的是,"项目制"的治理逻辑已经从财政领域拓展到教育治理领域。近年来,各级政府和教育主管部门针对种种教育热点问题开展了各类专项治理行动。但无论是通过"单校划片"和"多校划片"对"学区房"进行打压,抑或是对"择校热"和"培训热"问题展开专项治理,都无法"毕其功于一役"。这些"治标"手段不但没有达成基本公共教育服务供需平衡的"治本"目的,反而加重了基层政府的治理负荷。

① 孙志军,杜育红,李婷婷. 义务教育财政改革:增量效果与分配效果 [J]. 北京大学教育评论,2010 (1):83-100.
② 周飞舟. 财政资金的专项化及其问题兼论"项目治国"[J]. 社会,2012 (1):1-37.

第六章　基本公共教育服务供给侧改革路径的优化策略

教育改革牵一发而动全身，既需要政治、经济、社会和文化等领域的协同变革，更需要市场、社会、学校（教师）、家庭（学生）等相关利益主体的积极配合。这一现实基础决定了基本公共教育服务供给侧改革不能仅仅依靠政府的"单兵突进"，而是需要在多元主体相互合作的框架内重塑基本公共教育服务的治道逻辑，探寻基本公共教育服务供需失衡问题的治本之策。

第一节　合作治理向度内的基本公共教育服务变革导向

合作治理为基本公共教育服务治道变革提供了理论依据和实践参照。鉴于公共服务供给乃至公共事务治理存在的"政府失灵"问题，世界各国普遍遵循合作主义的改革进路，致力于在政府、市场、社会、公民等治理主体之间建立合作伙伴关系，从而促成了公共服务乃至整个公共领域的治道变革。

一、基本公共教育服务合作治理的价值变革向度

在合作治理的向度内，基本公共教育服务应在"公共性"的价值引领下，以需求为导向办好人民满意的教育，通过供给侧改革不断提升民众的教育获得感，努力让每个孩子获得公平而有质量的教育。

（一）以需求为导向办好人民满意的教育

"办好人民满意的教育"是国家建立基本公共教育服务体系，推动基本公共教育服务变革的价值归宿。教育事关民众的切身利益，承载着亿万家庭对于美好生活的热切期盼。但就目前我国基本公共教育服务供给水平及改革成效而言，在公平层面，教育促进弱势群体向上流动的正向功能正在弱化；在质量层

面，"千校一面"的办学模式已经无法满足家庭个性化、多样化的教育需求。这就意味着，基本公共教育服务的供给效度和改革向度，不仅要做大优质教育资源这块"蛋糕"，同时还要分好"蛋糕"，以此满足民众对于促进教育公平、提升教育质量的双重需求。

根据合作治理的变革逻辑，民众不仅是基本公共教育服务的接受者，同时也是合作生产者。然而，包括义务教育在内的基本公共服务，民众的需求偏好缺乏进入基本公共教育服务生产流程制度化渠道。在全面深化供给侧改革的背景下，基本公共教育服务供给应以需求为导向，不断提升民众的教育获得感和满意度。根据"精准识别—精准供给"的双向建构逻辑，革新治理理念和治理技术①，构建惠及全民的基本公共教育服务体系，着力推进基本教育服务均等化供给，以需求为导向办好人民满意的教育。

（二）强化基本公共教育服务变革的公平导向

在现代社会，教育在促进社会流动的过程中发挥着"助推器"的作用，其促进弱势群体向上流动的功能也被赋予了进步主义的人文关怀，这也正是制度化、规范化的基本公共教育服务体系得以大规模供给的意义所在。因此，各国基本公共教育服务的价值导向普遍注重教育公平对于促进社会流动、维护社会稳定的重要作用，最大程度地发挥教育阻断贫困代际传递的正向功能。对于处在社会转型期的中国而言，教育公平不仅是实现社会公平的基础，同时也是建构社会共同体的重要途径；与此同时，合理的社会流动也是中国避免陷入"中等收入陷阱"②，促进经济可持续性增长的必要条件。

2017 年国务院印发的《国家教育事业"十三五"规划》指出："坚持促进教育公平，让全体人民、每个家庭的孩子都有机会接受比较好的教育，让教育改革发展成果更好地惠及最广大人民群众，进一步提升教育公平水平。"但是，如果将教育"功能论"与"冲突论"的逻辑预设融合在一起，我们不难发现，教育既承载着优势阶层维护自身社会地位的利益诉求，同时也寄托着弱势群体向上流动的利益需求。但不同社会阶层的诉求在既定的教育资源配给下必然产生冲突和博弈，而基本公共教育服务合作治理的价值导向就是通过建立一套利

---

① 王玉龙，王佃利. 需求识别、数据治理与精准供给：基本公共服务供给侧改革之道 [J]. 学术论坛，2018（2）：147 - 154.

② 陆铭. 教育、城市与大国发展：中国跨越中等收入陷阱的区域战略 [J]. 学术月刊，2016（1）：75 - 86.

益整合机制，最大限度地保障教育机会的公平分配。

（三）注重基本公共教育服务变革的效率导向

在普及九年义务教育的过程中，一些地区通过压力型体制和目标管理责任制强行下派任务目标，致使"普九"任务在层层加码中形成了"一村一校"的分散化空间布局。但在地方政府供给能力不足的现实情况下，九年义务教育普及只能维持低水平供给，特别是在农村贫困地区，义务教育质量很难得到保证。随着城镇化进程的推进，学龄人口从农村不断向城镇地区流动，一些农村开始出现了一人一校的"麻雀学校"，教育资源闲置甚至浪费的现象极为明显。

从资源配置角度来说，任何资源都不可能是享用不尽的，资源稀缺性是普遍存在的。特别是需要人、财、物多项资源支撑的教育事业，更需要考虑如何通过提高资源配置效率，使有限的教育资源得到充分利用。虽然在义务教育布局调整过程中，存在因过度追求规模效益而损害教育公平的问题。但应该承认的是，"麻雀学校"的办学条件和师资配置，很难在质量上满足农村家庭获得优质教育资源的强烈需求。在合作治理的价值向度内，公平与效率的相互融合更是一种必然的趋势。事实上，公平与效率在教育领域也不是"鱼和熊掌不可兼得"的矛盾对立面①。如果教育资源配置缺乏效率，基本公共服务教育质量自然难以保证，有质量的教育公平更是无从谈起。因此，为了满足"人人上好学"的教育需求偏好，基本公共教育服务需要在效率导向下重塑价值理念，特别是在供给侧改革过程中，不仅要着力推进教育公平，同时也要大力提升教育资源配置效率，唯有如此，才能为每一个孩子提供公平而有质量的基本公共教育服务。

二、基本公共教育服务合作治理的主体变革向度

从主体变革向度而言，基本公共教育服务合作治理意味着从"单中心"走向"多中心"的治理结构。多元治理主体在合作的框架内各司其职、各显其能，实现资源整合及功能耦合，并根据公共利益最大化凝聚的改革共识展开集体行动，从而使基本公共教育服务供给侧改革走出非合作博弈的治理困境。

---

① 丁维莉，陆铭. 教育的公平与效率是鱼和熊掌吗：基础教育财政的一般均衡分析 [J]. 中国社会科学，2005（6）：47-57.

(一) 从"单中心"走向"多中心"的治理结构

从世界范围内公共服务治道变革的整体趋势看，政府已不是公共服务唯一的"生产者"或"提供者"，也不是公共服务治理唯一的权力中心，而是在合作治理的向度内与市场、社会、学校、家庭结成合作伙伴关系，进而在公共服务领域内建立起"多中心"的治理结构。

经过实践反思发现，政府单一向度、自上而下推动的"供给侧"改革之所以出现负面效应，一个至关重要的因素就是，政府中心主义的治理结构忽视了其他治理主体的利益诉求，导致多元主体陷入非合作博弈的囚徒困境之中。在优质教育资源供给不足、非均衡配置的情况下强制实施"就近入学"政策，反倒迫使有些家庭通过"用脚投票"和"买房择校"策略争夺优质教育资源，结果造成优质教育资源的"精英俘获"。迫于"唯分数论"造成的升学压力，一轮又一轮的"减负"政策不仅没有得到显著的治理成效，反而引发学校、教师、家长和学生之间的"共谋"。无奈之下，教育管理部门只能通过行政指令强行推进"校内减负"政策的落地，而这一治理策略的悖论却是校外补习市场的迅速扩张。校外培训热潮的兴起不仅加剧了教育的阶层再生产功能，更削弱了政府促进义务教育公平的政策成效①。总之，政府单一向度、自上而下推动的治理举措，非但没有促进基本公共教育服务供需关系的平衡，反而诱发出各种非合作博弈的策略性行动。

在"多中心"治理主体合作共治的结构框架内，政府的主导作用、市场和社会的协同作用、公民的参与作用得以整合，为破解供需失衡问题探索出可行路径②。在此意义上，基本公共教育服务合作治理的主体变革向度应从"单中心"转向"多中心"的建构逻辑，促发多元治理主体在各就其位、各司其职、各尽其能的结构关系中开展集体行动，从而使基本公共教育服务到达供需平衡的理想状态。

(二) 基本公共教育服务合作治理的集体行动逻辑

在合作的框架内建构"多中心"的治理结构，已然成为世界各国公共服务

---

① 薛海平. 从学校教育到影子教育：教育竞争与社会再生产 [J]. 北京大学教育评论，2015 (3)：47 - 69.

② 马雪松. 结构、资源、主体：基本公共服务协同治理 [J]. 中国行政管理，2016 (7)：52 - 56.

治道变革的必由之路，对于基本公共教育服务而言亦然如此。"多中心"治理结构的建立意味着，政府从"统治者"和"管理者"的角色向"服务者"转型，并引导多元治理主体建构合作共治的关系结构①。在这一关系结构中，政府无所不包、无所不能的职能定位已经不合时宜，而是在"有所为"与"有所不为"之间寻找合理的定位，并与市场、社会及民众开展集体行动。

就基本公共教育服务合作治理的集体行动逻辑而言，首先可以建构合作供给模式。尽管在"人民教育政府办"的制度安排下，义务教育已经被纳入基本公共服务供给范畴，并在"服务型政府"的职能定位下由政府承担主要供给责任。但市场、社会组织依然可以在义务教育资源配置中发挥重要作用，通过"合作生产"机制丰富供给内容，满足不同社会阶层多元化的教育需求。与此同时，合作生产还有望提高民众的公共服务满意度和获得感②。基本公共教育服务供给侧改革的终极目的就是"办好人民满意的教育"。在此目标导向下，重塑政府、学校、市场和社会之间的关系，推动政府向学校、市场和社会适度放权③。通过拓展学校办学自主权，鼓励和规范民办教育发展，完善政府向社会组织购买公共教育服务，扶持社会力量兴办教育事业等集体行动策略，不仅可以提高基本公共教育服务供给效度，更有助于提升民众满意度。

除了提高供给与需求的匹配程度之外，基本公共教育服务合作治理有着更广泛的集体行动空间。例如义务教育布局调整这一重大公共政策，必然涉及资源重组引发的利益博弈。如何基于公共利益最大化的价值导向合理配置教育资源，使秉持不同利益偏好的行动主体从对抗走向合作，这一过程本身就蕴含着合作治理的集体行动逻辑。例如，地方政府理应建构民主化的布局调整决策程序，使各方利益主体就义务教育布局调整达成基本共识④。只有在利益共识的基础上，多元化利益主体才能就基本公共教育服务合作治理开展集体行动，将个人利益、集体利益融入公共利益最大化的实现过程中。

---

① 郑家昊. 合作治理视域下的政府转型与职能实现 [J]. 哈尔滨市委党校学报，2014（6）：60-66.

② 朱春奎，易雯. 公共服务合作生产研究进展与展望 [J]. 公共行政评论，2017（5）：188-201.

③ 吕普生. 重塑政府与学校、市场及社会的关系：中国义务教育治理变革 [J]. 人文杂志，2015（8）：107-113.

④ 刘善槐. 科学化·民主化·道义化：论农村学校布局调整决策模型的三重向度 [J]. 教育研究，2012（9）：91-98.

三、基本公共教育服务合作治理的制度变革向度

如何办好人民满意的教育，需要一系列的制度建构、变革和创新举措。对于基本公共教育服务而言，合作治理向度内的制度变革逻辑包括打破强制性制度变迁的自我锁定效应，激发需求侧自下而上的制度变革动力。在基本公共教育服务制度创新趋向帕累托改进的过程中，促使"供给侧"改革举措更加适应"需求侧"的结构变化。

（一）打破强制性制度变迁的自我锁定效应

通过对义务教育供给制度变迁的历史回溯，不难看出，政府始终是推动公共教育服务变革的主导性力量。换言之，基本公共教育服务制度变迁的动力机制主要源于"自上而下"的行政权力，是以中央政府为"第一行动集团"的强制性制度变迁。但正如道格拉斯·C. 诺思（Douglass C. North）对于"路径依赖"问题的阐述，"一种制度一旦形成，不管是否有效，都会在一定时期内持续存在，并影响其后的制度选择。"[①] 在诺思看来，一旦制度变迁陷入"路径依赖"，就可能因为国家（政府）的有限理性、利益选择偏好而陷入无效率的自我"锁定"状态。由此观之，对于义务教育这一基本公共教育服务而言，其制度变迁不仅具有强制性制度变迁的典型特征，同时也体现出科层化集权趋向的制度变革逻辑。但限于政府内部的权责关系调整和集权化改革，极易出现功能内卷化的治理困境。

2013 年 11 月，党的十八届三中全会通过的《中共中央关于全面深化改革若干重大问题的决定》提出了全面深化改革的总体目标，即"完善和发展中国特色社会主义制度，推进国家治理体系和治理能力现代化"。对于基本公共教育服务而言，这一"顶层设计"的意义不仅预示着从教育"管理"向教育"治理"的转变，同时也意味着教育改革要向深水区推进，打破长期制约教育发展的制度性障碍，全面推进教育治理体系和治理能力现代化。有鉴于此，基本公共教育服务合作治理的制度变革逻辑，不仅要打破强制性制度变迁的自我锁定效应，还要走出科层体制内部集权化改革的路径依赖，将教育治理现代化蕴含的合作理念及变革精神付诸实践。

---

① 卢现祥、朱巧玲. 新制度经济学 ［M］. 北京：北京大学出版社，2007：474.

（二）激活需求侧自下而上的制度变革动力

基本公共教育服务合作治理的制度变革逻辑，不仅需要打破强制性制度变迁的自我锁定效应，更需要激发需求侧自下而上的制度变革动力。党的十九大报告指出，进入新的历史阶段，我国社会主要矛盾为"人民日益增长的美好生活需要和不平衡不充分的发展之间的矛盾"。聚焦教育问题，民众对于优质教育资源的需求日益增长，但即便在义务教育阶段，教育发展不平衡、不充分的态势依然显著，难以为民众提供公平而有质量的基本公共教育服务。

反思以义务教育布局调整为代表的供给侧改革实践，之所以出现负面效应，一个不能忽视的因素就是，地方政府并未充分、及时回应民众的教育诉求，以至于基本公共教育服务供给效度难以满足"需求侧"的变化。溯源其制度生成逻辑，在我国的行政管理体制中，"向上负责"的激励机制使地方政府的职责定位缺乏内在驱动力回应"自下而上"的民众诉求。

合作治理本身蕴含着自下而上的制度变革逻辑，特别是引入公众参与，是这一制度变革逻辑的重要体现。已有研究表明，公众参与能够弱化地方政府的财政支出结构扭曲，通过施加制度的硬约束提高地方政府的回应性，从而使公共服务趋向供给平衡[1]。因此，在合作治理的向度内变革基本公共教育服务供给制度，应着力激发"需求侧"自下而上的制度变革动力，使"供给侧"改革的各项举措主动适应"需求侧"的结构变化，从而在供需均衡的基础上提升民众满意度。

（三）趋向"帕累托改进"的制度创新逻辑

所谓的"帕累托改进"，意指当资源分配机制发生变化时，在不损害任何人福利的情况下，至少可以改善一个人的福利水平，此时的制度变迁便是朝着"帕累托改进"的方向演进。基于对义务教育供给制度的分析，义务教育实现了从"基本普及"向"全面普及"的飞跃式发展，并迈向从"基本均衡"向"优质均衡"的跨越式发展。在此期间，基本公共教育服务体系覆盖范围不断拓展，基本公共教育服务供给水平显著提升。可以说，就义务教育这一基本公共服务供给规模而言，基本满足了不同社会阶层的受教育需求，缓解了"最大

---

① 赵永亮，杨子晖 . 民主参与对公共品支出偏差的影响考察 [J]. 管理世界，2012（6）：74 - 85.

化维持不平等"① 所预设的教育分层问题。但在优质教育资源非均衡配置的情况下，因"有效维持不平等"② 所引发的教育分层趋势越来越明显，即优势阶层更有可能获得优质教育资源。

而无论政府主导的强制性制度变迁，或自上而下推动的供给侧改革实践，制度变革并未朝着"帕累托改进"的方向演进，反而使教育场域内的竞争和博弈更为激烈。从某种程度上来说，教育场域嵌入在广泛的社会治理环境之中，教育无法"独善其身"而成为"一方净土"。社会阶层分化及贫富差距的扩大，已经影响着基本公共教育服务的制度变革逻辑。如何实现制度变革的"帕累托改进"，关键在于从"权威体制"之外寻找制度创新的生长点，减轻权威体制的治理负荷③。真正在合作治理的向度，建构政府与社会良性互动的运行机制，通过分权化改革为政社合作伙伴关系建构操作性的制度安排④。基本逻辑就是超越科层体制内部的权责调整和制度变革，走向"多中心"治理结构所匹配的制度创新逻辑。

第二节 价值面向的供给侧改革路径优化策略

价值面向的路径优化是基本公共教育服务供给侧改革的逻辑起点。依据合作治理的价值变革逻辑，基本公共教育服务应在公共性的价值引领下，以需求为导向办好人民满意的教育，努力让每个孩子获得公平而有质量的教育。由上述价值向度指引的供给侧改革可以从提高民众满意度、促进弱势群体的社会向上流动、提升基本公共教育服务供给质量三条路径优化改革策略。

一、保障公民权利，提高基本公共教育服务的满意度

基本公共教育服务供给侧改革的出发点和落脚点，就是以需求为导向办好人民满意的教育。具体到改革实践中，必须坚守权利本位的价值理念，保障公

① Adrian E. Raftery, Michael Hout. Maximally Maintained Inequality: Expantion, Reform and Opportunity in Irish Educiton, 1921-1975 [J]. The American Journal of Sociology, 1993, 66 (1): 41-62.

② Samuel R. Lucas. Effectively Maintained Inequality: Educational Transitons, Track Mobility and Social Background Effects [J]. American Journal of Sociology, 2001, 106 (6): 1642-1690.

③ 周雪光. 权威体制与有效治理：当代中国国家治理的制度逻辑 [J]. 开放时代，2011 (10): 67-85.

④ 汪锦军. 合作治理的构建：政府与社会良性互动的生成机制 [J]. 政治学研究，2015 (4): 98-105.

民享有平等的受教育权利；与此同时，坚守为民服务的价值理念，提高民众的基本公共教育服务满意度。

（一）坚守权利本位的价值理念，保障公民享有平等的受教育权利

自 1949 年中华人民共和国成立以来，我国逐步形成以《中华人民共和国宪法》为总纲，以《中华人民共和国教育法》《中华人民共和国义务教育法》《中华人民共和国高等教育法》《中华人民共和国职业教育法》《中华人民共和国民办教育促进法》为支柱，以相关教育规划、规章、政策为补充的权利保障体系，以此保护公民的受教育权利。如《中华人民共和国宪法》第四十六条规定，"中华人民共和国公民有受教育的权利和义务"。《中华人民共和国教育法》第九条规定，"公民不分民族、种族、性别、职业、财产情况、宗教信仰等因素，依法享有平等的受教育机会。受教育者在入学、升学、就业等方面依法享有平等的权利。"2006 年 6 月 29 日，第十届全国人大常委会审议通过《中华人民共和国义务教育法》第四条规定，"凡是具有中华人民共和国国籍的适龄儿童、少年，不分性别、民族、种族、家庭财产状况、宗教信仰等，依法享有平等接受义务教育的权利，并履行接受义务教育的义务。"

基于上述相关法律的规定，保障公平享有平等的受教育权利无疑是教育发展与改革的基本价值导向。在这一价值导向下，基本公共教育服务供给侧改革必须坚持"权利本位"的理念，为公民享有平等的受教育权利提供保障。诸如义务教育学校布局调整，地方政府根据本地区内教育资源的承载能力，科学制定学校布局调整规划，严格遵守"就近入学"原则，确保适龄儿童平等接受义务教育的法定权利。同时，要坚持因地制宜、实事求是的基本原则，综合考量学龄人口规模、社会经济发展水平、地理环境和气候条件等因素，制定符合本地区义务教育发展实况的布局调整政策。特别是在偏远贫困、交通条件不方便的地区，应慎重撤并农村小规模学校和教学点，防止"撤点并校"侵害贫困家庭学生的受教育权利。

（二）坚守为民服务的价值理念，提高民众的基本公共教育服务满意度

"办好人民满意的教育"无疑是基本公共教育服务供给侧改革的终极目标。因此，要将"以人民为中心"的执政理念贯穿于基本公共教育服务供给侧改革的全过程，多谋民生之利、多解民生之忧，不断提高民众的教育获得感，在"为民服务"的价值理念下真正办好人民满意的教育。

就宏观层面而言，教育作为民族振兴、社会进步的基石，肩负着社会主义现代化建设的历史重任；就微观层面而言，教育关系民众切身利益，承载着亿万家庭对于美好生活的热切期盼。随着我国经济社会的全面发展，民众的教育需求偏好已经发生深刻变化，包括义务教育在内的基本公共教育服务，不仅需要在"数"的层面满足民众"有学上"的基本需求，更要在"质"的层面满足民众"上好学"的强烈偏好。为此，在深入推进基本公共教育服务供给侧改革的过程中，要精准对接民众教育需求偏好的转型升级，着力通过"供给侧"改革适应"需求侧"的结构变化，满足民众对于优质教育资源的强烈需求，不断提高民众满意度，顺应民众对于美好生活的热切期待。

二、坚守公平正义，促进弱势群体的升迁性流动

在社会阶层分化的现实背景下，基本公共教育服务供给侧改革应在公平正义的价值导向下优化路径。一方面，在合理的范围内弱化家庭条件与子女教育机会获得的关联性，抑制教育的社会再生产功能；另一方面，通过实施教育扶贫政策，最大限度地激发教育促进贫困家庭子女升迁性流动的正向功能。

（一）基本公共教育服务供给侧改革的公平正义导向

现代国家教育事业发展的历史经验证明，教育作为一项重要的社会流动机制，有助于贫困家庭子女实现阶层向上流动。正因如此，世界各国普遍将公平、正义等价值理念作为教育变革的价值导向，并由政府承担供给基本公共教育服务的主要责任，以此最大限度地发挥教育促进社会流动的正向功能。美国著名政治学家、哲学家约翰·罗尔斯（John Rawls）在剖析正义原则时，将公平、正义与政府的再分配职能联系起来，认为政府应该"通过补贴私立学校或者建立一种公立学校体系，保证具有类似天赋和动机的人都有平等的受教育、受培养的机会"[①]。

在当下中国剧烈的社会转型期，教育对于个体及家庭的重要意义不言而喻。然而，教育促进弱势群体向上流动的正向功能却在一定程度上有所弱化[②]。基本公共教育服务供给侧改革的一个重要任务就是降低因社会阶层分化所产生的教育不平等和阶层再生产问题。通过提高基本公共教育服务的供给水

---

① 约翰·罗尔斯. 正义论 [M]. 何怀宏，等译. 北京：中国社会科学出版社，1988：266.
② 余秀兰. 教育还能促进底层的升迁性社会流动吗？[J]. 高等教育研究，2014（7）：9 - 15.

平，调节基本公共教育服务供需关系，在合理的限度内抑制教育的社会再生产功能，最大限度地发挥教育促进社会流动的正向功能。

（二）激发教育促进弱势群体向上流动的正向功能

基本公共教育服务供给侧改革的红利能否惠及弱势群体？这是转型中国不得不审慎思考的问题。不可否认的是，多样化和差异性不仅是生物进化的自然规律，也是社会发展的基本规律。因此，教育机会获得的阶层差异性作为一种客观的社会存在有其现实合理性。但值得反思的是，以"公共性"为价值导向的基本公共教育服务，应尽量降低阶层差异对于教育公平的不利影响，促进教育机会的均等化分配，帮扶弱势群体通过教育实现向上流动，而不是加剧形成一个以"不平等"和"再生产"为主的教育分层格局。因此，大力促进教育公平、激发教育促进弱势群体向上流动的正向功能，将成为基本公共教育服务供给侧改革的重要任务。

需要注意的是，在推进教育公平的过程中也要警惕民粹主义的干扰。对于每个学生的生命历程而言，先赋性因素与自致性因素都存在着不同程度的差异性，这也必然导致每个学生的教育成就和人生境遇存在差别。就这个意义上来说，即便在形式上做到教育机会均等，也不能保证在实质上达到结果平等，不同个体因自致性因素不同自然会形成能力分化。因此，我们需要承认因能力分化而导致的差异性是客观存在的"实像"，而一味追求教育结果（学业成就）平等的想法只能是不切实际的"虚像"。

（三）教育扶贫政策的实施进路与优化策略

在深入推进基本公共教育服务供给侧改革的过程中，要尤为注重优化教育扶贫政策的实施路径。扶贫先扶智、治贫先治愚，在促进社会底层向上流动、阻断贫困代际传递等问题上，教育无疑可以发挥巨大的作用。教育扶贫与中国传统文化中"不患寡而患不均"的政治哲学思想一脉相承，其意义就在于，通过适当的政策干预机制增加贫困家庭子女通过教育向上流动的"可行能力"。

1998 年的诺贝尔经济学奖获得者阿玛蒂亚·森（Amartya Sen）在其著作《以自由看待发展》中对"实质自由"的理念进行了阐述，在阿玛蒂亚·森看来"可行能力"是一种自由，是（人们）实现各种功能性活动的一种实质自由[①]。

---

① 阿玛蒂亚·森. 以自由看待发展 [M]. 任赜，等译. 北京：中国人民大学出版社，2002：62-63.

对于贫困家庭子女而言，如果不具备获得优质教育资源的"可行能力"，那么，教育公平所蕴含的权利平等和机会均等的价值理念，很可能成为无法兑现的"空头支票"。就"可行能力"而言，如何通过精准有效的政策干预，增加贫困家庭子女完成义务教育后继续升学，特别是获得优质教育资源的意愿和能力，无疑是优化基本公共教育服务供给侧改革路径的重要任务。

首要的任务是防止"最大化维持不平等"① 在贫困地区、贫困家庭中继续蔓延。这不仅是教育扶贫工作的重要内容，也是阻断贫困代际传递的重要手段。虽然我国已经普及九年义务教育，但在一些农村边远地区，因"撤点并校"导致失学、辍学现象复现，"控辍保学"任务依然艰巨。为此，"普九"之后的工作重点应是加大对薄弱学校和弱势群体的倾斜性补助，提升弱势群体的受教育水平，使其有能力抗拒先赋性因素造成的不利处境，从而实现社会阶层地位的向上流动。

与此同时，落实各项针对家庭经济困难学生的资助、帮扶政策，"两免一补"政策②、免费营养早餐计划，有助于降低贫困家庭教育支出的预算约束，从而增加贫困家庭的人力资本投资。诸如此类的教育扶贫政策本是保障弱势群体受教育权利的应有之义，同时也是防止"有效维持不平等"③ 趋势加剧的必要工作。因此，在实施各项教育扶贫政策的过程中，要将"精准"落到实处，使基本公共教育服务供给侧改革的红利真正惠及贫困家庭子女。

三、优化资源配置，提升基本公共教育服务供给质量

基本公共教育服务供给侧改革既要保证"量"的充足，更要注重"质"的提升，从而在精准施策、高效供给的基础上，满足人民群众不断转型升级的教育需求偏好。实际上，随着我国基本公共教育服务供给水平的不断提升，在义务教育阶段，"人人有学上"的教育需求已经得到基本满足，但由于优质教育资源供给不足、配置不均导致"人人上好学"尚未得到充分满足。可以预见的是，在未来的一段时期内，基本公共教育服务供给侧改革的重点任务就是增加

---

① Adrian E. Raftery, Michael Hout. Maximally Maintained Inequality: Expantion, Reform and Opportunity in Irish Educiton, 1921 - 1975 [J]. The American Journal of Sociology. 1993, 66 (1): 41 - 62.

② 所谓的"两免一补"政策，是指全面免除农村义务教育阶段学生学杂费，并对贫困家庭学生免费提供教科书、补助寄宿生生活费。

③ Samuel R. Lucas. Effectively Maintained Inequality: Educational Transitions, Track Mobility and Social Background Effects [J]. American Journal of Sociology. 2001, 106 (6): 1642 - 1690.

优质教育资源供给，提高资源配置效率，从而进一步提升基本公共教育服务供给质量。

（一）坚持教育优先发展的战略地位，扩大优质教育资源覆盖范围

建立人力资源强国首先是优先发展教育，在深入推进基本公共教育服务供给侧改革的背景下，提升基本公共教育服务供给质量的先决性条件，就是将教育优先发展的战略地位付诸实践。1992 年召开的党的第十四次全国代表大会指出，必须把教育摆在优先发展的战略地位，并将教育誉为民族振兴和社会进步的基石。此后，党的历次代表大会及施政纲领，都一再重申教育优先发展的战略地位不可动摇。

为了将教育优先发展的战略地位付诸实践，各级政府必须根据国家的总体规划，确保各项教育方针政策执行到位，特别是为教育优先发展提供充足的经费保障。《国家教育事业发展"十三五"规划》特别强调，"坚持把教育作为各级人民政府财政支出的重点领域给予优先保障"，并再次重申，保证国家财政性教育经费支出占国内生产总值的比例一般不低于 4%[1]。因此，各级政府应充分意识到教育优先发展的战略地位及重要意义，特别是对于公益性程度较高的义务教育而言，将其纳入公共财政保障的重点领域，不断增加教育财政投入力度，以此为基础不断提升包括义务教育在内的基本公共教育服务供给质量。

（二）深入推进义务教育均衡发展，提升农村基本公共教育服务供给质量

义务教育是教育工作的重中之重，同时也是基本公共教育服务体系中最基本、最核心的组成部分。在推进基本公共教育服务供给侧改革的过程中，推进义务教育均衡发展的重要意义不言而喻。"均衡发展"是义务教育的"战略性任务"，具有长期性、复杂性和全局性的特点，改革的重点是确立城乡义务教育一体化发展思路，推行义务教育学校标准化建设，科学统筹城乡教育资源[2]，提升农村义务教育质量。近年来，提高农村偏远低收入地区学生进入重

---

① 中华人民共和国国务院. 关于印发《国家教育事业发展"十三五"规划的通知》［EB/OL］. http：//www. moe. gov. cn/jyb _ xxgk/moe _ 1777/moe _ 1778/201701/t20170119 _ 295319. html，2017 - 1 - 10/2019 - 6 - 10.
② 范先佐，郭清扬. 当前我国义务教育均衡发展改革的重点和难点［J］. 教师教育学报，2016（2）：71 - 81.

点大学的比例是各级政府促进教育公平的一项重要举措。为此，由本科一批招生学校承担的"国家专项计划"，由教育部直属高校负责的"高校专项计划"，以及由各省（区、市）本地所属重点高校承担的"地方专项计划"相继实施。但一些相关调查显示，虽然一部分来自农村贫困地区的学生可以通过专项计划进入重点大学，可由于早期教育阶段基础薄弱，以致其后期的学业能力提升、社会能力拓展等方面都存在一定限制。

应该看到的是，通过制定各类倾斜性政策帮助贫困家庭子女进入重点大学，这只能说是对于基本公共教育服务非均等化供给的一种补救性措施，并不能从根本上解决教育不平等问题。为了保障"起跑线"上的教育公平，重点任务还是在于促进义务教育优质均衡发展，保证每个学生在义务教育阶段就能获得同等质量的基本公共教育服务。换言之，要从真正意义上促进高等教育入学机会教育公平，关键还是要推动基本公共教育服务均等化供给，特别是提高农村义务教育质量，改善偏远低收入地区、薄弱学校的办学条件。

第三节　主体面向的供给侧改革路径优化策略

遵循合作治理的变革精神，促发多元治理主体在各就其位、各司其职、各尽其能的结构关系中开展集体行动，无疑是提高基本公共教育服务供给效度的必由之路。因此，供给侧改革路径优化策略，基本导向就是在政府、市场、社会、学校（教师）、家庭（学生）等多元化治理主体之间建立合作伙伴关系。具体的优化策略包括：重塑政府权责定位，合理划分各级政府间的教育事权与支出责任；重视家庭在基本公共教育服务中的合作生产功能；规范基本公共教育服务引入市场机制的责任边界，引导民办教育良性发展；构建基本公共教育服务供给的社会支持网络。

一、合理划分政府间的教育事权与支出责任

如果说"善治"是公共服务治道变革的终极目标，那么，以"善政"为导向的政府治理模式变革则是通往"善治"的必由之路。优化基本公共教育服务供给侧改革的实施路径，同样遵循着由"善政"走向"善治"的变革逻辑。各级政府要强化责任意识，深入推进政府职能转型，合理划分政府间的教育事权与支出重任，着力解决基本公共教育服务供给总量不足、结构失衡、效率低下等突出问题。

（一）基本公共教育服务供给侧改革中的政府权责重塑

面临基本公共教育服务日益凸显的供需矛盾，如何为民众提供优质的基本公共教育服务，改革的核心依然是深化政府职能转型，进一步优化政府在基本公共教育服务供给中的权责定位。就基本公共教育服务具有的公共性内涵而言，政府不仅是教育资源配置及教育机会分配的权力主体，更是保证公民受教育权利、促进教育公平的责任主体。在深入推进基本公共教育服务供给侧改革的过程中，各级政府应以"善政"为目标导向为人民群众提供满意的基本公共教育服务，逐步建立并健全基本公共教育服务体系，不断提升基本公共教育服务供给质量，着力推进基本公共教育服务均等化供给。

在推进国家治理现代化的总体目标下，政府治理体系及治理能力现代化是建设服务型政府的应有之义，并为政府职能转型指明了方向。相对以往管制型政府而言，服务型政府更强调以人为本、以公众为需求的治理理念[1]。就此而言，在优质教育资源供给不足、配置不均衡的现实情况下，政府不再以"管制者"的姿态对家庭的择校行为进行一味的封堵和控制，而是以"服务者"的角色努力提高公共教育服务供给水平，为民众提供优质的公共教育服务，这也意味着政府职能从"管理"向"服务"的实质性转型。为此，各级政府应切实履行公共服务职能，逐步构建起一个多层级、广覆盖的基本公共教育服务体系，在保障基本公共教育服务供给充足的基础上，不断提升基本公共教育服务供给质量。

（二）各级政府间教育事权与支出责任的优化进路

在重塑政府权责定位的基础上，合理划分各级政府间的教育事权与支出责任，无疑是优化基本公共教育服务供给侧改革的关键进路。中央与地方政府之间的事权和支出责任划分是影响基本公共教育服务供给效度的重要因素。针对这一问题的优化进路是，不仅要调动中央和地方的"两个积极性"，还要增强"条块"关系的协调性。倘若由中央政府完全承担支出责任，反而因信息不对称而降低基本公共教育服务供给效率。权衡上述两种情况的利弊得失，中央与地方之间的权责划分既要促进基本公共教育服务均等化供给，通过中央政府的

---

① 薛澜，李宇环. 走向国家治理现代化的政府职能转变：系统思维与改革取向 [J]. 政治学研究，2014 (5)：61-70.

转移支付平衡区域间、城乡间的教育差距；同时还要兼顾到教育资源的配置效率，最大限度地调动地方政府增加教育投入的积极性。鉴于中央政府的责任在于改善义务教育服务供给中的"外溢性"问题，可以适度加大中央财政对农村义务教育的转移支付力度[①]。应该注意的是，鉴于地方政府获取民众偏好的信息优势，以及转移支付可能产生的"挤出效应"，要谨慎对待集权化改革所带来的负面效应。

如何划分地方政府之间的教育事权与支出责任，首先要进一步强化省级政府的教育统筹治理能力，完善省以下的教育财政转移支付制度。在这一改革进路上，可以充分发挥省级政府的财政统筹能力，优先保障教师工资按时、足额发放，稳步提升教师工资待遇水平，确保义务教育教师工资水平不低于或者高于当地公务员平均工资水平；同时，通过专项补贴提高农村、边远、欠发达地区的教师工资水平[②]。在强化省级政府教育统筹能力的同时，要警惕县级政府的机会主义行为，督促县级政府切实履行义务教育供给责任，以民众需求为导向提高基本公共教育服务供给水平。强化县级政府的供给主体地位，有助于县级政府发挥信息优势，使得教育资源配置更加符合本地区教育发展的实际情况，根据民众实际需求提高教育资源的配置效率。

二、重视家庭的教育需求及其合作生产功能

美国著名学者埃莉诺·奥斯特罗姆（Elinor Ostrom）在《公共服务的制度建构》一书中指出，"所有服务的生产都包括接受服务的消费者的积极投入。"[③] 特别是对于公共教育服务而言，"如果学生不积极参与自己的教育，那么对教育资源投入将很难产生良好的绩效。"[④] 在埃莉诺看来，学生及家庭既是公共教育服务的消费者，同时也是公共教育服务的合作生产者。著名的《科尔曼报告》也注意到，家庭背景因素对子女教育机会获得及学业成就的影响极为重要，其影响力甚至远远超出了学校教育的作用。从这个意义上说，优化基

---

① 张晏，李英蕾，夏纪军. 中国义务教育应该如何分权？从分级管理到省级统筹的经济学分析 [J]. 财经研究，2013（1）：17-26.

② 范先佐，郭清扬，付卫东. 义务教育均衡发展与省级统筹 [J]. 教育研究，2015（2）：67-74.

③ 奥斯特罗姆，帕克斯和. 公共服务的制度建构：都市警察服务的制度结构 [M]. 宋全喜，等译. 上海：上海三联书店，2000：10.

④ 奥斯特罗姆，帕克斯和. 公共服务的制度建构：都市警察服务的制度结构 [M]. 宋全喜，等译. 上海：上海三联书店，2000：12.

本公共教育服务供给侧改革的实施路径，亟须重视民众的教育需求和选择偏好，从微观层面对家庭资源禀赋及教育选择策略进行考察，从而使基本公共教育服务的"供给侧"改革举措有效对应"需求侧"的结构变化。

（一）重视家庭资源禀赋及教育需求偏好的差异性

严格意义上说，家庭资源禀赋是一个宽泛且模糊的概念，不仅涉及父母的职业、收入、受教育程度以及家庭人口数量、民族等因素，甚至在中国特定的历史时期和制度环境内，户籍所在地、政治身份也是判断家庭背景的重要依据。而在家庭所拥有的各类资源禀赋中，经济资本和文化资本的作用是最容易被度量和比较的。一方面，经济资本较为丰厚的家庭可以直接"购买"优质教育资源，其具体形式包括缴纳"学费""择校费"，或者购买"学区房"，再或者参加校外补习培训，而这些教育支出都需要家庭经济资本的支撑。另一方面，家庭文化资本的差异性与子女教育机会获得差异性也存在着密切的关联性[①]。总体而言，家庭经济资本和文化资本较为丰富的阶层，更有机会和能力为子女争取到优质教育资源[②]。

对于不同社会阶层来说，家庭在教育机会获得的预期收益和机会成本之间权衡利弊，从而根据"成本—收益"估值做出不同的教育选择策略，这也是"理性行动理论"[③]对于教育分层问题的微观解释逻辑。布迪厄特别论述到社会底层对学校教育的"自我选择"行为，即"对于社会地位较低的阶层来说，接受高等教育的主观意愿性比客观可能性还要小"[④]。对于不同的社会阶层而言，家庭及子女对于教育的意义建构和选择策略可能是截然不同的。但在布迪厄看来，那些主动放弃高等教育入学机会，直接就业或选择职业教育的学生，实际上做出了一种步入"教育死亡"的"选择性"行为。

基于上述研究成果可知，重视家庭资源禀赋和教育选择策略的差异性，无疑是优化基本公共教育服务供给侧改革进路的必然举措。鉴于低收入家庭缺乏足够的资本和意愿对子女教育进行长期投资，可以仿效西方国家开展公共教育

① 肖日葵. 家庭背景、文化资本与教育获得 [J]. 教育学术月刊，2016（2）：12-20.
② 郭丛斌，闵维方. 家庭经济和文化资本对子女教育机会获得的影响 [J]. 高等教育研究，2006（11）：24-31.
③ Richard Breen，J. H. Goldthorpe. Examining Educational Differentials：Towards a Formal Rational Action Theory [J]. Rationality and Society. 1997，（3）：275-305.
④ 布尔迪约，帕斯隆. 继承人：大学生与文化 [M]. 邢克超，译. 北京：商务印书馆，2002：6.

服务项目，帮扶低收入家庭制定积极有效的教育选择策略。特别是对于农民工随迁子女这一特殊群体而言，通过合理有效的政策干预机制，弱化家庭背景因素与其教育机会获得的关联性[①]，亦是优化基本公共教育服务供给侧改革进路的必要内容。

（二）重视家庭教育在基本公共教育服务中的合作生产功能

即便是在基本公共服务属性最为显著的义务教育阶段，家庭条件不仅对子女教育机会获得产生影响，同时对子女学业成就的影响也是十分显著的[②]。事实上，儿童的认知能力发展在很大程度上取决于家庭在早期阶段所能提供的教育和成长环境，家庭资本较为丰富的阶层无疑可以为子女提供更多的庇护和帮助，但对于家境贫寒的弱势群体而言，为生计奔波劳苦的父母没有充足的时间和精力为子女提供良好的家庭教育。

布迪厄（Bourdieu）和帕斯隆（Passeron）曾在《继承人——大学生与文化》一书中着力说明了家庭"出身"因素对于学业成就的重要影响：在各方面能力相同的情况下，"出身"因素决定了来自不同社会阶层的学生，有些可以在学校里"如鱼得水"，有些则表现得"很不自在"，因此，"教育的成功与失败，实际上取决于早期的引导……归根结底，这是家庭环境作用的结果。"[③]更加值得关注的是，相对来自底层社会的弱势群体而言，来自优势阶层的家庭对子女寄予了更高的教育期望。经验研究表明，社会经济地位较高的家庭，父母对子女寄予的教育期望值也越高；父母的受教育程度越高，对子女的学业成就也会寄予越高的教育期望[④]。良好的家庭背景因素以及较高的教育期望，无疑构成了家庭教育的重要面向，并且在一定限度上影响着基本公共教育服务供给效度。

事实上，随着我国经济社会的全面发展，家庭教育在基本公共教育服务生产中的合作功能已经开始显现。一些家长已经不再满足政府提供的同质化基本

---

① 高明华. 教育不平等的身心机制及干预策略：以农民工子女为例 [J]. 中国社会科学，2013（4）：60 - 80.

② 李忠路，邱泽奇. 家庭背景如何影响儿童学业成就？义务教育阶段家庭社会经济地位影响差异分析 [J]. 社会学研究，2016（4）：121 - 144.

③ 布尔迪约，帕斯隆. 继承人：大学生与文化 [M]. 邢克超，译. 北京：商务印书馆，2002：17 - 18.

④ 刘保中，张月云，李建新. 社会经济地位、文化观念与家庭教育期望 [J]. 青年研究，2014（6）：46 - 55.

公共教育服务，不惜一掷千金"购买"市场提供的个性化教育服务，并且充当"陪练""陪跑"的角色，全程积极参与到孩子的成长和教育中。为此，教育部早在 2015 年就发布了《关于加强家庭教育工作指导意见》，并于 2018 年联合多部门再次发布《中小学减负措施》，建议充分发挥家庭教育在儿童少年成长过程中的重要作用，与此同时，建议家庭保持合理的教育期望值，避免盲目攀比和跟风，从而导致孩子背负过重的教育压力。因此，在社会转型背景下，引导家庭制定合理的教育选择策略，发挥其合作生产者的积极作用，是提高基本公共教育服务供给侧改革成效的重要选择。

三、规范市场供给基本公共教育服务的责任边界

将竞争机制引入教育领域，既可以提高教育资源的配置效率，也可以满足多样化、个性化的教育需求，对创新公共教育服务供给模式而言具有重要意义。因此，优化基本公共教育服务供给侧改革实施路径，既要借助市场这只"看不见的手"增加优质教育资源供给，调节供需关系，也要警惕教育的公益性被资本的逐利性"绑架"，合理规范市场的责任边界，引导民办教育良性发展。

（一）基本公共教育服务市场化的必要性及实践举措

20 世纪 70 年代以来，世界各国普遍实行了公共服务市场化改革。美国学者约翰·E. 丘伯（John E. Chubb）和泰力·M. 默（Terry M. Moe）在《政治、市场和学校》一书中详述了公共教育服务市场化的基本主张。通过比较美国公立学校与私立学校的制度环境，他们发现私立学校之所以比公立学校更加有效，原因就在于私立学校"拥有更多独立于外部科层制控制的自主权"[①]。因此，要提高公共教育服务供给质量和公共教育资源配置效率，就要"建立在学校的独立性和学生家长选择权的基础上，而不是依靠直接民主控制和科层制"[②]。国外经验表明，引入市场竞争机制、兴办特许学校、发展民办教育已经成为基本公共教育服务治道变革的必要举措。

从需求的角度看，民办教育的兴起也是家庭"用脚投票"的必然结果，这

---

① 约翰·E. 丘伯，泰力·M. 默. 政治、市场和学校 [M]. 蒋衡，等译. 北京：教育科学出版社，2003：27.

② 约翰·E. 丘伯，泰力·M. 默. 政治、市场和学校 [M]. 蒋衡，等译. 北京：教育科学出版社，2003：192.

一结果显示出家庭对于优质教育资源的强烈需求。同时，也反衬出由政府提供的公共教育服务质量无法让民众满意。相比标准化、同质化的公办教育而言，更具自主性、多样性的民办教育可以满足不同家庭的教育需求偏好。事实上，相对公办教育迟滞的变革进度，民办教育的锐意变革已经在办学特色、教育质量上有些成效。如此一来，家庭对于民办教育的认可度和满意度越来越高，自愿为民办教育提供的优质服务"买单"。此外，民办教育的兴起不仅改变了公办教育"一统天下"的办学格局，也在一定程度上缓解了政府的教育财政支出压力，为多渠道筹措教育经费提供了制度化保障。

（二）基本公共教育服务市场化改革的限度

近年来，"民办学校招生火爆"的新闻屡见不鲜，甚至在一些大城市，民办教育已经能够与公办教育分庭抗礼，成为家庭教育选择的优先目标。相比公办学校而言，民办学校的招生自主权可以突破"就近入学"政策的制度限制，对生源进行择优录取。而"择优"的结果就是民办教育的发展势头更为强劲，优质师资带动优质生源，如此良性循环久而久之便奠定了民办学校良好的教育质量和口碑效应，从而出现了民办学校称霸中考江湖的新趋势[①]。

但基本公共教育服务市场化改革所带来的教育分层效应也是不容忽视的。事实上，能否在基本公共教育服务领域引入市场机制一直饱受争议，其中一个重要的议题就是如何协调教育的公益性与资本的逐利性[②]。随着消费文化在教育领域的兴起，家长和学生作为"消费者"可以通过合意的价格"购买"教育服务，从而在教育领域建立起通过价格机制调节的供需关系。但这种供需关系可能会陷入利润最大化的商业运作逻辑之中，从而侵害弱势群体的受教育权利，特别是在公益性最为明显的义务教育阶段，要警惕资本逐利性所造成的不平等问题。而在监管体系并不完备的校外补习市场，资本的逐利性也在不断侵蚀着基本公共教育服务的公益性。相关研究结果表明，校外补习市场所提供的"影子教育"不仅成了优势阶层代际传递的重要渠道，而且强化了学校教育的社会再生产功能[③]。对于偏远低收入家庭子女来说，由市场所提供的教育服务正悄然形成一种新的结构性排斥，进而影响他们获得优质教育资源的

---

① 赵美娣. 为何杭州民办学校雄霸中考江湖 [N]. 中国青年报，2015 - 07 - 27.
② 劳凯声. 面临挑战的教育公益性 [J]. 教育研究，2003 (2)：3 - 9.
③ 薛海平，李静. 家庭资本、影子教育与社会再生产 [J]. 教育经济评论，2016 (4)：60 - 81.

可能性。

（三）引导民办教育良性发展的路径

事实上，市场化既不是克服政府失灵的"灵丹妙药"，也不是导致教育不平等的"罪魁祸首"，只要在不违背公共利益的前提下，市场机制同样可以在公共教育资源配置中发挥重要作用。因此，在尊重市场主体地位和引入竞争机制的同时，应该警惕教育的公益性被资本的逐利性"绑架"。就我国基本公共教育服务市场化的现实情况来看，我们对于校外培训市场、课外补习机构、互联网教育等新兴业态的崛起尚缺乏深入研究，包括这些新兴崛起的供给主体应该扮演何种角色，其与公办教育的关系形态是竞争还是合作，其对教育公平与效率的影响如何，都是基本公共教育服务供给侧改革的重要议题。

为了建立与社会主义市场经济相适应的民办教育体系，我们既要发挥市场这只"看不见的手"在教育资源配置中的积极作用，但也不能任由资本在教育领域肆意扩张，对教育市场化所带来的不平等问题放任不管。因此，在教育领域引入市场机制必须设置相应的准入条件，即民办教育事业的发展与改革不能违背基本公共教育服务的公共性，从而引导民办教育的良性发展。首先，要严格规范民办学校的办学和招生行为，使其与公办学校形成良性竞争，鼓励民办学校为低收入家庭子女提供优质教育资源。其次，加强对校外培训市场的引导和规范，采取必要的监管措施对辅导机构进行资质审查和分类监管。最后，还要注重建立"影子教育"与"学校教育"的联动关系，在政府着力推进公办教育均衡发展的前提下，重视和防范校外培训、课外补习造成的教育分层效应。

四、构建基本公共教育服务供给的社会支持网络

构建和完善社会支持网络是深入推进基本公共教育服务供给侧改革的重要支撑。鼓励政府向社会力量购买基本公共教育服务，重塑基层政府、社区共同体和学校之间的治理结构，可以更加有针对性地满足特别群体的教育需求，从而拓展基本公共教育服务供需失衡问题的解决路径。

（一）政府向社会力量购买基本公共教育服务的优化策略

社会组织作为基本公共教育服务不可或缺的供给主体，可以弥补"政府失灵"和"市场失灵"所造成的供给不足问题，在促进基本公共教育服务多元化

供给、满足异质性教育需求方面发挥重要作用。2013 年 9 月 26 日，国务院办公厅颁布的《关于政府向社会力量购买服务的指导意见》指出，要充分认识政府向社会力量购买服务的重要性，积极稳妥地推进政府向社会力量购买服务工作，不断完善和创新公共服务供给模式①。时至今日，政府向社会力量购买公共服务不仅成为各个领域全面深化改革的重要路径选择，同时也成为推进政府治理和社会治理现代化的重要机制选择②。政府向社会力量购买基本公共教育服务为合作治理创造了更多的可能性，成为深入推动供给侧改革的重要路径。

在基本公共教育服务领域，各级政府及教育行政部门作为购买主体，已经开始向社会组织、企事业单位等承接主体购买教育管理、教育培训、教育评估等诸多类型的服务项目，具体包括向农民工子弟学校购买学位，对薄弱学校实施委托管理，委托中立的教育机构进行第三方评估，以及针对特殊人群的教育服务等实践形式③。但就实践成效而言，一些政府部门尚未充分重视社会力量的重要作用，并与其在基本公共教育服务供给中建立伙伴关系。哈耶克曾提出，"政府的过分干预曾经在很大程度上阻碍了为公共目的服务的自愿性组织的发展，而且还酿成了这样一种传统，其间，私人致力于公共事业的努力常常会被人们视为好事之徒的瞎胡闹。"④ 应对纷繁复杂的教育生态环境，各级政府以合作为基础向社会组织购买服务，既有助于基本公共教育服务合作治理主体的建构，也能为深入推进供给侧改革提供助力。

（二）社区共同体参与基本公共教育服务的优化策略

儿童早期的"社会化"进程很大程度上依托于社区所提供的成长和教育环境。所谓的"社会化"进程，主要包括逻辑推理能力、语言表达能力、社会交往能力等认知水平的提升，而个体在婴幼儿时期的认知水平培养，对其生命历程的全面发展极为重要。因此，如何在早期阶段通过有效的政策干预，弥补弱

---

① 中华人民共和国中央人民政府. 关于政府向社会力量购买服务的指导意见［EB/OL］. http：// www. gov. cn/xxgk/pub/govpublic/mrlm/ 201309/t20130930 _ 66438. html，2013 - 09 - 30/2013 - 08 - 22.

② 王浦劬. 政府向社会力量购买公共服务的改革意蕴论析［J］. 吉林大学社会科学学报，2015（4）：78 - 89.

③ 张眉，魏建国. 教育领域的政府购买服务研究［J］. 教育经济评论，2017（3）：70 - 86.

④ 哈耶克. 法律、立法与自由（第二卷）［M］. 邓正来，等译. 北京：中国大百科全书出版社，2000：257.

势群体的认知缺陷，已经成为发达国家基本公共教育服务体系中的重要内容。在我国城镇化进程中，农村留守儿童的教育问题引发了社会各界的关注，由于父母的缺位和家庭教育的缺失，一些留守儿童的认知水平和受教育水平相对滞后。对于一个社会共同体而言，留守儿童的个体发展困境必然影响到我国人口素质的整体提升，阻碍我国从人力资源大国向人力资源强国的顺利转型，也可能成为中国跨越"中等收入陷阱"的一个重要障碍。

已有研究表明，社区环境对儿童的教育机会获得及社会流动有着重要影响[1]。在特定的社区环境内，儿童可以接受政府及学校之外的公共教育服务，而此类公共教育服务对其认知水平的发展极为重要。事实上，公众及其社区已经成为公共服务重要的合作生产者[2]。从此意义上来说，重塑基层政府、社区共同体和学校之间的治理结构，可以成为基本公共教育服务供给侧改革新的路径选择。2013 年，教育部、全国妇联、中央综治办、共青团中央和中国关工委 5 部门联合下发了《关于加强义务教育阶段农村留守儿童关爱和教育工作的意见》，重点提出完善留守儿童社区关爱服务，并逐步将其纳入教育等基本公共服务体系。在具体的改革举措上，通过设立留守儿童之家、托管中心等实践形式，招聘社会工作者和志愿人士积极参与，并通过奖励邻里关爱互助体系，选择有意愿、有责任、有能力的家庭照料留守儿童，基于社区共同体建立留守儿童关爱体系。可以预见的是，不断优化社区共同体参与基本公共教育服务供给的各项举措，可以更加充分地保护留守儿童、流动儿童等困难群体的受教育权益，也可以构建更加完善的社会支持网络，为推进基本公共教育服务供给侧改革提供更多的治理资源。

第四节　制度面向的供给侧改革路径优化策略

旨在提高民众教育获得感的基本公共教育服务供给侧改革，无疑是具有问题导向的实践活动，其各项改革举措及实施路径必然要考虑到相关配套政策以及体制机制的协同变革。换言之，完备的制度保障是决定基本公共教育服务供给侧改革成效的基础性要件。为了使"供给侧"改革举措能够有效回应"需求

①　于洪霞，张森，赵树贤. 社区环境与教育代际流动的多水平分析［J］. 北京大学教育评论，2016（1）：126－141.

②　Bovaird T. Beyond Engagement and Participation：User and Community Coproduction of Public Services［J］. Public Administration Review，2007，67（5）：846－860.

侧"的结构变化，需要进一步完善公众参与、绩效评估、监督问责、教育财政制度等核心制度，以此为优化基本公共教育服务供给侧改革实施路径创造良好条件。

一、深入推动公众参与制度改革，畅通需求表达渠道

在合作治理的向度内优化基本公共教育服务供给侧改革进路，公众参与是不可或缺的制度革新环节。以公众参与推动教育决策的科学化和民主化，畅通基本公共教育服务需求表达渠道，从而在问需于民、问政于民的过程中，提高基本公共教育服务供给侧改革的实际成效。

（一）以公众参与推动教育决策的科学化与民主化

教育乃民生之本，与教育相关的各项政策都与民众切身利益密切相关。因此，评价一项教育政策是否合乎民意的最好方式，就是在政策制定和执行过程中有序引导公众参与。其原因在于，"不断增强的公民参与通过发展公民与政府间新的沟通渠道并保证对政府的监督，来增进政府以及公共管理者的合法性。而更加有力的公民参与还促进了公民对政府决策的接受性，这就为政府提供了合法性的基础。"[①] 但由于我国公众参与制度建设相对滞后，公共政策制定依然延续着自上而下的精英主义决策模式，自下而上的公众参与尚不充分。

具体到教育政策领域，公众参与不足导致的"受益人缺席"问题同样存在。由于缺乏科学化、民主化的决策程序，诸如义务教育学校布局调整这一重大公共政策，竟然在执行过程中出现了危害教育公平乃至社会公平的实践悖论[②]。不难理解的是，基本公共教育服务供给侧改革必然涉及教育决策以及政策执行过程，以公众参与推动教育决策的科学化、民主化，无疑会提高基本公共教育服务供给侧改革的实际成效。为此，任何涉及民众切身利益的重大教育决策，都要充分保障人民群众的知情权、参与权和监督权。具体办法包括完善决策草案征求意见制度，优化重大决策听证制度和公示制度，建立由人大代表、政协委员、专家学者、一线教师及家长组成的决策咨询委员会，通过问卷

---

① 约翰·克莱顿·托马斯. 公共决策中的公民参与 ［M］. 孙柏瑛，等译. 北京：中国人民大学出版社，2010：115.

② 刘善槐. 科学化·民主化·道义化：论农村学校布局调整决策模型的三重向度 ［J］. 教育研究，2012（9）：91–98.

调查、行风评议等形式汇集民意、问政于民、问需于民。上述举措的共同目的就是通过科学决策、民主决策精准定位基本公共教育服务供给侧改革的问题靶心，使其与民众的教育需求偏好形成有效对接。

（二）畅通民众教育需求偏好的表达渠道

基本公共教育服务供需失衡问题的持续存在，一个重要原因就是民众的教育需求偏好缺乏制度化表达渠道，从而导致基本公共教育服务供给与需求出现一定程度的脱节和错位。正如公共行政学家金钟燮所言，"尽管许多行政管理者将公民参与视为行政管理的重要因素，但是，他们对于安抚民众更感兴趣，而很少严肃地思考民众提出的思想"[1]。事实上，公众参与的理念在中国政治文化中早已有之，如"知屋漏者在宇下、知政失者在草野"的治国理政思想。而在"自上而下"的决策机制中，民众"自下而上"的教育需求难以进入决策议程，从而导致一些教育决策难以满足民众的实际需求。

结合国外公共服务及教育改革的实践经验，畅通需求表达渠道，发挥"用脚投票"和"用手投票"的信息反馈功能，是解决供需失衡问题的重要途径。依据经典财政分权理论，公共服务的需求表达机制包括"用脚投票"和"用手投票"两种方式。在推进户籍制度和住房市场化改革的过程中，"用脚投票"机制有望在促进人口流动及劳动力流动中发挥更大的作用[2]。届时，民众可以通过"择校"或"择居"表达自身的教育需求偏好，从而促使地方政府合理配置公共教育资源，以需求为导向推动基本公共教育服务供给侧改革。

二、深入推动绩效评估制度改革，强化政府供给责任

在我国推进从"管制型政府"向"服务型政府"转型的过程中，完善以公共服务为主要内容的政府绩效评估制度，对于建立健全包括义务教育在内的基本公共服务体系至关重要。

---

① 金钟燮.公共行政的社会建构：解释与批判［M］.孙柏瑛，等译.北京：北京大学出版社，2008：3-4.

② 夏怡然，陆铭.城市间的"孟母三迁"：公共服务影响劳动力流向的经验研究［J］.管理世界，2015（10）：78-90.

（一）基本公共教育服务绩效评估指标的优化策略

优化基本公共教育服务绩效评估指标的首要工作就是提升教育投入在地方政府绩效考核中的权重。在以往"以经济建设为中心"的考核导向下，地方政府的财政支出结构具有明显的"重基础设施投资，轻人力资本投资和公共服务"的偏向[1]，由此导致财政性教育支出长期低位徘徊。究其制度成因，以经济增长为核心的评估指标在官员绩效考核中占据较大权重，结果导致政府官员利用经济增长为其政治晋升"添砖加瓦"，而政治晋升反过来推动经济增长的不断强化[2]，由此形成了经济增长—政治晋升双向互动的螺旋式上升链条。但"唯 GDP 论英雄"的政绩考核指标显然不适于公共服务型政府的建设。在深入推进基本公共教育服务供给侧改革的过程中，理应将民众的基本公共教育服务满意度纳入政绩考核体系，不断提升民众满意度在政府绩效评估指标体系中所占据的权重，并以此作为考核地方政府官员的重要依据。

基本公共教育服务供给侧改革的根本目的是"办好人民满意的教育"，但这一目标显然过于宏大且难以量化评估。如何将"人民满意"转化为具体的、可测量的评估指标，需要采取相应的措施细化基本公共教育服务绩效评估指标体系。目前，根据《中华人民共和国义务教育法》《国务院关于深入推进义务教育均衡发展的意见》《县域义务教育均衡发展督导评估暂行办法》等相关规定，我国已经制定了对县域内义务教育均衡发展情况进行评估的指标体系。在指标体系的设置上，包括资源配置、政府保障程度、教育质量、社会认可度等四个方面（表 6 - 1）。2019 年，教育部根据《国务院办公厅关于印发对省级人民政府履行教育职责的评价办法的通知》，发布了省级人民政府履行教育职责评价的指标体系（表 6 - 2）。同时，针对不同地区教育发展的实际情况，制定差别化、可操作的绩效考核指标体系，也是革新供给侧改革进路的必然选择。

---

① 傅勇，张晏. 中国式分权与财政支出结构偏向：为增长而竞争的代价 [J]. 管理世界，2007 (3)：4 - 12.

② 马亮. 官员晋升激励与政府绩效目标设置：中国省级面板数据的实证研究 [J]. 公共管理学报，2013 (2)：28 - 39.

表 6-1 义务教育县域均衡发展评估指标和要求

评估指标	具体指标	达标基本要求
资源配置	1. 每百名学生拥有高于规定学历教师数：小学、初中分别达到 4.2 人以上、5.3 人以上； 2. 每百名学生拥有县级以上骨干教师数：小学、初中均达到 1 人以上； 3. 每百名学生拥有体育、艺术（美术、音乐）专任教师数：小学、初中均达到 0.9 人以上； 4. 生均教学及辅助用房面积：小学、初中分别达到 4.5 平方米以上、5.8 平方米以上； 5. 生均体育运动场馆面积：小学、初中分别达到 7.5 平方米以上、10.2 平方米以上； 6. 生均教学仪器设备值：小学、初中分别达到 2 000 元以上、2 500 元以上； 7. 每百名学生拥有网络多媒体教室数：小学、初中分别达到 2.3 间以上、2.4 间以上	每所学校至少 6 项指标达到具体要求，余项不能低于要求的 85%；所有指标校与校差异系数，小学均小于或等于 0.50，初中均小于或等于 0.45
政府保障程度	1. 县域内义务教育学校规划布局合理，符合国家规定要求； 2. 县域内城乡义务教育学校建设标准统一、教师编制标准统一、生均公用经费基准定额统一、基本装备配置标准统一； 3. 所有小学、初中每 12 个班级配备音乐、美术专用教室 1 间以上；其中，每间音乐专用教室面积不小于 96 平方米，每间美术专用教室面积不小于 90 平方米； 4. 所有小学、初中规模不超过 2 000 人，九年一贯制学校、十二年一贯制学校义务教育阶段规模不超过 2 500 人； 5. 小学、初中所有班级学生数分别不超过 45 人、50 人； 6. 不足 100 名学生村小学和教学点按 100 名学生核定公用经费； 7. 特殊教育学校生均公用经费不低于 6 000 元； 8. 全县义务教育学校教师平均工资收入水平不低于当地公务员平均工资收入水平，按规定足额核定教师绩效工资总量； 9. 教师 5 年 360 学时培训完成率达到 100%； 10. 县级教育行政部门在核定的教职工编制总额和岗位总量内，统筹分配各校教职工编制和岗位数量； 11. 全县每年交流轮岗教师的比例不低于符合交流条件教师总数的 10%；其中，骨干教师不低于交流轮岗教师总数的 20%； 12. 专任教师持有教师资格证上岗率达到 100%； 13. 城区和镇区公办小学、初中（均不含寄宿制学校）就近划片入学比例分别达到 100%、95% 以上； 14. 全县优质高中招生名额分配比例不低于 50%，并向农村初中倾斜； 15. 留守儿童关爱体系健全，全县符合条件的随迁子女在公办学校和政府购买服务的民办学校就读的比例不低于 85%	15 项指标均要达到要求

（续）

评估指标	具体指标	达标基本要求
教育质量	1. 全县初中三年巩固率达到 95％以上； 2. 全县残疾儿童少年入学率达到 95％以上； 3. 所有学校制定章程，实现学校管理与教学信息化； 4. 全县所有学校按照不低于学校年度公用经费预算总额的 5％安排教师培训经费； 5. 教师能熟练运用信息化手段组织教学，设施设备利用率达到较高水平； 6. 所有学校德育工作、校园文化建设水平达到良好以上； 7. 课程开齐开足，教学秩序规范，综合实践活动有效开展； 8. 无过重课业负担； 9. 在国家义务教育质量监测中，相关科目学生学业水平达到Ⅲ级以上，且校与校差异率低于 0.15	9 项指标均要达到要求
社会认可度	1. 县级人民政府及有关职能部门落实教育公平政策、推动优质资源共享，以及义务教育学校规范办学行为、实施素质教育、考试评估制度改革、提高教育质量等方面取得的成效。 2. 社会认可度调查的对象包括：学生、家长、教师、校长、人大代表、政协委员及其他群众	社会认可度达到85％以上

资料来源：中华人民共和国教育部《县域义务教育优质均衡发展督导评估办法》，教督发〔2017〕6 号。

表6-2　对省级人民政府履行教育职责的评价

评价指标	评价内容
省级人民政府贯彻执行党的教育方针情况	全面贯彻党的教育方针，加强和改善党对教育工作的领导，加强和改进教育系统党的建设，落实全面从严治党主体责任，加强教育系统领导班子建设，加强和改进学校思想政治工作，把握党对学校意识形态工作的领导权、主导权，维护教育系统安全稳定等
落实教育法律、法规、规章和政策情况	落实国家教育法律、法规、规章，执行国家重大教育政策，推进国家重大教育工程、项目，深化教育改革开放等
各级各类教育发展情况	鼓励和支持普惠性学前教育发展，促进义务教育均衡发展，推进高中阶段教育普及，加快发展现代职业教育，推进高等教育分类发展，促进和规范民办教育发展，大力发展继续教育，加快发展民族教育，大力加强国防教育，办好特殊教育，保障困难群体受教育权利，及时解决教育热点难点问题等

（续）

评价指标	评价内容
统筹推进教育工作情况	建立教育工作决策管理机制，制定实施教育事业发展规划，优化教育结构和学校布局，制定实施各级各类教育标准，强化教育督导，建立健全教育领域军民融合发展制度机制等
加强教育保障情况	全面推进依法治教，落实教育投入，加强教师队伍建设，改善学校办学条件，推进教育信息化建设等
学校规范办学行为情况	坚持正确办学方向，落实立德树人根本任务，完善学校管理制度，校长依法治校，教师依法执教，强化教学纪律，规范学生管理，维护正常教育教学秩序和师生合法权益等

资料来源：中华人民共和国国务院办公厅《关于印发对省级人民政府履行教育职责的评价办法的通知》，国办发〔2017〕49号。

（二）基本公共教育服务绩效评估主体的优化策略

以往政府绩效评估主体相对单一，主要是由具有行政隶属关系的上级政府及其业务主管部门，对下级政府及其相关部门的履职情况进行考核。但在"向上负责"的行政文化中，一些地方官员的习惯性思维就是"不怕群众不满意，就怕领导不注意"，从而出现了一些脱离民众实际需求的"政绩工程"。同时，"向上负责"导致民众的利益诉求并不在地方政府优先考虑的范畴之内，只要"不出事"，地方政府便缺乏内生动力积极回应民意诉求。因此，民众的满意度很难对地方官员形成强有力的约束，以至于地方政府提供的基本公共教育服务无法充分满足民众的需求偏好，这也是为何"人民教育政府办"难以办好"人民满意的教育"的重要原因。

有鉴于此，在深入推进基本公共教育服务供给侧改革的过程中，构建多元化的绩效评估主体显得尤为重要。基本公共教育服务的"生产"过程实质上是政府、市场、社会、学校（教师）以及家庭（学生）的合作互动过程，这也在一定程度上决定了基本公共教育服务供给绩效的产生也是一个"合作生产"的过程。特别是对于家庭和学生而言，他们不仅是基本公共教育服务的"接受者"，更是公共教育服务绩效的直接"评估者"。因此，为了真正实现"办好人民满意的教育"这一改革目标，在基本公共教育服务绩效评估主体的选择上，应致力于构建多元化的绩效评估主体，即在政府、市场、社会、学校（教师）以及家庭（学生）等利益相关主体之间建立合作关系，共同推进基本公共教育服务绩效评估的流程优化。

（三）基本公共教育服务绩效评估机制的优化进路

优化基本公共教育服务绩效评估机制一个重要路径也是引入民众参与，从而通过外部监督规避"数字出官、官出数字"等弄虚作假现象的产生。人民群众全过程参与到政府绩效评估之中，实际上是将"人民当家作主"的理念付诸实践，可以有效地将民众的需求转化为政府的行为动力[①]。民众积极而广泛的参与，有助于建立以需求为导向的基本公共教育服务评估机制，也能促进各级政府以问题为导向提高基本公共教育服务供给效度，走出"只顾低头拉车，不顾抬头看路"的无效供给状态。为了办好人民满意的教育，还需将基本公共教育服务绩效评估结果作为干部晋升和奖惩的重要依据。2017 年，国务院办公厅《关于印发对省级人民政府履行教育职责的评价办法的通知》指出，要将"评价结果作为对省级人民政府及其有关部门领导班子和领导干部进行考核、奖惩的重要依据"[②]。以此为改革导向，强化地方政府的基本公共教育服务供给责任，通过激励机制和约束机制的设计，最大限度地调动地方政府增加教育投入的积极性，并约束地方政府真正关乎民众的教育需求偏好，积极推动基本公共教育服务供给侧改革。

三、推动监督问责制度改革，加强横向问责机制建设

在深入推进基本公共教育服务供给侧改革的过程中，如何从制度层面驱动地方政府履职尽责，亟须强化监督问责机制。通过完善法律体系和横向问责机制的建设，可以对地方政府的供给行为产生稳定而刚性的约束，进而在依法行政、依法治教的轨道上推动基本公共教育服务供给侧改革的顺利实施。

（一）完善基本公共教育服务监督问责的法律体系建设

"有法可依"是政府依法行政、依法治教的首要条件，如果不能将教育问责机制上升到法律层面，那就难以对异化的政府行为产生稳定而刚性的约束。具体到基本公共教育服务领域，针对特殊群体的教育权益保护问题，监督问责

---

① 尚虎平. 我国政府绩效评估的总体性问题与应对策略 [J]. 政治学研究，2017（4）：60－70.
② 中华人民共和国教育部. 国务院办公厅关于印发对省级人民政府履行教育职责的评价办法的通知 [EB/OL]. http：//www.gov.cn/zhengce/content/2017－06/08/content＿5200756.htm，2017－06－08/2019－07－26.

的相关规定主要散见于各种政策性文件之中，尚未提升到法律高度。例如，针对留守儿童和困境儿童的权益保护问题，尽管 2016 年国务院相继印发了《关于加强农村留守儿童关爱保护工作的意见》和《国务院关于加强困境儿童保障工作的意见》；2019 年 5 月 28 日，教育部等职能部门联合印发了《关于进一步健全农村留守儿童和困境儿童关爱服务体系的意见》，一再强调各级政府要积极推进农村留守儿童和困境儿童关爱服务体系建设，将其纳入重要议事日程，明确目标、分解任务、落实责任。但由于缺少法律层面的强制性规范，上述政策性文件并未形成刚性的问责效力，以至于针对农村留守儿童及困境儿童的基本公共教育服务极为匮乏。

强化监督问责机制不仅是行政管理体制改革的重要组成部分，更是提升基本公共教育服务供给侧改革成效的重要途径。怎样使政府在履行基本公共教育供给责任时不缺位、不越位、不错位，关键是对政府权力进行监督和问责。通过法治途径"将权力关进制度的笼子"，从而形成制度化、常态化的监督问责效力，使政府权力在法律的约束框架内履职尽责，切实保护民众的受教育权利，为民众提供满意的公共教育服务。对政府的监督不仅要做到"有法可依"，更重要的是做到"执法必严""违法必究"。2018 年 6 月，国务院教育督导委员会成立并派出 32 个督导小组，首次开展了对省级政府教育履职情况的督导及问责活动，并以前所未有的力度追究相关责任人的违纪、违法行为。随着基本公共教育服务供给侧改革的深入推进，诸如此类的教育问责和督导制度将进一步完善，为"人民教育政府办"公共教育服务提供更加坚实的制度保障。

（二）引入多元问责主体，强化横向监督问责机制的建设

客观而论，在建设服务型政府的过程中，中央政府不断通过强化纵向问责机制，试图扭转地方发展型政府"重建设、轻服务"的财政支出结构。但由于管理幅度过大和信息不对称等原因，中央政府很难对地方政府、特别是基层政府的履职尽责情况做出全面而细致的评估，这无疑弱化了中央对于地方政府行为的问责和约束能力。有学者指出，以人事管理权为核心的纵向问责机制不足以对地方政府进行有效问责；与此同时，由地方人大、司法体系所构成的横向问责机制又难以发挥效力，由此固化了地方发展型政府的行为逻辑①。因此，

---

① 郁建兴，高翔. 地方发展型政府的行为逻辑及制度基础［J］. 中国社会科学，2012（5）：95 - 112.

在深化基本公共教育服务供给侧改革的过程中，要引入多元问责主体，不断强化纵向与横向相结合的监督问责机制，以此约束地方政府充分履行基本公共教育服务供给责任。

在中国特色社会主义制度的基本框架内，人民代表大会制度的确立是将党的领导、人民当家作主、依法治国有机统一起来的根本性制度。但地方人民代表大会对于行政权力的监督力度和问责效度依然有待提高。与此同时，民众以及社会力量依然处于相对弱势的地位，难以对地方政府开展实质性的监督和问责。就此，在深入推进基本公共教育服务供给侧改革的过程中，强化横向监督问责机制的建设必不可少。一方面，各级人民代表大会应切实加强对教育财政投入的审计和监督，对没有履行法定责任的地方政府给予严厉问责；另一方面，地方政府要主动接受人民群众的监督，积极开展基本公共教育服务满意度调查；此外，积极引入第三方评估，加强社会力量的监督问责力度。通过纵向问责机制与横向问责机制的功能耦合，确保地方政府在基本公共教育服务供给中履职尽责。

四、深入推动教育财政制度改革，优化财政支出结构

完善的公共教育财政体制和教育经费保障机制是教育改革与发展的必要条件，也是深入推进基本公共教育服务供给侧改革的重要保障。在今后一段时期内，应着力在"财"与"政"两个基本向度推动公共教育财政制度改革，优化公共财政支出结构，从而确保公共教育财政"取之于民、用之于民"，以此提高基本公共教育服务供给侧改革成效。

（一）提高各级政府的教育财政投入力度

我国 1993 年制定的《中国教育改革和发展纲要》提出"逐步提高国家财政性教育经费支出占国民生产总值的比例，20 世纪末达到 4％"[①]。财政性教育经费占国民生产总值的比例，是衡量一个国家教育财政支出的基本指标，也是评价各级政府教育投入努力程度的重要指标。但经过了 19 年的努力，我国财政性教育经费占 GDP 4％ 的目标才真正实现，并且这一目标的达成主要是

---

① 中华人民共和国教育部．中国教育改革和发展纲要［EB/OL］．http：//www.moe.gov.cn/jyb_sjzl/moe_177/tnull_2484.html，1993-02-13/2019-06-15．

通过自上而下的行政手段[①]。随着我国公共教育财政进入"后4%时代"，教育经费保障的重点及难点是如何促进教育均衡发展，提高教育质量，以及增加优质教育资源供给[②]。也就是说，在各级政府不断增加教育经费投入力度的同时，还要坚持效率和公平并重的原则推进教育财政制度改革。

如何建立长效机制保障教育经费投入的充足性、公平性，是解决基本公共教育服务供需失衡问题的重要举措。教育经费短缺无疑是造成公共教育服务供给不足的重要因素，为此要坚持教育优先发展的战略地位，继续加大财政性教育经费的投入，不断提高教育财政支出占公共支出的比重，并建立长效机制保证财政性教育经费投入水平的稳步提升。在增加教育财政投入力度的同时，要更加公平地分配教育财政资源。

根据上述分析，教育财政制度改革的路径就是，教育经费投入要向农村地区、偏远、低收入地区、薄弱学校倾斜，从而逐步缩小城乡、区域和校与校之间的办学差距。同时，基于微观数据的研究表明，对于来自低收入家庭的儿童来说，增加公共教育投入能够有效降低家庭条件对其学业成就产生的不利影响，其原因在于公共教育支出与家庭教育支出之间所发生的"替代效应"[③]。换言之，公共教育经费的增加，可以在一定程度上减弱家庭背景的影响，增强社会流动性。因此，应充分发挥公共教育财政制度的再分配作用，向低收入家庭的学生提供资助，发挥教育财政投入的"扶弱"作用，从而降低经济因素对贫困家庭子女的不利影响。

（二）完善转移支付力度，优化地方政府的财政支出结构

完善转移支付制度有助于改善因城乡、区域之间经济发展不平衡所造成的教育差距，从而促进基本公共教育服务均等化供给。早在2005年，国务院发布的《关于深化农村义务教育经费保障机制改革的通知》，明确建立中央和地方"分项目、按比例"共同承担教育经费的《新机制》，通过建立转移支付制度，进一步调节各级政府间教育财权与支出责任。但中央政府不断增加教育投

---

① 王善迈，赵婧.教育经费投入体制的改革与展望：纪念改革开放40周年［J］.教育研究，2018（8）：4-10.

② 姚继军，张新平."后4%时代"公共财政如何更好地保障教育的改革与发展［J］.教育与经济，2014（4）：9-13.

③ 袁诚，张磊，曾颖.地方教育投入对城镇家庭教育支出行为的影响：对我国城镇家庭动态重复截面数据的一个估计［J］.经济学动态，2013（3）：29-35.

入的同时，转移支付反而产生了"粘蝇纸效应"，即地方政府并未调整"重投资、轻服务"的财政支出结构，致使转移支付偏离了促进基本公共服务均等化的目标①。教育财政转移支付的重要意义在于调节政府间的教育事权与支出责任，从而为地方政府供给义务教育等基本公共服务提供充足的财政保障。因此，在实施转移支付的过程中，还要扭转地方政府"重建设、轻服务"的财政支出结构偏向，使其根据法律要求切实履行教育经费保障责任。

为了办好人民满意的教育，提高基本公共教育服务供给效度，接下来的改革路径应是在优化转移支付制度的同时，进一步规范地方政府的财政支出结构偏向。为此，首先要加强对各类专项资金的监督和审计，强化一般性转移支付在缩小教育财政投入差距、平衡地区间的财力差异、促进义务教育均衡发展方面的作用。其次，完善省以下的教育财政体制改革，缓解县级政府的教育支出压力，通过"省直管县"改革调整省、市、县之间的财政关系，限制地级市政府向县级财政伸出"攫取之手"，从而在增强县级财政自主性的基础上，提升县级政府的公共服务供给能力。一些研究表明，"省直管县"改革对于县级政府增加教育财政投入具有正向影响②。更重要的是，进一步完善预算管理体制，将教育财政支出纳入公共预算，全国人民代表大会及地方人大作为国家权力机关，应对教育财政预算进行审议和监督，为建立教育经费投入长效机制提供法律保障。总之，建立"取之于民、用之于民"的公共教育财政体制和教育经费保障机制，既是提升基本公共教育服务供给效度的重要举措，也是提高供给侧改革成效的必备条件。

---

① 付文林，沈坤荣. 均等化转移支付与地方财政支出结构 [J]. 经济研究，2012 (5)：45-57.

② 宗晓华，张绘，叶萌. "省直管县"财政改革与县级财政教育投入：基于贵州县级数据的双重差分估计 [J]. 教育与经济，2017 (3)：9-16.

第七章 结论与展望

中华人民共和国成立以来，教育事业发展乘风破浪，书写了"大国办大教育"的华彩篇章。在不断行进的教育发展与改革征程上，无论是中央政府的顶层设计，还是地方政府的实践探索，建立和完善惠及全民的基本公共教育服务体系，以需求为导向办好人民满意的教育，已是教育改革乃至国家治理的重要议题。

然而，伴随经济社会的全面发展，民众的教育需求偏好已经从"有学上"向"上好学"转变，多样化、异质性的教育需求日益增长。为此，由政府主导提供的基本公共教育服务，不仅要在质量维度上"做大蛋糕"，还要在公平维度上"分好蛋糕"，以此满足民众对于促进教育公平、提升教育质量的双向诉求。但着眼当下，即便是在义务教育阶段，基本公共教育服务供给水平显然滞后于教育需求的转型升级。而《国家教育事业发展"十三五"规划》就已指出，要不断深化教育领域的全面深化改革，建成覆盖城乡、更加均衡的基本公共教育服务体系，使教育发展成果更加公平地惠及全体民众。

基于上述研究背景，对基本公共教育服务供给侧改革展开研究，无论在理论维度还是现实层面，立论依据充分、研究意义显著。在总结和借鉴相关研究成果的基础上，本书运用规范论证与实证分析相结合的研究方法，对基本公共教育服务供给侧改革这一议题加以理论阐释和实践反思，并为进一步优化供给侧改革路径提出对策建议。

本书的主要研究内容包括：

基于历史制度主义的理论分析思路，聚焦义务教育这一"理想类型"，回顾基本公共教育服务供给制度变迁进程、动力因素及其变革逻辑。研究表明，经过70多年的发展与变革，九年义务教育已经全面纳入基本公共服务供给范畴，并在价值导向、主体结构、体制机制层面通过一系列"自上而下"的供给侧改革举措，建构起"人民教育政府办"的供给模式。

着眼义务教育学校布局调整这一政策实践，以湖北省 J 县为个案考察对象，对政府单一向度、自上而下推动的供给侧改革实践，及其衍生的负面效应进行反思。研究表明，以义务教育布局调整为代表的供给侧改革，在实践中并未充分达到政策预期，甚至出现了一些改革悖论及其负面效应，即优质教育资源呈现出"精英俘获"现象，并有可能衍生出一个以"教育不平等"和"阶层再生产"为主线的教育分层格局。

从"中国式分权"的制度建构逻辑，"地方发展型政府"的空间生产逻辑，权力本位的基本公共教育服务治理逻辑三重维度，本书具体阐述了政府单一向度、自上而下推动的供给侧改革，为何在实践中出现集体行动困境。

鉴于政府单一向度、自上而下推动基本公共教育服务供给侧改革的内生性困境，以及转型中国复杂而充满不确定性的治理情境，依照合作治理的改革向度，从价值、主体、制度三个基本面向，本书提出优化供给侧改革路径，提升基本公共教育服务供给成效的具体策略。

限于笔者研究能力的限制，本书对基本公共教育服务供给侧改革这一研究议题进行了探索性分析，希望以抛砖引玉之势为后续研究提供些许助益，并期望在后续工作中对以下问题展开进一步研究：

1. 立足于社会结构转型的复杂情境，对如何开展精细化的公共教育政策进行研究

事实上，社会分层分化以及贫富差距扩大对于教育公平的挑战，可以说是一个普遍的治理难题。不同国家基于特定的制度环境，着力建构一个更加公平而有效率的基本公共教育服务体系，并通过精细化的政策分析采取有效的干预措施，避免教育不平等趋势的加剧。然而，在中国社会急剧转型的现实情境下，我们对诸如义务教育"就近入学"政策、学校布局调整、校外培训治理等涉及民众切身利益的公共政策，尚缺乏精细化的政策分析技术，以至于此类公共政策在执行过程中面临着重重阻滞，难以达到政策的预期目标。

2. 教育分层问题需要加强多学科研究

在现代社会中，由于教育在地位获得和社会分层中的作用日益凸显，由此引发了教育学、社会学、经济学等学科对于教育分层问题的热切关注。教育分层研究的核心是教育机会获得的阶层差异及其不平等问题。由于优质教育资源的稀缺性，教育机会在不同阶层之间的分配必然存在差异性，如何将这一差异性控制在合理的限度内，避免因教育不平等而出现贫困代际传递，需要不同学科加强融入，展开深入研究。

参 考 文 献

阿玛蒂亚·森，2013. 正义的理念［M］. 王磊，等译. 北京：中国人民大学出版社.

奥斯特罗姆，帕克斯和，2000. 公共服务的制度建构：都市警察服务的制度结构［M］. 宋全喜，等译. 上海：上海三联书店.

安妮特·拉鲁，2010. 不平等的童年［M］. 张旭，译. 北京：北京大学出版社.

安妮特·拉鲁，2014. 家庭优势：社会阶层与家长参与［M］. 吴重涵，等译. 南昌：江西教育出版社.

B. 盖伊·彼得斯，2012. 政府未来的治理模式［M］. 吴爱明，等译. 北京：中国人民大学出版社.

包国宪，王学军，2011. 公共服务供给的服务学视角解读［J］. 西北大学学报（哲学社会科学版）（3）：59-63.

保罗·威利斯，2013. 学做工：工人阶级子弟为何继承父业［M］. 秘舒，等译. 南京：译林出版社.

鲍传友，2011. 教育公平与政府责任［M］. 北京：北京师范大学出版社.

布尔迪厄，1997. 文化资本与社会炼金术：布尔迪尔访谈录［M］. 包亚明，译. 上海：上海人民出版社.

布尔迪约，帕斯隆，2002. 再生产：一种教育系统理论的要点［M］. 邢克超，译. 北京：商务印书馆：95.

蔡岚，2013. 合作治理：现状和前景［J］. 武汉大学学报（哲学社会科学版）（3）：41-46.

曹现强，顾伟先，2017. 公共服务空间研究的维度审视：反思、框架及策略［J］. 理论探讨（5）：5-12.

曹正汉，2011. 中国上下分治的治理体制及其稳定机制［J］. 社会学研究（1）：1-40.

车富川，祁峰，2017. 教育服务供给侧结构性改革的思考［J］. 现代教育管理（5）：33-37.

陈斌开，张鹏飞，杨汝岱，2010. 政府教育投入、人力资本投资与中国城乡收入差距［J］. 管理世界（1）：36-43.

陈纯槿，郅庭瑾，2017. 教育财政投入能否有效降低教育结果不平等：基于中国教育追踪调查数据的分析［J］. 教育研究（7）：68-78.

陈芳，2011. 公共服务中的公民参与：基于多层次制度分析框架的检视［M］. 北京：中国
　　社会科学出版社.

陈抗，Arye L. Hillman，顾清扬，2002. 财政集权与地方政府行为变化：从援助之手到攫
　　取之手［J］. 经济学（季刊）（4）：111－130.

陈培阳，2015. 中国城市学区绅士化及其社会空间效应［J］. 城市发展研究（8）：55－60.

陈少晖，陈冠南，2018. 公共价值理论视角下公共服务供给的结构性短板与矫正路径［J］.
　　东南学术（1）：113－121.

陈世香，黄冬季，2018. 协同治理：我国城市社区公共文化服务供给机制创新的个案研究
　　［J］. 南通大学学报（社会科学版）（5）：120－128.

陈水生，2014. 城市公共服务需求表达机制研究：一个分析框架［J］. 复旦公共行政评论
　　（2）：110－128.

陈友华，方长春，2007. 社会分层与教育分流：一项对义务教育阶段"划区就近入学"等
　　制度安排公平性的实证研究［J］. 江苏社会科学（1）：229－235.

陈振明，2011. 公共服务导论［M］. 北京：北京大学出版社.

陈振明，李德国，2011. 基本公共服务的均等化与有效供给：基于福建省的思考［J］. 中
　　国行政管理（1）：47－52.

仇立平，2015. 家庭—学校—工厂：中国社会阶层再生产［M］. 北京：中国社会科学出
　　版社.

戴维·T·康利，2011. 谁在管理我们的学校：变化中的角色和责任［M］. 侯定凯，译.
　　上海：华东师范大学出版社.

丁冬，郑风田，2015. 撤点并校：整合教育资源还是减少教育投入？基于1996—2009年的
　　省级面板数据分析［J］. 经济学（季刊）（2）：603－622.

丁建福，2012. 省级政府教育投入实证研究：政府治理的视角［J］. 教育发展研究（3）：
　　12－17.

丁维莉，陆铭，2005. 教育的公平与效率是鱼和熊掌吗：基础教育财政的一般均衡分析
　　［J］. 中国社会科学（6）：47－57.

丁雅楠，2018. 努力让每个孩子都能享有公平而有质量的教育［EB/OL］. http：//
　　www. jyb. cn/zcg/xwy/wzxw/201803/t20180316＿1023764. html，2018－03－16/2019－
　　6－10.

丁延庆，王绍达，叶晓阳，2016. 为什么有些地方政府撤并了更多农村学校？［J］. 教育经
　　济评论（4）：3－34.

董泽芳，2009. 教育社会学［M］. 武汉：华中师范大学出版社.

E·S. 萨瓦斯，2002. 民营化与公私部门的伙伴关系［M］. 周志忍，译. 北京：中国人民

大学出版社.

范逢春, 2016. 建国以来基本公共服务均等化政策的回顾与反思: 基于文本分析的视角 [J]. 上海行政学院学报 (1): 46-57.

范先佐, 郭清扬, 付卫东, 2015. 义务教育均衡发展与省级统筹 [J]. 教育研究 (2): 67-74.

方长春, 2011. 家庭背景如何影响教育获得: 基于居住空间分异的视角 [J]. 教育学报 (6): 118-126.

方长春, 2015. 地位差异及其再生产: 转型中国社会分层过程研究 [M]. 北京: 中国社会科学出版社.

冯皓, 陆铭, 2010. 通过买房而择校: 教育影响房价的经验证据与政策含义 [J]. 世界经济 (12): 89-104.

傅勇, 2010. 财政分权、政府治理与非经济性公共物品供给 [J]. 经济研究 (8): 4-15.

傅勇, 张晏, 2007. 中国式分权与财政支出结构偏向: 为增长而竞争的代价 [J]. 管理世界 (3): 4-12.

高海虹, 2017. 地方政府公共服务供给侧改革研究 [J]. 理论探讨 (6): 168-173.

高军波, 江海燕, 韩文超, 2016. 基础教育设施撤并的绩效与机制研究: 基于广州市花都区实证 [J]. 城市规划 (10): 32-37.

苟凤丽, 2016. 公共产品供给主体结构与行为优化研究 [D]. 北京: 中共中央党校.

郭建如, 2010. 中国农村义务教育财政体制变革与义务教育发展: 社会学透视: 从税费改革到农村义务教育经费保障新机制 [M]. 北京: 民族出版社.

郭小聪, 代凯, 2012. 供需结构失衡: 基本公共服务均等化进程中的突出问题 [J]. 中山大学学报 (社会科学版) (4): 140-147.

郝大海, 2009. 流动的不平等: 中国城市居民地位获得研究 (1949—2003) [M]. 北京: 中国人民大学出版社.

何鹏程, 2012. 教育公共服务体系构建研究 [D]. 上海: 华东师范大学.

何艳玲, 汪广龙, 陈时国, 2014. 中国城市政府支出政治分析 [J]. 中国社会科学 (7): 87-106.

胡婉旸, 郑思齐, 王锐, 2014. 学区房的溢价究竟有多大: 利用 "租买不同权" 和配对回归的实证估计 [J]. 经济学 (季刊) (3): 1195-1214.

黄新华, 马万里, 2017. 从需求侧管理到供给侧改革政策变迁的内在逻辑 [J]. 新视野 (6): 34-40.

姜晓萍, 陈朝兵, 2018. 公共服务的理论认知与中国语境 [J]. 政治学研究 (6): 2-15.

敬义嘉, 2009. 合作治理: 再造公共服务的逻辑 [M]. 天津: 天津人民大学出版社.

莱斯特·M. 萨拉蒙，2008. 公共服务中的伙伴：现代福利中政府与非营利组织的关系 [M]. 田凯，译. 北京：商务印书馆.

蓝志勇，2017. 民生领域供给侧结构性改革的探讨 [J]. 行政管理改革（1）：32-37.

劳伦斯·A. 克雷明，2002. 美国教育史：城市化时期的历程 [M]. 朱旭东，等译. 北京：北京师范大学出版社.

雷万鹏，钱佳，2015. 财政分权背景下地方政府教育支出行为研究 [J]. 华中师范大学学报（人文社会科学版）（2）：148-157.

李成宇，史桂芬，聂丽，2014. 中国式财政分权与公共教育支出：基于空间面板模型的实证研究 [J]. 教育与经济（3）：8-15.

李春玲，2005. 断裂与碎片：当代中国社会阶层分化实证分析 [M]. 北京：社会科学文献出版社.

李洪佳，2018. 公共服务供给侧结构性改革的三条路径 [EB/OL]. http：//theory.gmw.cn/2018-01/16/content_27364659.htm，2018-01-16/2018-07-22.

李志刚，顾朝林，2011. 中国城市社会空间结构转型 [M]. 南京：东南大学出版社.

李忠路，邱泽奇，2016. 家庭背景如何影响儿童学业成就？义务教育阶段家庭社会经济地位影响差异分析 [J]. 社会学研究（4）：121-144.

梁若冰，汤韵，2008. 地方公共品供给中的 Tiebout 模型：基于中国城市房价的经验研究 [J]. 世界经济（10）：71-83.

林江，孙辉，黄亮雄，2011. 财政分权、晋升激励和地方政府义务教育供给 [J]，财贸经济（1）：34-40.

刘传俊，刘祖云，2018. 基于协同治理视角下农村公共服务主体博弈与有效供给 [J]. 湖北社会科学（3）：57-65.

刘宏燕，陈雯，2017. 中国基础教育资源布局研究述评 [J]. 地理科学进展（5）：557-568.

刘精明，2008. 中国基础教育领域中的机会不平等及其变化 [J]. 中国社会科学（5）：101-116.

刘润秋，孙潇雅，2015. 教育质量"资本化"对住房价格的影响：基于成都市武侯区小学学区房的实证分析 [J]. 财经科学（8）：91-99.

刘云生，2016. 供给侧结构性改革：教育怎么办？[J]. 教育发展研究（3）：1-7.

柳欣源，2017. 义务教育公共服务均等化的制度构建 [D]. 上海：华东师范大学.

卢洪友，卢盛峰，陈思霞，2012. "中国式财政分权"促进了基本公共服务发展吗？[J]. 财贸研究（6）：1-7.

卢同庆，2017. 义务教育公共服务均等化问题研究 [D]. 武汉：华中师范大学.

陆铭，张爽，2007. "人以群分"：非市场互动和群分效应的文献评论 [J]. 经济学（季刊）
　　（3）：991 - 1020.

吕普生，2017. 政府主导型复合供给：中国义务教育供给模式整体构想 [J]. 中国行政管
　　理（1）：102 - 108.

罗建红，2018. 教育供给侧结构性改革就是要提高教育质量 [EB/OL]. http：//www.
　　xinhuanet. com//politics/2018lh/2018 - 03/08/c ＿ 129825718. htm，2018 - 03 - 08/2019 -
　　07 - 25.

马克·贝磊 .2009. 直面影子教育系统：课外辅导与政府决策抉择 [M]. 丁笑炯，译 . 国
　　际教育规划研究所.

马克斯·韦伯，1997. 经济与社会（上）[M]. 林荣远，译 . 北京：商务印书馆.

马克斯·韦伯，1997. 经济与社会（下）[M]. 林荣远，译 . 北京：商务印书馆.

马万里，2018. 政府间事权与支出责任划分：逻辑进路、体制保障与法治匹配 [J]. 当代
　　财经（2）：26 - 35.

潘光辉，2017. "撤点并校"、家庭背景与入学机会 [J]. 社会（3）：131 - 162.

庞丽娟，杨小敏，2016. 关于教育供给侧结构性改革的思考和建议 [J]. 国家教育行政学
　　院学报（10）：12 - 16.

彭虹斌，刘剑玲，2009. 流变与博弈：一个农村小镇 30 年的教育变迁 [M]. 重庆：重庆大
　　学出版社.

皮埃尔·布迪厄，2004. 国家精英：名牌大学与群体精神 [M]. 杨亚平，译 . 北京：商务
　　印书馆.

蒲蕊，2011. 公共教育服务体制创新：治理的视角 [J]. 教育研究（7）：54 - 59.

乔宝云，范剑勇，冯兴元，2005. 中国的财政分权与小学义务教育 [J]. 中国社会科学
　　（6）：37 - 46.

渠敬东，2012. 项目制：一种新的国家治理体制 [J]. 中国社会科学（5）：113 - 130.

任焰，陈菲菲，2015. 农民工劳动力再生产的空间矛盾与社会后果：从一个建筑工人家庭
　　的日常经验出发 [J]. 兰州大学学报（社会科学版）（5）：10 - 21.

荣敬本，崔之元，王拴正，等，1998. 从压力型体制向民主合作体制的转变：县乡两级政
　　治体制改革 [M]. 北京：中央编译出版社.

尚虎平，2017. 我国政府绩效评估的总体性问题与应对策略 [J]. 政治学研究（4）：
　　60 - 70.

邵书龙，2010. 国家、教育分层与农民工子女社会流动：contain 机制下的阶层再生产 [J].
　　青年研究（3）：58 - 69.

邵泽斌，2012. 新中国义务教育治理方式的政策考察 [M]. 北京：北京师范大学人民出

版社.

沈洪成，2014. 教育下乡：一个乡镇的教育治理实践［J］. 社会学研究（2）：90 - 115.

盛明科，蔡振华，2018. 公共服务需求管理的历史脉络与现实逻辑：社会主要矛盾的视角
　　［J］. 北京大学学报（哲学社会科学版）（4）：23 - 32.

石霏，何晓燕，2018. 学校教育质量对房产价格的溢出效应：一个文献综述［J］. 教育与
　　经济（1）：19 - 26.

孙志军，杜育红，李婷婷，2010. 义务教育财政改革：增量效果与分配效果［J］. 北京大
　　学教育评论（1）：83 - 100.

汤玉刚，陈强，满利苹，2016. 资本化、财政激励与地方公共服务提供：基于我国 35 个大
　　中城市的实证分析［J］. 经济学（季刊）（1）：217 - 240.

唐皇凤，吴昌杰，2018. 构建网络化治理模式：新时代我国基本公共服务供给机制的优化
　　路径［J］. 河南社会科学（9）：7 - 14.

唐俊超，2015. 输在起跑线：再议中国社会的教育不平等（1978 - 2008）［J］. 社会学研究
　　（3）：123 - 145.

田志磊，杨龙见，袁连生，2015. 职责同构、公共教育属性与政府支出偏向：再议中国式
　　分权和地方教育支出［J］. 北京大学教育评论（4）：123 - 142.

王炳照，2009. 中国教育改革 30 年基础教育卷［M］. 北京：北京师范大学出版社.

王佃利，孙悦，2018. 供给侧改革视域下城市社区治理转型与服务供给创新［J］. 南京邮
　　电大学学报（社会科学版）（2）：16 - 26.

王汉生，王一鸽，2009. 目标管理责任制：农村基层政权的实践逻辑［J］. 社会学研究
　　（4）：61 - 92.

王赫奕，王义保，2016. 基本公共服务领域的供给侧改革［J］. 重庆社会科学（10）：
　　47 - 53.

王家合，赵喆，柯新利，2018. 公共服务合作治理的主要模式与优化对策［J］. 中国行政
　　管理（11）：154 - 156.

王玉龙，王佃利，2018. 需求识别、数据治理与精准供给：基本公共服务供给侧改革之道
　　［J］. 学术论坛（2）：147 - 154.

邬志辉，2014. 大城市郊区义务教育的空间分异与治理机制［J］. 人民教育（6）：9 - 14.

吴磊，冯晖，2017. 合作治理视域下社会组织参与教育治理：模式、困境及其超越［J］.
　　中国教育学刊（12）：60 - 65.

吴业苗，2017. "人的城镇化"困境与公共服务供给侧改革［J］. 社会科学（1）：72 - 81.

吴愈晓，黄超，2016. 基础教育中的学校阶层分割与学生教育期望［J］. 中国社会科学
　　（4）：111 - 134.

吴愈晓.2013.中国城乡居民的教育机会不平等及其演变（1978—2008）[J].中国社会科学（3）：4-21.

夏怡然，陆铭，2015.城市间的"孟母三迁"：公共服务影响劳动力流向的经验研究 [J].管理世界（10）：78-90.

熊春文，2009."文字上移"：20世纪90年代末以来中国乡村教育的新趋向 [J].社会学研究（5）：110-140.

熊易寒，2012.整体性治理与农民工子女的社会融入 [J].中国行政管理（5）：79-83.

徐双敏，2011.政府绩效管理中的"第三方评估"模式及其完善 [J].中国行政管理（1）：28-32.

薛海平，2015.从学校教育到影子教育：教育竞争与社会再生产 [J].北京大学教育评论（3）：47-69.

杨东平，2008.中国教育公平的理想与现实 [M].北京：北京大学出版社.

杨娟，周青.2013.增加公共教育经费有助于改善教育的代际流动性吗？[J].北京师范大学学报（社会科学版）（2）：116-125.

杨良松，任超然，2015.省以下财政分权对县乡义务教育的影响：基于支出分权与财政自主性的视角 [J].北京大学教育评论（2）：108-126.

杨良松，2013.中国的财政分权与地方教育供给：省内分权与财政自主性的视角 [J].公共行政评论（2）：104-134.

杨三喜，2019.阻断贫困传递，教育大有可为 [EB/OL].http：//edu.people.com.cn/n1/2017/0727/c1053-29432013.html，2017-07-27/2019-08-07.

杨上广，2006.中国大城市社会空间的演化 [M].上海：华东理工大学出版社.

杨卫安，2010.我国城乡教育关系制度的变迁研究 [D].长春：东北师范大学.

杨雪冬，2004.分权、民主与地方政府公共责任建设 [J].华中师范大学学报（人文社会科学版）（6）：56-65.

杨占苍，卢占平，2018.一场县域教育的"供给侧改革"[EB/OL].http：//www.jyb.cn/zgjyb/201804/t20180402_1040268.html，2018-04-02/2019-08-25.

杨中超，2016.教育扩招促进了代际流动？[J].社会（6）：180-208.

姚继军，2008.中国式分权与教育均衡发展问题的治理 [J].南京社会科学（8）：119-125.

姚永强，2016.新时期我国义务教育均衡发展方式的转变 [M].北京：中国社会科学出版社.

尹栾玉，2016.基本公共服务：理论、现状与对策分析 [J].政治学研究（5）：83-96.

于涛，于静静，2017."就近入学"下的住宅价格分析：学区房中的教育资本化问题 [J].

中国房地产（6）：3-13.

余秀兰，2014. 教育还能促进底层的升迁性社会流动吗？[J]. 高等教育研究（7）：9-15.

约翰·克莱顿·托马斯，2010. 公共决策中的公民参与 [M]. 孙柏瑛，等译. 北京：中国人民大学出版社.

约翰·罗尔斯，1988. 正义论 [M]. 何怀宏，等译. 北京：中国社会科学出版社.

约翰·罗尔斯，2009. 作为公平的正义：正义新论 [M]. 姚大志，译. 上海：上海三联书店.

曾保根，2013. 基本公共服务供给机制的逻辑、误区与构想 [J]. 中国行政管理（9）：70-73.

曾满超，丁小浩，2010. 效率、公平与充足：中国义务教育财政改革 [M]. 北京：北京大学出版社.

翟博，2008. 教育均衡论 [M]. 北京：人民教育出版社.

詹姆斯·C. 斯科特，2012. 国家的视角：那些试图改善人类情况的项目是如何失败的 [M]. 王晓毅，译. 北京：社会科学文献出版社.

张紧跟，2018. 治理视阈中的基本公共服务供给侧改革 [J]. 探索（2）：27-37.

张军，高远，傅勇，2007. 中国为什么拥有了良好的基础设施？[J]. 经济研究（3）：4-19.

张康之，2012. 合作治理是社会治理变革的归宿 [J]. 社会科学研究（3）：35-42.

张茂聪，2010. 教育公共性的理论分析 [J]. 教育研究（6）：23-29.

张人杰，2008. 国外教育社会学基本文选 [M]. 上海：华东师范大学出版社.

张贤明，田玉麒，2016. 设施布局均等化：基本公共服务体系建设的空间路径 [J]. 行政论坛（6）：35-41.

张昕，2015. 教育供给的多中心体制：转型中国的经验证据 [J]. 复旦公共行政评论（2）：56-77.

张秀兰，2008. 中国教育发展与政策30年：1978-2008 [M]. 北京：社会科学文献出版社.

张晏，李英蕾，夏纪军，2013. 中国义务教育应该如何分权？从分级管理到省级统筹的经济学分析 [J]. 财经研究（1）：17-26.

张玉林，2003. 分级办学制度下的教育资源分配与城乡教育差距：关于教育机会均等问题的政治经济学探讨 [J]. 中国农村观察（1）：10-22.

郑磊，王思檬，2014. 学校选择、教育服务资本化与居住区分割：对"就近入学"政策的一种反思 [J]. 教育与经济（6）：25-32.

郑思齐，2013. 公共品配置与住房市场互动关系研究述评 [J]. 城市问题（8）：95-100.

中华人民共和国教育部，2006. 中华人民共和国义务教育法 [EB/OL]. http://www.

moe. gov. cn/s78/A02/zfs _ left/s5911/moe _ 619/201001/t20100129 _ 15687. html, 2006 - 06 - 29/2019 - 09 - 25.

中华人民共和国教育部, 2019. 2018 年全国教育事业发展统计公报［EB/OL］. http：// www. moe. gov. cn/jyb _ sjzl/sjzl _ fztjgb/201907/t20190724 _ 392041. html, 2019 - 7 - 24/2019 - 8 - 12.

中华人民共和国教育部, 2010. 关于贯彻落实科学发展观进一步推进义务教育均衡发展的 意见［EB/OL］. http://www. gov. cn/gongbao/content/2010/content _ 1653849. html, 2010 - 01 - 04/2019 - 09 - 18.

中华人民共和国教育部, 2006. 关于实事求是地做好农村中小学布局调整工作的通知［EB/ OL］. http://old. moe. gov. cn//publicfiles/business/htmlfiles/moe/moe _ 1317/201001/ xxgk _ 81816. html, 2006 - 06 - 09/2006 - 09 - 16.

中华人民共和国教育部, 2019. 关于做好 2019 年普通中小学招生入学工作的通知［EB/ OL］. http://www. moe. gov. cn/srcsite/A06/s3321/201903/t20190326 _ 375446. html, 2019 - 03 - 20/2019 - 06 - 15.

中华人民共和国教育部, 2019. 国务院办公厅关于印发对省级人民政府履行教育职责的评 价办法的通知［EB/OL］. http://www. gov. cn/zhengce/content/2017 - 06/08/content _ 5200756. htm, 2017 - 06 - 08/2019 - 07 - 26.

中华人民共和国教育部, 2015. 国务院关于筹措农村学校办学经费的通知［EB/OL］. ht- tp://old. moe. gov. cn/publicfiles/business/htmlfiles/moe/moe _ 696/200408/954. html, 2015 - 6/2019 - 9 - 10.

中华人民共和国教育部, 1993. 中国教育改革和发展纲要［EB/OL］. http：//www. moe. gov. cn/jyb _ sjzl/moe _ 177/tnull _ 2484. html, 1993 - 02 - 13/2019 - 06 - 15.

中华人民共和国中央人民政府, 2017. 关于印发《国家教育事业发展"十三五规划"的通知》 ［EB/OL］. http：//www. moe. gov. cn/jyb_xxgk/moe_1777/moe_1778/201701/t20170119_ 295319. html, 2017 - 1 - 10/2019 - 6 - 10.

中华人民共和国中央人民政府, 2019. 关于政府向社会力量购买服务的指导意见［EB/ OL］. http：//www. gov. cn/xxgk/pub/govpublic/mrlm/201309/t20130930 _ 66438. html, 2013 - 09 - 30/2019 - 08 - 22.

中华人民共和国中央人民政府, 2017. 国务院关于印发"十三五"推进基本公共服务均等 化规划的通知［EB/OL］. http：//www. gov. cn/zhengce/content/2017 - 03 - 01/content _ 5172013. html, 2017 - 03 - 01/2019 - 07 - 01.

周飞舟, 2004. 谁为农村教育买单？税费改革和"以县为主"的教育体制改革［J］. 北京 大学教育评论（3）：46 - 52.

周飞舟，2012. 财政资金的专项化及其问题兼论"项目治国"[J]. 社会（1）：1-37.

周海涛，朱玉成，2016. 教育领域供给侧改革的几个关系 [J]. 教育研究（12）：30-34.

周洪宇，2010. 教育公平论 [M]. 北京：人民教育出版社.

周黎安，2008. 转型中的地方政府：官员激励与治理 [M]. 上海：格致出版社、上海人民出版社.

周黎安，陈祎，2015. 县级财政负担与地方公共服务：农村税费改革的影响 [J]. 经济学（季刊）（2）：417-434.

周潇，2011. 反学校文化与阶级再生产："小子"与"子弟"之比较 [J]. 社会（5）：70-92.

周雪光，2011. 权威体制与有效治理：当代中国国家治理的制度逻辑 [J]. 开放时代（10）：67-85.

周志忍，2008. 政府绩效评估中的公民参与：我国的实践历程与前景 [J]. 中国行政管理（1）：111-118.

Adrian E. Raftery, Michael Hout, 1993. Maximally Maintained Inequality: Expansion, Reform and Opportunity in Irish Education, 1921-1975 [J]. The American Journal of Sociology, 66 (1): 41-62.

Aschaffenbur K, Maas I, 1997. Cultural and Educational Careers: The Dynamics of Social Reproduction [J]. American Sociological Review, 62 (4): 573-587.

Axenov K, Petri O V, 2014. Socio-spatial differentiation and public accessibility of urban spaces in the post-transformational city-case study Saint-Petersburg [J]. Europa Regional (3): 48-63.

Ayalon H, Shavit Y, 2004. Educational Reforms and Inequalities in Israel: The MMI Hypothesis Revisited [J]. Sociology of Education, 77 (2): 103-120.

Bovaird T, 2007. Beyond Engagement and Participation: User and Community Coproduction of Public Services [J]. Public Administration Review, 67 (5): 846-860.

Breen Richard, Jan O. Jonsson, 2005. Inequality of Opportunity in Comparative Perspective: Recent Research on Educational Attainment and Social Mobility [J]. Annual Review of Sociology, 31 (9): 1-21.

Calarco M C, 2014. Coached for the Classroom: Parents' Cultural Transmission and Children's Reproduction of Educational Inequalities [J]. American Sociological Review, 79 (5): 1015-1037.

Cheadle J E, 2008. Educational Investment, Family Context, and Children's Math and Reading Growth from Kindergarten through the Third Grade [J]. Sociology of Education, 81

(1)：1-31.

Chenggang Xu，2011. The Fundamental Institutions of China's Reforms and Development [J]. Journal of Economic Literature，49（4）：1076-1151.

Chung KK H，2015. Socioeconomic Status and Academic Achievement [J]. International Encyclopedia of the Social & Behavioral Sciences（21）：924-930.

Clapp J M，Nanda A，Ross S L，2008. Which School Attributes Matter? The Influence of School District Performance and Demographic Composition on Property Values [J]. Journal of Urban Economics，63（2）：451-466.

Claudia Buchmanm，Emily Hannum，2001. Education and Stratification in Developing Countries：A Review of Theories and Research [J]. Annual Review of Sociology（27）：77-102.

Considine M，Lewis J M，2003. Bureaucracy，Network，or Enterprise? Comparing Models of Governance in Australia，Britain，the Netherlands and New Zealand [J]. Public Administration Review，63（2）：131-140.

Davidoff I.，A Leigh，2008. How Much Do Public Schools Really Cost? Estimating the Relationship between House Prices and School Quality [J]. Economic Record，84（265）：193-206.

Dhar P，Ross S L，2012. School District Quality and Property Values：Examining Differences Along School District Boundaries [J]. Journal of Urban Economics，71（1）：18-25.

Donald J，Treiman，2003. Trends in Educational Attaiment in China [J]. Chinese Sociological Review，45（3）：3-25.

Eisenkopf G，Wohlschlegel A，2012. Regulation in the Market for Education and Optimal Choice of Curriculum [J]. Journal of Urban Economics，71（1）：53-65.

Elizabeth Baldwin，2018. Exploring How Institutional Arrangements Shape Stakeholder Influence on Policy Decisions：A Comparative Analysis in the Energy Sector [J]. Public Administration Review（1）：10.

Fack G，Grenet J，2007. Do Better Schools Raise Housing Prices? Evidence from Paris School Zoning [J]. Unpublished Manuscript：1-45.

Fack G，Grenet J，2010. When Do Better Schools Raise Housing Prices? Evidence from Paris Public and Private Schools [J]. Centre for the Economics of Education，94（1）：59-77.

Feiock R C，Jang H S，2009. Nonprofits as Local Government Service Contractors [J].

Public Administration Review: 668 - 680.

Franck Poupeau, Jean Francois, Elodie Couratier, 2007. Making the Right Move: How Families Are Using Transfers to Adapt Socio - Spatial Differentiation of Schools in the Greater Paris Region [J]. Journal of Education Policy, 22 (1): 31 - 47.

Gong X, Zhang H, Yao H, 2015. The Determinants of Compulsory Education Performance of Migrant Children in Beijing: An Analysis of Two Cohorts [J]. International Journal of Educational Development, 45: 1 - 15.

Hanna Ayalon, Yossi Shavit, 2004. Educational Reforms and Inequalities in Israel: The MMI Hypothesis Revisited [J]. Sociology of Education, 77 (2): 103 - 120.

Hehui Jin, Yingyi Qian, Berry R, 2005. Weingast. Regional Decentralization and Fiscal Incentives: Federalism, Chinese Style [J]. Journal of Public Economics (89): 1719 - 1742.

Hilber C A L, Mayer C, 2009. Why Do Households Without Children Support Local Public Schools? Linking House Price Capitalization to School Spending [J]. Journal of Urban Economics, 65 (1): 74 - 90.

Hongbin Li, Li - An Zhou, 2005. Political Turnover and Economic Performance: The Incentive Role of Personnel Control in China [J]. Journal of Public Economics (29): 1743 - 1762.

Jane Duckett, 2003. Bureaucratic Institutions and Interests in the Making of China's Social Policy [J]. Public Administration Quarterly, 27 (2): 210 - 235.

Jepsen C, 2005. Teacher Characteristics and Student Achievement: Evidence from Teacher Surveys [J]. Journal of Urban Economics, 57 (2): 302 - 319.

Jesse M. Rothstein, 2006. Good Principals or Good Peers? Parental Valuation of School Characteristics, Tiebout Equilibrium, and the Incentive Effects of Competition among Jurisdictions [J]. American Economic Review, 96 (4): 1333 - 1350.

John Iceland, Rima Wilkes, 2006. Does Socioeconomic Status Matter? Race, Class, and Residential Segregation [J]. Journal of Urban Economics, 53 (2): 248 - 273.

John Ries, Tsur Somerville, 2010. School Quality and Residential Property Valuses: Evidence from Vancouver Rezoning [J]. Review of Economics and Statistics, 92 (4): 928 - 944.

Koppenjan J F M, Enserink B, 2009. Public - Private Partnerships in Urban Infrastructures: Reconciling Private Sector Participation and Sustainability [J]. Public Administration Review, 69 (2): 284 - 296.

Lareau A, 2002. Invisible Inequality: Social Class and Childrearing in Black Families and White Families [J]. American Sociological Review, 67 (5): 747 - 776.

Le Roux K, Brandenburger P W, Pandey S K, 2010. Interlocal Service Cooperation in U. S. Cities: A Social Network Explanation [J]. Public Administration Review, 70 (2): 268 - 278.

Lisa Blomgren Bingham, Tina Nabatchi, Rosemary O' Leary, 2005. The New Governance: Practices and Processes for Stakeholder and Citizen Participation in the Work of Government [J]. Public Administration Review, 65 (5): 547 - 558.

Liu F, 2004. Basic Education in China's Rural Areas: A Legal Obligation or An Individual Choice [J]. International Journal of Educational Development (24): 5 - 21.

Machin S, 2011. Houses and Schools: Valuation of School Quality Through the Housing Market [J]. Labour Economics, 18 (6): 723 - 729.

MartinThrupp, Ruth Lupton, 2006. Taking School Contexts More Seriously: The Social Justice Challenge [J]. British Journal of Educational Studies, 54 (3): 308 - 328.

McGuire M, 2010. Collaborative Public Management: Assessing What We Know and How We Know It [J]. Public Administration Review, 66 (s1): 33 - 43.

Musterd S. , Sykes B, 2011. Examining Neighbourhood and School Effects Simultaneously What Does the Dutch Evidence Show? [J]. Urban Studies, 48 (7): 1307 - 1331.

Nguyen - Hoang P, Yinger J, 2011. The Capitalization of School Quality into House Values: A review [J]. Journal of Housing Economics, 20 (1): 30 - 48.

Pfeffer J. H, 2008. Persistent Inequality in Educational Attainment and Its Institutional Context [J]. Eurpean Sociological Review, 24 (5): 543 - 565.

Provan K G, Milward H B, 2001. Do Networks Really Work? A Framework for Evaluating Public - Sector Organizational Networks [J]. Public Administration Review, 61 (4): 414 - 423.

Qian H, Walker A, 2015. The Education of Migrant Children in Shanghai: The Battle for Equity [J]. International Journal of Educational Development (44): 74 - 81.

Reback R, 2005. House Prices and The Provision of Local Public Services: Capitalization under School Choice programs [J]. Journal of Urban Economics, 57 (2): 275 - 301.

Rendón M G, 2014. Drop Out and "Disconnected" Young Adults: Examining the Impact of Neighborhood and School Contexts [J]. Urban Review, 46 (2): 169 - 196.

Richard Breen, John H, 1997. Goldthorpe. Explaining Educational Differentials: Towards a Formal Rational Action Theory [J]. Rationality and Society, 9 (3): 275 - 305.

Robert K. Ream, Gregory J, Palardy, 2008. Reexamining Social Class Differences in the A-vailability and the Educational Utility of Parental Social Capital [J]. American Educational Research Journal, 45 (2): 238 – 273.

R. Chetty, N. Hendren, L. F. Katz, 2016. The Effects of Exposure to Better Neighborhoods on Children: New Evidence from the Moving to Opportunity Experiment [J]. American Economic Review, 106 (4): 855 – 902.

Samuel R. Lucas, 2001. Effectively Maintained Inequality: Educational Transitions, Track Mobility and Social Background Effects [J]. American Journal of Sociology, 106 (6): 1642 – 1690.

Sandra E. Black, 1999. Do Better Schools Matter? Parental Valuation of Elementary Education [J]. The Quarterly Journal of Economics, 114 (2): 577 – 599.

Scott James, 1985. Weapons of the Weak: Every Forms of Peasant Resistance [M]. New Haven: Yale University Press.

Sieben I. , De Graaf P. M, 2003. The Total Impact of the Family on Educational Attainment [J]. Eurpean Societies, 5 (1): 33 – 68.

Sirin S R, 2005. Socioeconomic Status and Academic Achievement: A Meta – Analytic Review of Research [J]. Review of Educational Research, 75 (3): 417 – 453.

Spector L C, 2006. What Research Now Needs to Tell Policy Makers about School Choice [J]. Working Papers.

Stocke V, 2007. Explaining Educational Decision and Effects of Families' Social Class Position: An Empirical Test of the Breen – Goldthorpe Model of Educational Attainment [J]. European Sociological Review, 23 (4): 505 – 519.

Teske P, Schneider M, 2001. What Research Can Tell Policymakers about School Choice [J]. Journal of Policy Analysis & Management, 20 (4): 609 – 631.

Thomson A M, Perry J L, 2006. Collaboration Processes: Inside the Black Box [J]. Public Administration Review, (12): 20 – 32.

Thrupp M, Lupton R, 2006. Taking School Contexts More Seriously: The School Justice Challenge [J]. British Journal of Educational Studies, 54 (3): 308 – 328.

Xiao J, Liu Z, 2014. Inequalities in The Financing of Compulsory Education in China: A Comparative Study of Gansu and Jiangsu Provinces with Spatial Analysis [J]. International Journal of Educational Development, 39: 250 – 263.

Xiaogang Wu, 2012. The Household Registration System and Rural – Urban Educational Inequality in Contemporary China [J]. Chinese Sociological Review, 44 (2): 31 – 51.

Xueguang Zhou, 2004. The State and life Chances in Urban China: Redistribution and Strati-fication [M]. New York: Cambrige University Press.

Yang J, Huang X, Liu X, 2014. An Analysis of Education Inequality in China [J]. International Journal of Educational Development, 37 (4): 2 – 10.

Yuanyuan Chen, Shuaizhang Feng, 2013. Access to Public Schools and the Education of Migrant Children in China [J]. China Economic Review, 26 (1): 75 – 88.

Yuxiao Wu, 2008. Cultural Capital, the State and Educational Inequality in China: 1949 – 1996 [J]. Sociological Perspectives, 51 (1): 201 – 227.

Zhao M, Glewwe P, 2010. What Determines Basic School Attainment in Developing Countries? Evidence from Rural China [J]. Economics of Education Review, 29 (3): 451 – 460.

图书在版编目（CIP）数据

基本公共教育服务供给侧改革路径优化研究：基于
县域义务教育布局调整的实践反思 / 孔凡敏著. —北京：
中国农业出版社，2023.9
　　ISBN 978-7-109-31153-4

　　Ⅰ.①基…　Ⅱ.①孔…　Ⅲ.①县－地方教育－义务教
育－教育改革－研究－中国　Ⅳ.①G522.3

中国国家版本馆 CIP 数据核字（2023）第 184905 号

中国农业出版社出版

地址：北京市朝阳区麦子店街 18 号楼
邮编：100125
责任编辑：王秀田
责任校对：吴丽婷
印刷：北京通州皇家印刷厂
版次：2023 年 9 月第 1 版
印次：2023 年 9 月北京第 1 次印刷
发行：新华书店北京发行所
开本：700mm×1000mm　1/16
印张：12.5
字数：220 千字
定价：68.00 元